臺灣歷史與文化 研究輯刊

三 編

第 18 冊

改宗與轉譯
——南臺灣地磨兒（*timur*）部落的教堂圖像研究——

蕭 鄉 唯 著

流變的地方性：
埔里愛蘭台地文化認同與社群研究

唐 淑 惠 著

花木蘭文化出版社

國家圖書館出版品預行編目資料

改宗與轉譯——南臺灣地磨兒（*timur*）部落的教堂圖像研究
蕭鄉唯 著／流變的地方性：埔里愛蘭台地文化認同與社群研
究　唐淑惠 著 — 初版 — 新北市：花木蘭文化出版社，2013
〔民 102〕
目 2+94 面／目 4+114 面；19×26 公分
（臺灣歷史與文化研究輯刊 三編：第 18 冊）
ISBN：978-986-322-480-8（精裝）
1. 圖像學　2. 社區總體營造　3. 臺灣
733.08　　　　　　　　　　　　　　　　　　102017315

ISBN-978-986-322-480-8

9 789863 224808

臺灣歷史與文化研究輯刊
三 編　第十八冊　　　　　　　ISBN：978-986-322-480-8

改宗與轉譯
——南臺灣地磨兒（*timur*）部落的教堂圖像研究
流變的地方性：埔里愛蘭台地文化認同與社群研究

作　　者	蕭鄉唯／唐淑惠
總 編 輯	杜潔祥
出　　版	花木蘭文化出版社
發 行 所	花木蘭文化出版社
發 行 人	高小娟
聯絡地址	235 新北市中和區中安街七二號十三樓
	電話：02-2923-1455／傳真：02-2923-1452
網　　址	http://www.huamulan.tw 信箱 sut81518@gmail.com
印　　刷	普羅文化出版廣告事業
初　　版	2013 年 9 月
定　　價	三編 18 冊（精裝）新臺幣 40,000 元

改宗與轉譯
——南臺灣地磨兒（*timur*）部落的教堂圖像研究

蕭鄉唯　著

作者簡介

蕭鄉唯，1985 年生於台南，籍貫澎湖。國立國際暨南大學人類學研究所碩士。曾參與蘭嶼家屋文化邏輯田野調查、中國通道縣侗族文化研討會、國立台灣工藝研究發展中心排灣族工藝文化調查，並任勞委會社區培力計劃禮納里大社專案助理，及國立成功大學台灣文化與美學研究室專案助理等。以藝術人類學為研究專業。

提　　要

　　本文以「南台灣 *timur* 部落的教堂圖像」為議題，探究該部落在宗教信仰上改宗與轉譯的過程及內涵。全文將圖像分為三類，分別是：融合排灣文化與基督宗教之圖像、排灣文化為主之圖像，以及基督宗教教義為主的圖像，藉此了解如下三個問題：一、排灣族人如何在基督宗教與傳統文化間進行對話、互動，合成獨特的基督宗教文化；二、兩者如何經由結合，復振傳統文化，達到文化再建構之目的？三、兩者如何經由不斷對話的過程，產生互為主體的詮釋，展現全球在地化的文化現象？

　　實言之，首先藉由排灣文化與基督宗教並存之圖像，透過文化合成的概念，以可溝通的文化因子為焦點，分析傳統信仰的泛靈、祖靈神觀與基督宗教的一神論如何代換與轉譯。同時根據文化介媒——人的詮釋，檢視排灣族人如何透過自己的語言、圖像，進行地方文化自我定義與再定義的過程。

　　接著，透過以排灣文化為主體之圖像，釐清 *timur* 部落的信仰變遷與轉折，從日治時期到國民政府時期，受到不同政權與文化影響下，所激發的民族自覺；以及在信仰本土化的催促下，排灣族人試圖彌補從前對於傳統文化大刀闊斧的改革，而將傳統的文化元素放置於教堂之中，來達到文化復振之目的。在此過程，排灣族人也重新思考基督宗教之教義，藉由傳統文化的思維，對基督宗教產生進一步的詮釋。

　　最後，回到教會圖像最根本的教義傳遞之目的，根據以聖經故事為主之圖像，探討全球在地化（glocalization）的文化現象。*timur* 教堂中的圖像，包含了排灣族的全球化，更彰顯了基督宗教的在地化。無論是透過文化因子所建構的文化合成，或是因民族自覺而激發的文化復振，都有著一貫的思考邏輯，似乎皆在不違背基督宗教教義的脈絡中形塑而成。綜言之，當前的基督信仰，在與排灣族磨合的過程中，不僅產生了地方性，同時也影響了排灣族人對於自我文化與價值的再認知。

謝　誌

　　每當往返國立暨南國際大學與屏東，沿著國道三號一路南下，駛過斜張橋，映入眼簾的重重高山，散發出神秘的色彩；爲完成碩士論文，爲期一年的田野工作便在三地門的地磨兒（*timur*）部落展開。想起第一天踏入 *timur*，苦惱著尋求棲身之所而四處閒晃，心中的陌生與惶恐；相較於離開時的熟悉與不捨，田野的酸甜苦辣，若非諸多 *vuvu*、*kama*、*ina*、*gaga* 的幫忙，這項研究絕不會有今日的成果。

　　從學習到研究的過程中，老師們的諄諄教誨，不僅提供專業知識、豐富資料，更分享人脈及各種經驗；從研究前的準備、寫作中的思考、到完成後的修訂……；一切的一切，都要深深感謝潘英海老師、童春發老師、翁玲玲老師、邱韻芳老師、譚昌國老師……等教授的指導，宛如巨人般的肩膀讓我得以眺望。

　　再者，要謝謝家馨的體諒和陪伴，並成爲一股動力，促使我爲美好的將來全力衝刺。

　　最後，要感謝家人的支持和花木蘭出版社的出版，期待本書的面世，是未來持續跨足學界的美好起步。

目

次

圖　次

表　次

第一章　緒　論

第一節　研究動機與目的

　　生於基督教家庭，自幼便熟悉教會中的圖像多以西方造型出現，這種習以為常的心理，使我置身排灣族部落的教堂中，眼見許多充滿當地文化特色的基督宗教圖像時，感受到巨大的文化衝擊。

　　2010 年 2 月，筆者走訪 *timur*（地磨兒）基督長老教會〔註1〕，發現禮拜堂中充滿了排灣色彩的裝飾佈置：入口的地板上，使用排灣族的祖靈壺、太陽、山豬、水鹿等元素，以此呈現《聖經》中〈創世紀〉的故事，透過既有的排灣族傳統圖紋，與基督宗教相連結，合成排灣族特有的宇宙觀意象。通往講台的磨石子走道上，設計者以排灣族人的外貌為造型，用聖經故事與神話傳說為題材，表現出族人對此信仰的理解與想像。走道的兩旁，更有著百步蛇的紋樣裝飾，一直連接到講台前的大愛心；既強調基督宗教中上帝的愛，又不失傳統價值中對於蛇的重視。儘管「蛇」在聖經裡，是誘惑夏娃偷吃智慧果的撒旦形象，而多所忌諱；但在排灣族的教堂中，卻成為許多裝飾上的主要紋樣，用以展現在地特色。此外，教會的講堂則採用排灣族傳統頭目家屋的形式，透過高掛的門楣，散發出莊重的氛圍；而在如此傳統的素材中，卻刻有聖經故事馬利亞抱著耶穌，以及三位前來朝拜的博士，兩旁還有排灣族人透過傳統舞蹈展現喜悅以及奉上供品的景象，歡慶著耶穌的誕生。

〔註 1〕排灣族語 *timur*（地磨兒）的名稱原為傳統部落之名，現指屏東縣三地門鄉三地村所在位置。

同樣的狀況，也出現於 timur 的天主堂中。教堂的屋頂，放置著以排灣族祖靈壺與十字架結爲一體的裝飾物。屋簷上懸掛著頭目家屋的傳統門楣，門楣中央的十字架，搭配兩側的聖杯與聖餅，代表了寶血與肉體。一旁以屈膝姿態，展現敬拜讚美的人像，佩帶著羽毛與頭飾；更有穿著傳統服飾的族人，手拉著手翩翩起舞。此外，除了明顯的基督宗教符號外，門楣上同樣刻有傳統人頭紋、鹿紋、蛇紋……等排灣圖像。而教堂內的耶穌與馬利亞聖像，則穿戴著山豬牙頭飾，以及排灣三寶之一的琉璃珠，散發出尊貴的氣息。天花板上的繪畫，除了上帝創造天地的故事外，也將排灣族人的生活祭儀，一同融入；藉由這些圖像，排灣族人似乎將自我文化與基督宗教毫無扞格地連結在一起。

凡此種種，不禁令人好奇：屬於泛靈、祖靈信仰的排灣族人，是如何轉化自身的傳統思維，透過圖像的表現，進而與排他性極強的一神信仰——基督宗教，產生對話與溝通，並與之相結合？且在此過程中，是否產生了新的思維與文化特質？

排灣族傳統社會並無文字，而是藉由圖像記錄生活點滴，圖像中的象徵符號成爲傳達訊息的重要媒介。透過對該族圖像的解讀，可進一步認識其生活經驗；圖像中的象徵符號也展現出其文化特質，揭示其文化內涵與思考邏輯。因此，教會中的各種圖像與符號，如同排灣族的文字，暗藏著排灣族如何透過自我，去認知、解釋外來基督宗教的種種訊息及意涵；此類圖像的出現，或許是排灣人企圖在兩者間找尋自我文化之平衡點，而形成的特殊宗教生活模式。然而，timur 教會將傳統元素與聖經故事相結合，是一種向外的認同，或是向內的再建構？

排灣族教堂中的裝飾，無論是以傳統神話與聖經故事結合的繪畫，或將耶穌、聖母像穿上傳統服飾，還是把傳統建築色彩、圖像與教堂建築融合，這些作法似乎都凸顯出：排灣族人正透過自己的象徵符號與生活經驗，進一步理解、詮釋外來的基督宗教之事實。它既是藝術表現，又是信仰實踐。當作品呈列於教堂中被公開觀賞，其過程是否有著衝突存在？或者經過創作者、傳教者，與信徒之間不斷協商而達成共識，使此類圖像至今成爲族人所共同接受和認同。〔註 2〕那麼，我們是否能夠透過這些作品本身與形塑的過

〔註 2〕 在紀錄片〈排灣人撒古流〉中，記錄 timur 長老教會製作磨石子地板（結合聖經故事與排灣族傳說）的過程，其中包括作者撒古流與信徒之間商議的情況。

程，以及當作品完成後，信徒們理解圖像的態度及詮釋角度，來了解排灣族人是如何看待與接納這個外來宗教？此外，部落族人又是如何將傳統的宇宙觀、神話、祭儀……等等，與聖經中的基督教義相互調和，成爲現今日常生活中的主要信仰，進而產生一種力量，影響族人對於傳統價值的重新認知？這些都是本研究試圖理解、釐清的問題。

第二節　圖像的意義

本研究，筆者將透過 *timur* 部落中的教堂圖像，理解排灣族人如何詮釋外來的基督宗教。對於傳統的泛靈、祖靈信仰，與基督宗教的一神觀之互動，筆者選擇以圖像爲切入角度，是因基督宗教與排灣族文化中，同樣存在著大量的圖像表現，且兩者的存在皆是爲了傳達訊息而建構。因此，藉由發掘圖像的意涵，以及排灣族人對圖像之解讀，應可進一步理解兩文化中的意義如何轉化，進而合成特有的在地文化。

誠如 Von Ogden Vogt（2003 [1963]：86－87）所言：從歷史的角度檢視，宗教始終是藝術的泉源。早期刻有圖紋的棍棒、成束的羽毛等具神力之法器，在某種意義上，也是「藝術品」；而儀式中與超自然溝通的舞蹈，不僅是宗教行爲，更是藝術表現。兩者間一直有著強大的連結存在，包括教堂、佛寺、廟宇中，皆充滿著既是藝術也是宗教的物品。而從社會文化意義面討論，宗教與藝術同樣存在著共通性，在 E. Durkheim（2010 [1917]）的宗教理論中，便將宗教視爲社會的集體表徵；而 Clifford Geertz（2002 [1983]：96－99）也認爲：藝術是某個群體的集體經驗表現，藝術的創作應在其文化脈絡中來進行探討；研究一種藝術形式等於是在探索一種感性，此種感性，本質上正是一項集體的構造。因此，我們固然可將宗教信仰與藝術創作視做個人的行爲表現，但更重要的是，其中也包含了社會文化的集體情感。

藝術人類學者 Robert Layton（2009 [1981]：35）曾進一步指出：藝術之中的每個符號，都存在著兩個不可或缺的成份——「觀念」及其「表達形式」。藝術有如口語、文字，即訊息承載體；各民族透過獨有的展演型態，隱含社會共享的文化脈絡。誠如潘英海（1995：76）對於普渡棚藝術的研究表示：文化與藝術之間的關係，是透過一套象徵性的意義體系所建構，此體系是社會性的、公共性的，與集體性的；藝術表達的社會性，乃是一群人所共同界定，更是代代相傳的文化脈絡。

　　因此，藝術作品在做爲個人創作意象的同時，更包含了社會的集體經驗；畢竟人永遠是群體中的一員，與他人共同生活、感受與分享，觀賞者才能體會作者所創造的意象。Layton（2009 [1981]：120）在談論意象的文化基礎時，曾引用 E. H. Gombrich 觀點說道：藝術的關鍵並不在於藝術家創造的作品，而是透過作品所表達的文化意義。如 *timur* 各教堂中的「圖像」所傳達之「意象」，透過共享的文化脈絡被族人所理解與認同；這些融合排灣文化與基督宗教之圖像，放置於公共的教會空間中，展現出 *timur* 部落接受基督宗教的集體思維映像。

　　Jacques Maquet（2003 [1986]）認爲：藝術一直以來是由藝術史學者當成獨立的領域來建構，派別與風格的年代順序是主要研究的課題。而對某些哲學家而言，藝術是一種超越性美感的偶然表現；對藝評工作者而言，視覺物件則表現出個別藝術工作者的意圖與技術。但人類學者所建構的現實，不是斷簡殘篇，而是一個整體；從人類學的觀點來看，藝術並不是一種簡化了的理念性形式，而是並存於哲學、宗教信仰和政治理念……等系統之中。

　　以 *timur* 教堂中出現的圖像爲例，在基督宗教的場域中，成爲傳達教義的藝術表現，而在排灣族傳統中，則具有維繫社會組織的重要象徵元素，具有傳遞意義之功能，使得該族的雕刻藝術在台灣原住民中特別豐富。陳奇祿（1996）早期爲排灣族的物質文化紀錄了豐富的資料，保存了該族各種木雕的圖像，但並未就其中符號的象徵意義做進一步的介紹與討論。而早期對於排灣族之研究，無論是社會組織、家庭結構、歲時祭儀，或巫醫系統等面向（衛惠林 1960；蔣斌 1983；石磊 1996、1982；吳燕和 1965；胡台麗 1998；譚昌國 2007；童春發 2008），也均較少從物質文化的角度切入討論。但在各類研究中，學者的討論都牽涉到該社會的階級制度，指出緊繫階級的制度與觀念，是排灣社會的重要傳統價值。由於排灣族爲一階級社會，分爲頭目、士族、平民等三階級，且爲世襲制，透過長嗣繼承法代代相傳；對於「物」的象徵使用權之控制，具有加強規範其社會組織的功能。如 Arjun Appadutai（1986）在研究中，就以 social biography 的概念強調：對物的象徵化控制，是爲了壟斷權力之政治化的方式。早期的排灣社會，不僅在雕刻的所有權上設有限制外，在服裝、頭飾、紋身……等，也皆有一定的規矩，除非是頭目、士族階級，或是對部落有特殊貢獻者，否則不能擁有象徵物的使用權。

譚昌國（2007）的研究便指出：傳統排灣族視覺藝術泛稱爲 vencik，從手繪線條、自然界的斑紋、刺繡、雕刻、紋身……，甚至當代的書寫文字，都可稱之爲 vencik。其中木雕爲排灣族最具代表性的藝術表現，是階級社會中特權的象徵物，可稱爲貴族的藝術；對於蛇紋、人頭紋、太陽紋……等符號的使用權有一定限制，而雕刻的行爲也有許多儀式與禁忌。頭目與貴族透過在家屋、器物、配飾上之雕刻，來彰顯自己的優越地位，而各種符號都具有特殊意義，或是家族專屬的故事，即使同爲高階者，在使用權上也有所區別。在象徵物中，陶壺（又稱祖靈壺）最受排灣族人所重視，排灣族的陶壺被視爲是祖先的象徵，代表了頭目的起源；因此早期只有頭目家才能擁有使用祖靈壺的權力。在排灣族中致力於復興陶壺文化的撒古流（2005）也表示：陶壺象徵著民族文化的子宮，是祖靈在人間的居所。

但隨著與外族接觸的不斷增加，經歷了日治時期、國民政府的統治，排灣族的社會組織、宗教信仰面臨挑戰，以往嚴謹的傳統階級已開始鬆動，而對於象徵物的使用權限制也隨之消逝。儘管如此，目前還是可見到許多象徵性圖騰充斥在社會文化的各個角落，包括：蛇、太陽、蝴蝶、人頭、水鹿……等，裝飾於服飾、家屋、禮刀、陶壺……之上。作品的功能與價值雖然有別於傳統，但當代族人對於雕刻、陶壺所代表的階級、祖靈還是存留在心中，「物」在整體社會中的「象徵意義」還是持續共享的。以陶壺爲例，它依舊是頭目的象徵、祖靈的居所，卻不再是那麼遙不可及的珍品。因此，筆者試圖透過此一共享之文化脈絡，即教會圖像，理解排灣族人對於基督宗教的詮釋。

譚昌國（2002）在土坂村的研究中發現：傳統的雕刻師傅以其專業爲教會代工，作品中使用排灣族傳統的祖靈形象來替代耶穌；這並非是隨機設計的作品，而是族內基督徒精心設計的造型，其中傳達了信仰與文化的思考。他以排灣族十字架（圖 1-1）以及三位一體的雕刻（圖 1-2）爲例，指出兩者都是以排灣族本身的文化與圖像去重新詮釋基督宗教的意象。排灣族十字架將耶穌以祖靈的形象替代，藉此引起族人對基督宗教的認同，也企圖復興傳統文化；而排灣族三位一體則使用太陽、陶壺與百步蛇，結合聖父、聖子與聖靈的圖像，塑造出排灣族特有的基督宗教意象。譚昌國使用「分享」（participation）的概念來解釋這類融合物，透過被釘十字架的祖靈像，除了能使觀者在情感上與宗教拉近距離，更形成文化上的分享；這樣的十字架能

使基督徒分享到傳統的世界，另一方面也使非教徒因此感受到基督宗教的世界，也就是一種調合兩者情感與價值觀的方式。

圖1-1：排灣族十字架〔註3〕

圖1-2：三位一體〔註4〕

〔註 3〕 圖片來源：譚昌國 2007：132。
〔註 4〕 圖片來源：譚昌國 2007：133。

　　但有別於保有五年祭的東排灣土坂村，*timur* 在傳統信仰、神話傳說與祭儀方面的認知，以及基督宗教進入部落的時間與方式都有所不同，且教會的權力在各部落中強弱不一，在適應基督宗教的過程中，相信還是有差異的存在。當筆者走訪土坂村時，發現不同於 *timur* 已全面改信基督宗教，該村尚有著完整的祖靈屋及巫婆系統，此類創新的圖像，不僅出現於教會之中，更進一步應用在傳統信仰的巫師箱（圖 1-3）、祖靈雕刻（圖 1-4）上，十分有趣。但本研究筆者將集中針對 *timur* 部落獨特的文化脈絡，理解基督宗教與排灣族傳統文化的對話與轉換，藉由認識與分析教會中的藝術圖像，探討基督宗教在地化的過程。

圖 1-3：巫師箱〔註5〕　　　　　圖 1-4：祖靈雕刻〔註6〕

第三節　田野地介紹與研究方法

　　排灣族為台灣原住民第二大族，自泛泰雅族拆解後，僅次於阿美族。其生活的地區北起屏東縣北端的大母母山，經大武山脈向南延伸到恆春半島，向東南則包括中央山脈的東南山麓以及台東縣瀕臨太平洋的狹長海岸地帶，

〔註5〕　筆者 2012/9/21，攝於土坂村張威榮工作室。
〔註6〕　筆者 2012/9/21，攝於土坂村張威榮工作室。

主要分布在屏東和台東區域。筆者所調查的排灣族部落，行政區屬屏東縣三地門鄉三地村，族語名為 timur，其傳統領域地名為 tjaracekes。昭和 10 年（1935），日本警察為集中管理，強迫將周圍的 pinaula、kacedas、tjaravacalj、salala 等四個部落遷移至此而成。傳統上，學界將排灣族群粗分為兩大亞族，分別為北端的 ravar 及其以南與東部的 vuculj；此二亞族在階級組織與祭儀文化上各有特色。而 timur 因遷村與通婚的影響，文化承襲了 vuculj 的長嗣繼承制度，與 ravar 同樣不具五年祭，且因與魯凱族相近，有著許多文化交流。

圖 1-5：屏東縣地圖〔註7〕　　圖 1-6：三地門鄉地圖〔註8〕

經歷日治時期與國民政府的洗禮，傳統信仰在 timur 部落已逐漸瓦解，隨之進入的基督宗教，於民國三十六年（1947）開始宣教。目前 timur 部落的教堂共有三座，分別為天主堂、基督長老教會，以及基督復臨安息日會；基督宗教已經成為族人的主要信仰，處處可見家屋內掛有十字架，或「基

〔註7〕 圖片來源：台灣鄉土書目資料庫（http://localdoc.ncl.edu.tw/tmld/index.jsp）。
〔註8〕 圖片來源：行政院環保署（http://edb.epa.gov.tw/localenvdb/Pingtung/index.asp）。

督是我家之主」等字樣。而筆者所關注的教堂圖像，在長老教會以及天主堂，都有著豐富的資料。不禁令人好奇：在地人如何詮釋、認知此一外來信仰，並成爲生活中的重要一環？教堂中的圖像，或許是釐清此問題的最佳管道。

　　筆者於 2011 年 2 月進入 *timur* 部落，經歷一年的時間，於 2012 年 2 月離開。爲了解 *timur* 的文化脈絡，曾廣泛地參與各式活動，如：婚禮、喪禮、收穫祭、家祭、結盟、建屋立柱、主日禮拜、彌撒、復活節、感恩節……等，企圖探索傳統與基督宗教在日常生活中的互動。但本研究仍將焦點放置於教堂圖像，須對教堂空間及其內容先有進一步了解。

圖 1-7：*timur* 部落教會分佈圖〔註 9〕

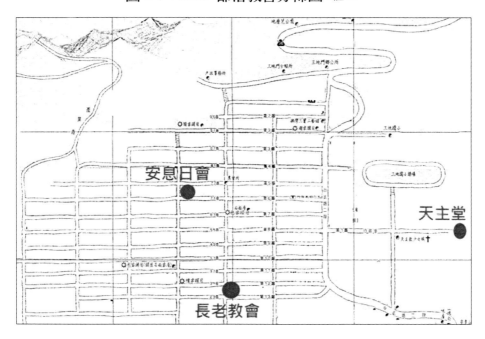

　　當我們來到長老教堂的二樓（圖 1-8），首先映入眼簾的，是融合排灣色彩與傳統文化的磨石子地板，包括：創世紀、亞當夏娃、該隱亞伯、部落爭戰……等故事，並以百步蛇的側身紋圍繞之；而前方的講堂則以石板屋爲造型，散發出莊重的氛圍，並設立門楣，與入口處的門楣同樣刻有排灣圖騰與聖經故事。

〔註 9〕　圖片來源：筆者改繪自地磨兒導覽手冊。

圖 1-8：timur 長老教堂圖像平面圖〔註10〕

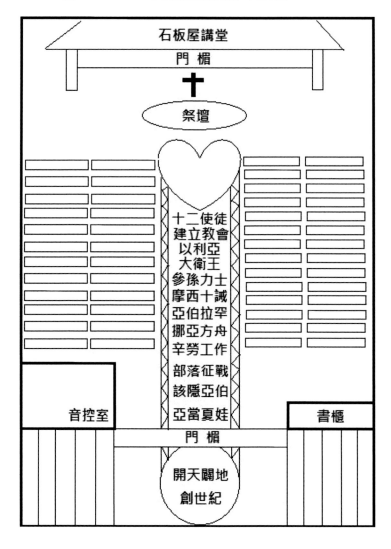

另外，在 timur 天主堂（圖 1-9），族人將傳統門楣設立於教堂外側；俟進入教堂後，目光立刻被前方的兩尊聖像所吸引；穿戴傳統服裝與頭飾的耶穌、瑪利亞聖像，宛如頭目般地豎立於講台的兩側。此時，抬頭仰望，可以看見天花板上（圖 1-8）繪有上帝花費六天創造世界的歷程；其中並加入了排灣族的生活環境、神話傳說、傳統祭儀，以及對於基督宗教的崇拜，展現特有的在地色彩。

〔註10〕 筆者自繪。

圖 1-9：*timur* 天主堂圖像平面圖〔註11〕

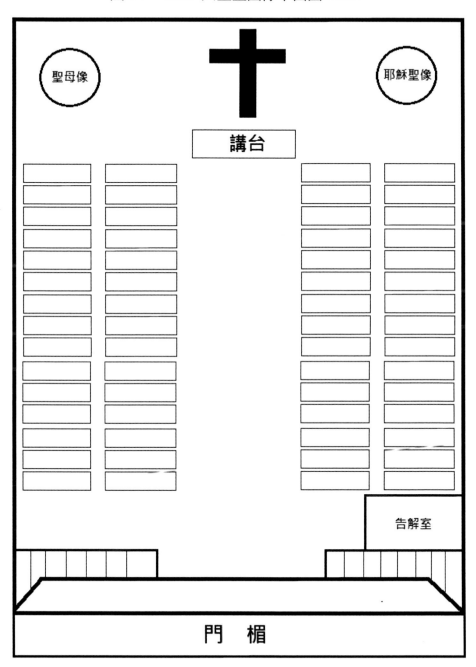

〔註11〕筆者自繪。

圖 1-10：timur 天主堂天花板圖像內容 〔註 12〕

第一天 天主：萬物造天	第四天 天主說：有星宿及明暗
第二天 天主說：有晝夜及雲水	第五天 天主說： 有地上地下生物
第三天 天主說：有陸地及海洋	第六天 天主照自己的肖像造人
排灣族 山水 頭目	太陽 陶壺 百步蛇	傳統生活 與祭儀	基督宗教 族人崇拜

　　基於前述的觀察，因此在田野初期，為建構 timur 特有的象徵系統，筆者針對既有之傳統元素，如：陶壺、百步蛇、太陽、人頭、石板屋、門楣……等圖像，再進行深入的調查，了解其社會文化內涵；並藉由對工藝家、頭目、族人的訪談，探究隨時間流動與社會轉變而產生的原有意義之轉換。研究發現：當基督宗教成為主要信仰後，傳統圖像進入教會的脈絡，族人一方面皈

〔註 12〕 筆者自繪。

依為天主徒、基督徒，遵守基督宗教之誡律；另一方面，因著民族自覺，產生對傳統的思念，促使排灣文化與基督宗教進行合成。起初筆者認為排灣族僅以傳統文化為主體，對基督宗教進行單向詮釋；但隨著研究的深入，發覺基督宗教似乎回過頭來，進一步影響族人對於傳統的認知。

欲藉由教堂中的圖像，了解 *timur* 排灣族人如何將基督宗教與傳統圖像做一連結並展現特有的合成文化，須關注於圖像的構圖形式，以及族人對其內涵的解讀。首先，筆者將收集 *timur* 教堂中的各類圖像，並透過對圖像的結構分析，釐清排灣族與基督宗教之象徵元素如何在圖像中產生合成。根據排灣族傳統圖紋，如：蛇紋、人頭紋、鹿紋與陶壺……等所代表之意涵，與基督宗教教義進行類比，發掘兩者在排灣族教堂中所形成的對話與轉譯。其次，針對信仰與圖像的內涵進行訪談，理解排灣族人對於基督宗教之詮釋；透過圖像所傳達之訊息，洞悉排灣族人如何在傳統與基督宗教間產生新的認知，建構在地化的基督信仰。

根據前文對圖像的討論，它不僅是排灣族人對於基督宗教的書寫，更是信仰的實踐。筆者希望透過詮釋人類學的觀點，將「圖像」本身與信仰的「實踐行為」，同時視為文本進行閱讀。根據 Paul Ricoeur（1991：107）對「文本」（Text）所提出的思考：文本是被固定的（可以重複被閱讀的客體），本身既具意義（與原來創作之的行動者脫離關係）、又具指涉性（有象徵的意涵）；同時，文本也是開放性地被任何人閱讀（公共性的）。因此，若以文本的概念檢視教堂圖像，皆具有上述之性質，無論是作者、傳教者、信徒甚至非信徒，都是圖像的閱讀者、詮釋者，甚至依不同年代、不同立場，都有各自的解讀；而不變的則是圖像的傳統意義，及展現出排灣族對基督宗教的認知。

教會中的圖像作為文本的同時，也代表了一種宗教信仰的集體表現，是 *timur* 族人對於信仰的實踐行為。如 Ricoeur（ibid.：150－155）所言：我們可將「社會行動」視為「文本」做進一步討論〔註 13〕，兩者的共通性在於：具客觀性且重複發生（The Fixation of Action）、行動的集體性（The Autonomization of Action）、行動的延伸性（Relevance and Importance），以及行動的開放性（Human Action as an "Open Work"）。若將兩者進行類比，圖像，即 *timur* 對基

〔註 13〕Ricoeur（1991）認為此類社會行動為「有意義的行動」（Meaningful Action），應放在該文化脈絡中方能被理解。

督信仰之實踐，兩者具有共生、並存之關係。當基督宗教成爲部落的主要信仰，藉由族人持續上教會作禮拜、不斷地閱讀圖像之行爲，同時學習了教義，並且體會圖像之寓意。透過開放的教會場域，在理解的過程中，以共享的信仰與文化脈絡，眾人各自產生詮釋，建構集體認同。因此，根據 Ricoeur 的定義，筆者認爲「圖像」本身與「信仰」行爲，皆可以「文本」的概念進行思考，置於文化脈絡中討論。

無論透過藝術人類學或以詮釋人類學的角度進行分析，教會圖像與信仰體系，並非獨立存在的兩套系統，而是一體兩面的文化行爲，藉由可見的視覺形態，展現出不可見的理解模式。對兩者皆有著墨的 Geertz（2002 [1983]：138）表示：藝術是一種人類對於事物志趣的表現形態，以及這些表現形態所造就的集體經驗模式聯合構成之脈絡。他以十五世紀的義大利繪畫爲例，指出當時的繪畫絕大部分爲宗教畫，不僅其主題內容，就連它們被設計用來滿足的目的，率皆以宗教爲依歸。繪畫是用以加深人類對存在之精神向度的領悟；它們是透過對基督教眞理之反思的視覺性引介，面對如天使報喜、聖母升天、東方三賢的朝拜、聖彼得的天使，或是耶穌受難等，觀賞者透過反思他所知道的該事件，以及他個人與這幅畫所記載的神話故事之間的關係，使繪畫所欲傳達的訊息更加完整（ibid：148）。

Geertz（ibid：452）認爲：文化（社會行爲）如繪畫般，同樣可以文本的角度進行閱讀，而閱讀的意義在於理解文本背後的隱喻。他指出：「一群人的文化是一種文本的集合體，而這些文本本身也是集合體……；人類學家應該從這些文本中，透過文化擁有者的人群脈絡來解讀並加以詮釋。」好比 Ricouer（1981：177）將文本視爲一個世界，藉由閱讀文本（work），我們可以不斷地瞭解這個世界（world），而其中的隱喻（word）就如同生活中的那些有象徵意義的行動；必須理解隱喻之含意，才能眞正了解行動、世界的意義。因此，我們將教堂圖像、信仰行爲視爲文本，它們皆代表著 *timur* 部落在地化的基督宗教信仰，藉由對兩者的關注，筆者試圖理解兩文化間合成的脈絡。

此外，Geertz（2002 [1983]：29）更進一步指出：與其追求發現行動與意義的關係，我們應該更重視造成行動產生的因素。不同於經濟學家研究人類經濟行爲的模式，人類學家應該更注意該模式產生的原因。Geertz 認爲：一些理論家都強烈尋找事物之形式上的秩序性，將社會視爲一個種種賽局（Game）

的集成，意味著將之視爲眾多既定習俗與適當程序的一個巨大而多元的總匯。因此，對於教堂藝術圖像的研究，不僅要了解各圖像的意義，更重要的是要釐清排灣族人如何在文化脈絡中進行理解及轉譯。

Victor Turner（1987）在研究儀式的過程中，也曾將社會文化視爲文本進行分析，如同後現代人類學者將田野調查的民族誌成果做爲文本分析，試圖從中找出文化模式。在本研究的論述中，則是將圖像視爲主要分析文本，藉此理解排灣族人對於基督宗教之詮釋與想像。而 Turner 提出儀式中的象徵意義，就如同 Ricoeur 認爲文本中隱喻之功能，乃是一種先驗的存在；人們透過象徵或隱喻，去體會儀式所要表達的意涵，藉此維持社會結構的運作。同樣的，排灣族基督宗教圖像，所使用的是排灣族原有之象徵系統，透過社會共享之隱喻內涵，企圖傳達與內化基督宗教之信仰。

除了針對圖像的關注外，筆者也將透過生活中的參與觀察，包括基督宗教的活動如：主日禮拜、復活節、感恩節，與日常生活的禱告等行爲，以及排灣族傳統祭儀如：家祭、收穫祭、上樑儀式、結拜儀式、生命儀禮……等，了解泛靈、祖靈信仰與基督宗教如何結合並實踐於日常生活之中。進而發掘排灣族人如何將基督宗教與傳統文化結合，內化爲生活的一部分，透過文化間的互動，產生互爲主體的詮釋，使傳統文化與基督信仰在日常生活中不斷對話，找尋排灣族人特有的平衡點。基督宗教進入後，*timur* 部落的生活環境已不再是純粹的傳統文化型態，隨著不同的社會階級、不同的成長背景、不同的角色身分，面對現今已成爲主要信仰的基督宗教，排灣族人如何在保有自我文化以及信仰皈依的心態中，將傳統文化融入教會，重新建構出在地化的基督宗教，這都是本研究關懷與意欲釐清的重點。

第四節　章節邏輯

對於「*timur* 部落的教堂圖像」之議題，筆者將圖像分爲三類進行討論，分別是：融合排灣文化與基督宗教之圖像、排灣文化爲主之圖像，以及基督宗教教義爲主的圖像，藉此了解如下三個問題：一、排灣族人如何在基督宗教與傳統文化間進行對話、互動，合成獨特的基督宗教文化；二、兩者如何經由結合，復振傳統文化，達到文化再建構之目的？三、兩者如何經由不斷對話的過程，產生互爲主體的詮釋，展現全球在地化的文化現象？

　　詳言之，首先藉由排灣文化與基督宗教並存之圖像，透過文化合成的概念，以可溝通的文化因子爲焦點，分析傳統信仰的泛靈、祖靈神觀與基督宗教的一神論如何代換與轉譯。同時根據文化介媒——人的詮釋，檢視排灣族人如何透過自己的語言、圖像，進行地方文化自我定義與再定義的過程。

　　接著，透過以排灣文化爲主體之圖像，釐清 *timur* 部落的信仰變遷與轉折，從日治時期到國民政府時期，受到不同政權與文化影響下，所激發的民族自覺；以及在信仰本土化的催促下，排灣族人試圖彌補從前對於傳統文化大刀闊斧的改革，而將傳統的文化元素放置於教堂之中，來達到文化復振之目的。在此過程，排灣族人也重新思考基督宗教之教義，藉由傳統文化的思維，對基督宗教產生進一步的詮釋。

　　最後，回到教會圖像最根本的教義傳遞之目的，根據以聖經故事爲主之圖像，探討全球在地化（glocalization）的文化現象。*timur* 教堂中的圖像，包含了排灣族的全球化，更彰顯了基督宗教的在地化。無論是透過文化因子所建構的文化合成，或是因民族自覺而激發的文化復振，都有著一貫的思考邏輯，似乎皆在不違背基督宗教教義的脈絡中形塑而成。如 David Harvey（2003 [1990]：10）所言：當人生活在城市中，有如立足於舞台上，人們會嘗試去改變城市，用自己的形象籌造它（人在其中可以試圖扮演多種角色）；而同時，城市又通過一種抵抗，反過來塑造了我們。因此，當前的基督信仰，在與排灣族磨合的過程中，不僅產生了地方性，同時也影響了排灣族人對於自我文化與價值的再認知。

第二章　文化合成下的教堂圖像

第一節　文化的接觸與互動

由於地理大發現後各民族間的頻繁接觸，文化變遷已成為一種普遍現象。隨著時間演進，人類學所關注的部落民族，其原本純粹的文化，已日趨多樣；受到殖民、通商、嫁娶、傳教等因素影響，展現出不同於以往的風貌，不僅延續了自我文化元素，又參雜著異族風采。

在台灣的歷史脈絡中，原住民、荷蘭人、西班牙人、漢人，以及日本人……等，在島內不斷的接觸，並相互影響；不同文化團體的接觸與互動，在人類文明演進的過程中，都扮演了重要角色。關於不同民族間互動的研究，潘英海（1994）有極精闢的探討，他指出：自 1920 年代以迄 1960 年代間，西方的人類學界已經有了許多的討論，並提出諸多解釋的理論，如：涵化（acculturation）、同化（assimilation）、文化接觸（cultural contact）、文化鎔爐（melting pot）、多元化社會（plural society）、大傳統對小傳統（great tradition vs. 1ittle tradition）、高尚文化對民俗文化（high culture vs. popular culture）等等。

事實上，無論涵化、同化，或文化接觸等，都為不同使用習慣下的類似概念。英國人類學界在處理異文化接觸的問題時，多使用「文化接觸」之概念；而美國人類學界則偏向使用「同化」與「涵化」的概念。涵化所指稱的，是一種橫向的文化變遷過程〔註1〕，在文化接觸後，通過一段時間的相互影

〔註1〕參見《文化人類學辭典》，台北：恩偕出版社，2006。

響，可使雙方都發生一定的變化。早期「涵化」一詞，具有由上而下的意涵，以高等文化（西方社會）爲基準，對低等文化（非西方社會）造成影響。但事實上，在兩種文化接觸的脈絡下，所產生的改變是雙向的，不同的文化在相同的時空背景，兩者都會產生交換、接受、整合的現象。

潘英海認爲，涵化與文化接觸的研究，有三個重要的意義：首先，它使人類學者認識到人類學與現代社會的關係，不至於一直拘泥於部落社會的研究；其次，是避免人類學者盲目地從土著的記憶中「重建」、「拯救」所謂的土著文化，而忽略了文化的動態性與變遷性；最後，則是對於文化接觸的研究，西方學者往往會認爲是一種同化現象，但事實上，也有白人受土著影響的現象，這是造成同化論轉爲涵化理論的主要內涵，儘管在意義上是完全不同的（同上引：239）。本論文所關注的排灣族在宗教圖像之表現，也反映出前述文化接觸或涵化的多種現象。排灣族接觸基督宗教後，在信仰上所產生的變化，與潘英海所提到的「文化合成」理論，有著若合符節之處，這也是本論文企圖進一步探討的重點。

關於排灣族傳統信仰與祭儀的部分，在吳燕和（1965）、胡台麗（1998）、許功明與柯惠譯（2004）、譚昌國（2007）……等人的研究中，已經有了清楚且豐富的資料。但隨著歷史脈絡的發展，本研究的焦點，在於關注不斷變動的文化在不同時空脈絡中的互動與變遷。筆者所調查的排灣族 *timur* 部落，其當今的文化體系與基督宗教有著不可切割之關係，族人在兩者間探尋信仰的立足點，兩文化的互動與對話仍在持續進行中，且不斷地有新的理解與詮釋接續出現。

Bronislaw Malinowski（1945，轉引自潘英海 1994：237）表示：文化變遷的因素與動力來自兩方面，一種是來自文化內部自生之力量，那是一種自主性的創新（independent invention）；另一種是來自於不同文化接觸下的文化傳播（diffusion）。他將文化接觸視爲文化變遷的外在動力，指出與西方文化的接觸是改變非洲殖民地文化的主要原因。若以 Malinowski 的論點，檢視筆者對於排灣族基督宗教圖像之研究，可發現此類圖像的出現，不僅是受到基督宗教傳播的影響，產生文化接觸，而改變了排灣族原有之信仰體系；更是透過文化內部自主性的力量，發展出排灣族特有的信仰體系，及其基督宗教圖像。

具有排灣色彩的基督宗教圖像，其產生的原因並非隨機或偶然，而是在

兩種文化的脈絡中，透過人的詮釋所激發、產生的特殊成果。如同潘英海
（1994、1995a）在西拉雅頭社村祭儀的研究中所提到的，若欲了解當代祀
壺文化的特殊性，必須同時思考西拉雅族宗教文化與漢人宗教文化，才能
清楚理解兩文化間的對話與互動。當我們處理異文化互動的議題時，須關
注於兩者的內涵及其改變，方能洞悉文化變遷的完整歷程。他更引述英國
人類學者 Fortes（1936：53，轉引自潘英海 1994：3）的說法：「文化接觸，並
不是一個因子從一個文化轉換到另一個文化而已，而應是不同文化團體互
動下的持續過程。」因此，當代的排灣族部落，在接觸基督宗教後，不僅
使傳統信仰產生改變，皈依為天主教徒、基督徒，並嘗試著以排灣族出色
的象徵體系，對基督宗教進行詮釋，透過圖像與之結合，促成兩文化的對話
與互動。

　　探討排灣族與基督宗教對話之方式，筆者藉由潘英海（1994）對於西拉
雅與漢人研究中，透過文化合成理論，所提出的「文化因子」概念，做為解
釋文化互動與轉譯的媒介。他所謂的「文化因子」，是指在文化合成過程中，
具有轉化、溝通兩種不同文化的重要元素。潘英海指出：乍看之下，西拉雅
的太祖信仰與漢人的宗教間存在著許多差異，其主神既沒有漢人的神像金
身，在祭拜的形式上又多以壺、罐、瓶等器皿，插上雞冠花、圓仔花、芙蓉、
竹蘭等做為法器；但透過西拉雅族將自我文化因子進行詮釋與轉換，使得漢
文化與西拉雅文化的元素同時並存於太祖祭儀之中。

　　潘英海（同上引：24－252）透過西拉雅族信仰中的壺、水，與漢人信仰
中的爐、火進行類比，指出在漢人宗教以火為主要與神明溝通的媒介，是
靈力的來源，在儀式的過程中常藉以淨化不潔，所產生的灰也具有治療與
保安的效果；這和西拉雅信仰中，水是靈力的象徵，並以之淨化、治療、
保安的意義，有著異曲同工之妙。而西拉雅信仰中的阿立矸或太祖矸，正如
同漢人宗教中所使用的香爐，是用來是盛裝具有靈力的聖物。此外，在崇
拜對象本身，西拉雅與漢人的神明則以兄弟姊妹互稱，藉此加強兩文化間的
連結。

　　藉由祭儀工具或神格的類比，透過可以溝通的文化因子之概念，我們方
可理解兩種不同文化團體在互動過程中，是如何進行交換、接受、整合兩
種不同的文化。筆者試圖透過此一概念，思考排灣族傳統文化與基督宗教
信仰間的關係。前者是泛靈、祖靈信仰，而後者則是排外性強烈的一神信

仰；排灣族如何透過可溝通的文化因子，將兩者轉化、結合為一特殊的在地信仰？

此外，潘英海（1994）指出：西拉雅族的祭儀與漢人文化融合後，往往被視為漢化的結果，因為其中出現了許多漢人宗教信仰的元素，如尪姨與乩童的轉換，以及公廨有著廟宇的龍飾等。但他認為：文化接觸的結果不應以同化論之，而是一種在地化的過程，透過可溝通的文化因子達到交換、接受與整合兩種文化體系，並形成一種異於原來文化（不論是漢文化或西拉雅文化）的合成文化。

潘英海更進一步指出：合成文化的產生與形成，即所謂的「文化合成」，乃是：

> 一種地方文化自我定義與再定義的過程，是一種地方文化因應主流
> 文化，並保持地方文化體自主性的一種創新過程；更是一種地方文
> 化創新與繁衍的過程，是地方文化為了傳承，並維護該創新文化的
> 生產與再生產過程。（潘英海 1994：254）

在此，筆者要特別強調：對排灣族基督宗教的圖像之研究，其關注的焦點在於如何透過圖像，了解基督宗教與排灣族文化間的對話與互動；而在此過程中，包含了傳統的延續和文化的創新。在圖像的結構以及族人的認知中，不僅存在基督宗教化的排灣族，更有著排灣族化的基督宗教，兩者產生一種相互辯證的思考邏輯。

筆者在調查排灣族基督宗教圖像的過程中，看見了排灣族人透過基督宗教，對自我的傳統信仰與傳統圖像進行重新自我認知，試圖在基督宗教範疇中尋找自我文化的立足點；除了保持傳統文化的主體性外，更將基督宗教歸納為生活的一部分，成為文化之一環。此外，藉由圖像的創造、展示與教育，也促使排灣文化的傳承以及基督信仰的強化獲得發展；更促使族人對於排灣族傳統與基督宗教信仰認知產生進一步的思考。

教會圖像的創作、解釋與認知，可視為基督宗教在地化的過程，透過創作者、教會牧師、神父、傳道，以及信徒的詮釋，使基督信仰逐漸成為一種地方文化。因此，地方文化的形成，包含了兩種意義，即：在傳統文化層面上達到「文化復振」之功能外，更透過排灣族基督宗教的圖像，在信仰層面上形塑了「合成文化」。排灣族人藉由可溝通的文化因子，一方面從信仰的角度，另一方面從文化的角度，使排灣文化與基督信仰合成地方文化；並且應

用許多傳統的象徵元素，呈現於教堂之中，以達傳承、教育傳統之功能。但無論是信仰的合成，或文化的復振，都是透過人的詮釋而達到的。

關於人對文化的詮釋，潘英海（2001a）透過西拉雅族祀壺文化之研究，提出了「文化介面」與「文化介媒」的觀點。他認為：一個群體的文化，不能以機械或有機的觀點來看待，而是一種生命情感的表現形式，且透過生命情感，建構一套文化體系。此文化體系是一種秩序，這種秩序並不是一種物理秩序，而是透過生命經驗累積、代代相傳的生命秩序。在此秩序中，意義的傳遞與交換是公開的、社會性的，且不是存在於個人腦中的。也就是說：意義是在同一脈絡中的行動者所共同建構出來、共同分享的；而這些意義，是透過「文化介媒」建構於「文化介面」之上。潘英海認為：文化介媒是社會中的文化諮詢者，他們以文化訊息或文化知識為資本，是文化訊息的詮釋者，並透過其詮釋性的理解建構，與實踐於文化介面之中。

藉由潘英海對於文化介面與文化介媒的論點，筆者在探討排灣族基督宗教圖像時獲得了極好的借鏡。潘英海利用此一觀點研究頭社村太祖祭儀，思考傳統文化的重新再造，從中發現新而不同的詮釋湧現，形塑出頭社村集體共識與文化認同的重組與建構。他以祀壺的祭儀文化做為文化介面，透過乩童、祭儀委員會等文化介媒的詮釋，理解文化合成的脈絡。而筆者對於排灣族基督宗教圖像之研究，則將透過如設計者、傳道人、部落工藝師……等文化介媒，即握有文化資訊及詮釋能力者，將教會圖像做為文化介面，使一種價值取向與詮釋性之理解建構於其中。

藉由對圖像的建構與詮釋，排灣族創造出具有本土特色的宗教信仰。潘英海認為：這類文化的創新是來自一個斷裂的過程，文化傳統並沒有依靠歷史記憶而承續，而是依靠人對文化的想像與詮釋所產生。如同 David Harvey（2003 [1990]）對於後現代文化之思考，是將高雅文化的關注，帶向更加接近日常生活；也就是一種對於現代主義的反抗，對於原本事物的認知進行抵抗，企圖提出新的解釋。透過圖像，排灣族人一方面延續、傳承傳統文化，另一方面則創新、建構文化傳統。這裡所指的「傳統文化」，是從過去到現在，即固有的文化體系與文化因子，強調當代與過去的延續；而「文化傳統」，則指從現在到未來，強調當代與過去的斷裂，包括了文化上的轉變與創新。當傳統元素出現於教會之中，包括：人物圖像、傳統建築、象徵性飾品等，排灣族人保存了原有的文化元素，並透過對於原有意義的轉變或延續，進一步創

造其文化傳統，使基督宗教內化成爲排灣族特有的信仰體系。

總的來說，筆者將排灣族基督宗教圖像做爲文化介面，並視爲排灣族與基督宗教文化接觸之文化合成的結果，透過對圖像的研究，試圖理解基督宗教在地化的歷程。同時，也透過對傳統文化的認識，了解既有的文化因子，如何在文化介媒的詮釋下，構成文化因子轉換之邏輯，並且建構於基督宗教之脈絡中，進一步提出排灣族基督宗教在地化的文化傳統。

人類學對於基督宗教的研究，George R. Sunders（1988，轉引自譚昌國 2005：115－116）曾討論了文化與基督宗教間的辯證關係。他提出了「基督宗教或許保有某些恆常的特質而不斷傳遞下去，但基督宗教也同時是一套文化體系，即一套共享的觀念、信仰和價值，表現在公眾的符號與儀式之中」的看法。就這個意義而言，基督宗教不能被視爲固定、孤離、界限分明的系統，而是會和政治、經濟、教育、社會化，及非基督宗教等因素結合，進行不斷地修正與轉化。因此在討論社會文化變遷和基督宗教的關聯時，不應忽略的是基督宗教和當地文化如何相互調適、相互轉換的辯證過程。

Sunders（ibid.）並指出四種值得注意的轉換類型：(1)基督宗教本身——其意識形態、象徵系統和制度結構——如何對特定的社會條件調適？(2)土著的社會組織如何受到基督教的教義、象徵、教會組織的影響而變遷？(3)當土著文化讓出位置給基督宗教，土著文化如何轉變？(4)當個人和基督徒接觸或皈依某個教派後，其個人特質、認知型態、或人際關係如何修正？

筆者將在下文中，藉由 Sunders 爲基督宗教與土著文化接觸提出的基本研究架構，根據基督宗教與排灣社會接觸後，藉由教堂圖像所展現之象徵系統的改變，探討圖像在兩文化間如何轉化形式與意義？並理解如何透過象徵系統的轉化，進而對認知形態感生影響？簡而言之，筆者關注於基督宗教與排灣族傳統文化之間相互理解、詮釋的問題之上，且如何展演於教堂中的裝置圖像。

timur 教堂中展現了兩文化產生接觸後，相互影響並產生轉換，進而合成一新的文化體系，既非純粹的基督宗教，又不同於傳統的排灣文化。隨著基督宗教與傳統文化間的相互影響，當排灣族人普遍接受基督宗教後，基督宗教是否反過來影響人們理解傳統信仰的方式？在這相互轉換的過程中，排灣族人是如何理解基督宗教，並透過圖像而展現出來？這是下文嘗試回答的課題。

第二節　基督宗教圖像的文化合成

　　本節藉由同時具有排灣族文化與基督宗教意涵之圖像，做為洞悉文化合成的媒介；並透過文化因子的概念，理解文化轉譯的脈絡，以此檢視排灣族人在接觸基督宗教後，如何將傳統信仰中的泛靈、祖靈，與基督宗教的上帝相連結，並展現於圖像中。同時，更進一步透過族人對圖像的詮釋，理解排灣族人如何述說、理解對於基督宗教之思考，如何在傳統信仰與基督宗教間，找尋心靈的平衡點。

　　首先，在 *timur* 長老教會禮拜堂的二樓入口處，可看到磨石子地板的前端，是《聖經》〈創世紀〉中開天闢地的故事（圖 2-1）。圖像中有著上帝在六天內所創造的太陽、月亮所代表的晝與夜；並將天與水分開，創造了眾星，更將水集中而形成了陸與海；同時空中有了飛鳥、海中有了魚類、陸上有了牲畜。在圖像中所出現的牲畜，是排灣族生活環境中時常接觸的物種，包括：山豬、水鹿、飛鳥，以及魚蝦等，藉此加強與自我生活經驗之連結，將排灣族的生活環境放入了聖經創世的脈絡之中。此外，在圖像設計中，創作者更加入了排灣族的陶壺，不僅代表人的出現，也象徵著排灣族的文化隨著

圖 2-1：開天闢地〔註 2〕

上帝的創造而誕生，並延續了傳統排灣族之神話故事，將百步蛇守護陶壺之意象，以蛇背紋的形式傳達出來，圍繞著整幅圖畫，持續地延伸出去。而在最外圍，則以太陽的紋路涵括了整幅圖像，表現了傳統信仰中創世的概念。對此，長老教會的陳牧師表示：

> 這個圖是聖經中的創世紀，但其中包含了排灣族的陶壺，它的意思是在上帝的創造中也有排灣族的文化在裡面。人家說聖經是西方、或說是用猶太人的觀點所寫成；但在我們接受福音之後，應該也有原住民的文化在裡面。只是因為寫聖經的不是我們！所以當初在蓋教會時，是希望設計出福音與文化都有融合。

透過此圖，我們看到排灣族將傳統信仰中創造天地之意象，與基督宗教的聖經故事相結合。根據「文化因子」的概念可以發現，此圖像是透過神觀的類比，將傳統信仰中象徵 *naqemati*（創造神）的太陽，與基督宗教中的上帝做一轉譯。排灣族的宗教體系在人類學古典演化論的分類下，屬於泛靈信仰——即萬物有靈論；但若對文化有深入的了解，將可發現排灣族中固然有泛靈信仰的存在，包括山靈、河靈、樹靈等，但依據報導人的說法，這些自然界中的靈，都是因人的誤解而升格為神，真正的神（*cemas*）其實只有一位，那就是名為 *tjagaraus* 的 *naqemati*（創造神）。

　　雖然 *naqemati* 從文化因子的概念上，做為上帝耶和華的代換是成立且存在的，如聖詩第 248 首——上帝的榮耀，在母語中便翻譯為 *a ligu na naqemati*；但對於 *tjagaraus* 的指稱，卻有著不同的看法。從文化的角度言，*timur* 人認為 *tjagaraus* 為創世神之名，是轉譯耶和華最恰當的用法；但在大社村卻有另一種說法，認為 *tjagaraus* 為北大武山，是眾神靈之居所，因此將其比擬為天國。而在巫化‧巴阿立佑司（2010：57－58）對於古樓村的研究中，則指出：*tjagaraus* 為 *ljemedj* 的子嗣，是祖靈之一，負責看顧人間。可見 *tjagaraus* 在區域間的認知皆有差異，雖然在部分族人的禱告話語中，仍會使用 *tjagaraus*，但教會則多以 *naqemati* 與 *cemas* 來轉譯上帝，藉此減少衝突的產生。長老教會的牧師便認為：

> 用 *tjagaraus* 指稱上帝有些牽強，因為排灣族的神觀只限於排灣族自己；一旦跳到別的族群，就不認識什麼 *tjagaraus* 了，他們與 *tjagaraus* 就沒關係。就全世界來講，誰認識 *tjagaraus* 呢？就只有排灣族！因此 *tjagaraus* 是一個狹隘的概念，不能把 *tjagaraus* 平等為

> 耶和華，因爲耶和華是專有聖經的名字，這樣有點太高估 tjagaraus
> 了！很多人都有自己的信仰，而很多民族都有自己的神，但我不認
> 爲 tjagaraus 有如耶和華一般是創始至終的偉大。在我的了解，
> tjagaraus 只是一個排灣族的山神！

在現今的排灣部落，基督宗教有著強烈的影響力，也擁有較高的詮釋權。因此，tjagaraus 確實可做爲一種解釋，或族人心中文化與信仰的平衡點；但在教會、福音的立場，祂未必能廣泛的被接受，因而多以 naqemati 或 cemas 來替換之。

從上述之觀點，我們必須重新思考：排灣族傳統信仰與基督宗教間，是否眞的是「多神」與「一神」的衝突？排灣族人雖爲泛靈信仰，卻有著唯一的創造神的概念；而基督宗教中，耶和華上帝乃是應被崇拜的唯一眞神，卻也不否認其他神祇的存在。著名的宗教學者 Karen Armstrong（1997 [1993]：7－15）對於一神教的產生，提出了有趣的見解，她認爲：太初，人類創造了一位神，祂是造物主、主宰者，但祂因爲太過崇高，以至於變得如此遙遠，致使人們轉而崇拜較低級的神靈或更容易接近的神祇。Armstrong 更進一步指出：神是創造性想像的產物，若「神」這個概念不具有彈性，祂便不可能存在迄今，並成爲人類最偉大的概念之一。因此，客觀的神觀點並不存在，每一代人必須創造適於他們自己的「神」。

若「神」是創造性產物，那麼從語言的轉換上，便促成了文化間的轉譯。在教會進行禮拜的過程中，從禱告的話語可以發現：創造神上帝的母語常會以 naqemati 或 cemas 一詞來表示；naqemati 即指排灣族傳統創造神，qemati 則有創造之意。在 timur 的傳統信仰中，則認爲 naqemati 名爲 tjagaraus，也就是 cemas（神）。cemas 在排灣族信仰體系中，是一個重要的概念；對於 cemas 的範疇與屬性，一直有著不同的說法。有些部落強調其唯一性，其他則強調其廣泛性，但可以肯定的，欲了解排灣族超自然體系，便須就 cemas 著手。

早在日治時期的《番族習慣調查報告書》（2004：4－5）中，就曾對排灣族的神靈概念進行詳細的介紹，包括 cemas、tjagaraus、qadaw、qiljas、qinaljan、naqemati……等超自然之存在，並將這些靈統稱爲 cemas（或譯爲 tsemas）。而晚近的學者如：吳燕和（1965）、譚昌國（2007）、許功明與柯惠譯（2004）的研究中，皆指出排灣族的宗教信仰必須從 cemas 談起。

　　吳燕和（1965：107）對於嘉蘭、比魯、介達三村的研究指出：排灣族對於超自然的觀念有兩個特點，第一，無論鬼、神皆屬於同一範疇而統稱 *cemas*，但有善惡兩類之分；第二，該族人將超自然世界視爲與人類世界同時同空間的實質存在。而譚昌國（2007：61）在土坂的研究中也表示：*cemas* 是泛指各種超自然的存有，包括自然神祇（例如土地神、山神、河神）、祖神、祖靈、剛過世者的靈魂、鬼魂和惡靈等等。許功明與柯惠譯（2004：25）更藉由古樓村的調查，建構出排灣族神靈的分佈位置（表 2-1）。

表 2-1：排灣人宇宙觀 *cemas* 的存在領域〔註3〕

i pidi	神　界	創造神 *naqemati* 的居所
i tjarivavau	天　界	祖神的居所
i kacauan	人　界	生人靈魂的居所
i tjemakaziang	中　界	死者靈魂的暫時居所
i makarizeng	冥　界	死者善靈的永久居所
i tjarhiteku	下　界	惡靈和惡神的居所

　　在筆者蒐集的資料中，排灣族確實具萬物有靈的觀念。當報導人談及自然界的大地、山、樹、河時，他們都認爲其中存在著 *cemas*。但它們並非 *cemas*，而稱爲 *cemacemasan*，或稱爲 *vavak*。換句話說，這些自然物都是 *cemas* 所創造，是 *naqemati* 所給予人類的恩惠；因此 *vavak* 一詞除了作爲靈指稱，更有著恩惠之意。透過這套傳統信仰的概念體系，教會使用 *cemas* 來代稱上帝，並進一步使用 *vavak* 一詞代表了上帝的恩惠，且有著聖靈、恩惠的含意。透過這樣的轉譯，促使排灣族在理解基督宗教上，拉進了兩個體系創造神間的距離，更以恩惠的角度，等化了兩個文化間人與神的關係。而筆者認爲：從教會的立場使用 *cemas* 一詞指稱上帝，不僅強調其全能、廣泛的特性，更將傳統的泛靈全數歸納爲三位一體的概念之中，企圖使兩文化體系的認知達到調和的狀態。

　　基督宗教中的上帝，可說是無所不在；但實際上，祂與人間的距離卻是遙遠的，人們可以藉由禮拜、禱告，透過聖靈、使徒給予恩惠來拉近人與上帝間的關係。只有在少數的案例中，上帝會眞實的出現。同樣的，排灣族人

〔註 3〕 摘自許功明 2004：25。

對 *naqemati* 的認知，也是存在於宇宙間的各個角落，宛如太陽般照耀著萬物，但祂不會直接干涉人們的生活，而是透過 *cemacemasan* 或 *vavak* 來照顧眾生。此外，無論是排灣族的 *naqemati*，或是基督宗教的上帝，都不具有真實的形體，因此在基督教所忌諱的偶像崇拜上，也不會有衝突的存在。

若將此概念放入基督宗教的脈絡中解釋，一神論的基督宗教確實有著唯一的真神上帝耶和華，但還有聖靈、天使、撒旦等超自然力量的存在。因此，在部落中掌握文化知識、詮釋權力的文化介媒，如：圖像之設計者、部落工藝師，以及部落頭目等，都認為：「排灣族在神觀的思想中，與基督宗教非常接近。」他們將上帝耶和華與創造神 *tjagaraus* 做一類比，試圖透過傳統信仰進一步理解、詮釋基督宗教的上帝；並且將 *vavak* 的概念，以聖靈的概念作為解釋，試圖重建曾被基督宗教一味否定的泛靈存在。隨著民族自覺的興起，以及當代排灣族對基督宗教進一步的理解後，開始復興原有的超自然觀點，並且企圖重建我族接受基督宗教的立足點。

在神學院的論文中，談及排灣族接受基督宗教的動因，曾以福音的角度表示：因著上帝的慈愛、基督耶穌的恩惠，及聖靈的引導和工作，使得福音在排灣族社會發芽（華進光 1988：56）；或從實質面指出：透過醫療的幫助與救濟品的發放，使許多部落人的生計得到協助與安慰（鐘興華 2002：25）。

前述的說法，在筆者的調查中確實存在，教會的傳道者多以上帝之權能與個人的見證來解釋排灣族轉宗之主因；而一般村民則常回憶起當年教會發放奶粉、麵包、衣服等情形，述說進入教會的動機。即使部落文化工作者，也同樣承認這些都是不能否認之事實；但他們多半認為兩者透過平等、互動的方式，以此詮釋信仰的轉變，透過文化的轉譯，表示排灣族與基督信仰確實有著可溝通的「文化因子」。

筆者從訪談中發現：報導人會回憶傳教初期，教會所做的努力，以及物資上的幫助，這些確實成為了排灣族接納基督宗教的重要動力。但隨著生活的改變，當排灣族人跳脫物資的誘因後，並受到 1983 年前後民族自覺運動的影響，開始以自我文化為出發點，基督信仰被重新思考，並將 *naqemati* 與上帝之間的代換展現於認知之中。從長老教會的地板上，藉由太陽象徵 *naqemati*，融合於耶和華造物的故事中，這不僅是設計者個人的想像，更進一步影響了年輕一輩的信徒。一位年僅 24 歲的排灣族人 *lavuras matilin*，自幼生長於教會的環境中，但當他對傳統文化有了較深入的了解後，曾開始質疑：

「我們為何要放棄原有的文化、信仰，而接受外來的基督宗教？」但當他藉由基督宗教的脈絡，回頭思考傳統信仰的概念，並透過從小認識的上帝與傳統信仰中的 *naqemati* 做一類比後，終於找到了心中的平衡點，使自己既能保持對基督信仰的虔誠，而又不忘卻排灣族的傳統文化。

在傳統信仰與文化的概念中，最重要的元素就是 *sevalitan*（祖靈），或稱為 *vuvu*（祖先）；祂不僅是靈界與人類重要的連結，更代表著的排灣族人建構傳統與延續的象徵。在許多研究中，祖靈、祖先多以 *vuvu* 稱之（吳燕和 1965；許功明、柯惠譯 2004；譚昌國 2007）；而在筆者的觀察中，*vuvu* 除了是祖父輩與孫輩之稱呼，且多用於辭世不久、尚存於記憶中的過往親人，至於過世年代久遠，無法確實回溯、記憶之祖先，則使用 *sevalitan*。因此，若討論傳統文化與祖靈間的關係，筆者認用使用 *sevalitan* 一詞，較為適當，因它同時包括了緬懷與傳承的情感。祖靈信仰在排灣族傳統宗教中可說是最重要的角色，透過女巫 *palisi*（祭祀）的經語以及報導人的翻譯可以發現：其祭祀對象除了 *naqemati* 與四周的 *vavak* 之外，更重要的是與 *sevalitan* 之間的對話。*sevalitan* 是排灣族人與靈界間的主要溝通橋樑，更是與傳統文化間不可忽略的連結。

祖靈的圖像，常出現於排灣族的雕刻之中（圖 2-2），有時以全身的方式展現，有時僅刻劃出頭顱的造型。透過祖靈的圖像，雕刻者藉以傳達祖先過去的事蹟，或試圖傳承先人交代的重要信念；它既可視為宗教圖像，又同時是一種文化符號。祖靈在排灣族傳統信仰的概念中，被歸納在 *vavak* 的範疇；它是與人類最接近的靈，與人們有著緊密的連結，更是排灣族人不能遺忘的一種「精神」。因此，在接觸基督宗教後，原先被宣導為該擯棄的祖靈信仰，隨著民族意識的萌芽，排灣族人開始在信仰體系中為其尋求一個位置；祖靈圖像並進一步被應用於教堂的造形體系之中（圖 2-3）。

筆者在田野期間，曾協助 *timur* 的 *pakedavai* 家族佈置服飾、串珠與繪畫的展覽。某日，*pakedavai* 家的三姐包梅芳阿姨，剛結束主日禮拜後與筆者談到祖靈在基督宗教的定位時，表示：

> 祖靈若要嚴格來講，比較接近現在我們所謂的聖靈。我們現在說的聖靈充滿，就像排灣族人覺得祖靈都在看我們一樣，那聖靈不是都在我們旁邊嗎？而耶穌升天後，聖靈就在我們當中，包括每一個時刻每一個空間。藉著聖靈，這個聖靈不是不好的，聖是好的，如果

圖 2-2：傳統圖騰〔註4〕

圖 2-3：三位一體〔註5〕

> 我們是有聖靈的磁場，這個人他就不怕惡靈干擾。……像我現在會
> 對 *ahlifu*（梅芳阿姨的兒子）講：「你不要計較，反正我們能付出多
> 少就多少。我們是為我們家族的文化作宣揚，這是我們做頭目的責
> 任。*vuvu* 他們會祝福你，會在看你，你所作所為 *vuvu* 都在看，無形
> 當中祖先、祖靈的智慧就會灌輸在你的身上。」我自己會這樣想，
> 在作的時候祖靈都在看，就像聖靈一樣包圍住你。

梅芳阿姨生於頭目家族，其成長的環境相當看重傳統文化，透過與阿姨的相
處及談話，可以感受到梅芳阿姨是位虔誠的基督教徒，但她也不曾遺忘那教
導、傳承她們文化知識的 *sevalitan*。她以基督宗教聖靈的概念，進而指出祖靈
就存在於我們四周，在一旁看顧著我們；而祖靈所給予的祝福，也宛如基督
教所說的聖靈充滿般，賦予人們向上的力量。且在基督宗教中，並沒有提到

〔註 4〕 引自陳奇祿 1961：102。
〔註 5〕 筆者 2010/2/11，攝於 *timur* 天主教堂。

死後的靈魂會消失，而是前往天國與父神同在，這和排灣族傳統中靈魂永存的觀念是完全一致的。對此，安息日會的牧師強調：「排灣族人對於祖先的思念，不是流於偶像的崇拜，而是對著那看不見的天父上帝與過世的亡者，表達心中的敬畏與思念。」

　　筆者在 pakedavai 的家祭中，也觀察到這種對於祖靈的思念。〔註6〕除了必定會進行的禱告外，總可以看到 ahlifu 拿著燃燒的小米梗，藉此動作與祖靈產生連結。身為第三代基督徒的 ahlifu 表示：

> 我不會因為身為基督徒而反對這一區塊，因為這是生活的一部分，
> 這是原本排灣族就有的祭儀。那些會有衝突的人，是因為在學習傳
> 統的時候所產生的疑惑，但我們頭目就是生長於傳統、文化之中；
> 而其他那些接觸文化的人，因了解有限，因此會有衝突。我們追思
> 祖先是理所當然的，也許很多基督徒會認為跪著秉告祖先很荒謬，
> 但我不覺得上帝會阻止他懷念他的祖先。

從這些訪談中，可以深刻感受到排灣族人在傳統文化與基督宗教間的不斷思考，既表現出虔誠的基督徒思維，又不曾遺忘那心中的祖靈；因此，不斷地在基督宗教的框架中，重新尋回、建構與祖靈之間的關聯。祖靈在信仰層面的影響，雖然日漸減弱，但在排灣族的文化中卻是無法抹滅的。在 timur 天主堂的門楣上，透過傳統的祖靈雕刻，表現出基督宗教中，聖父、聖子、聖靈（聖神）三位一體的概念（圖 2-3）；除了是種對 cemas 認知的調和方式，更藉著與排灣族人最親近的祖靈作為轉化的媒介，將 svaliden、vavak 的概念，歸納在基督宗教之中，同時不失傳統文化的色彩。即為聖父——cemas、聖子——sevalitan、聖靈——vavak 的類比模式；以此含括了整體排灣族傳統信仰中，對於超自然的認知。這樣的轉譯，並非直接將兩者劃上等號，但在概念上，顯示出文化因子確實成為信仰與文化上溝通的模式，幫助族人思索出合理的詮釋，尋求心靈的平衡點。

　　將祖靈與聖靈進行類比，不僅是對於超自然性質的類比，更包含了情感、精神層面的寄託。在 ahlifu 的觀念中，他認為：

> 天神也叫做聖靈，它是三位一體。排灣族認為：百步蛇也有靈、河
> 流也有精靈，傳統的那些精靈，所要代表的，其實是某個人的精神，
> 而那個人的精神是被讚揚的。排灣族透過一些特殊的事件，試圖

〔註6〕家祭為各家族稟告祖先事務之儀式。

傳承那種精神；這是一種寄託，希望在面臨困難時，排灣族人應該
向那個人學習。

排灣族人時常會說：「我們不能忘記祖靈。」筆者對此的理解是：排灣族人不
僅視祖靈爲超自然之物，更將它視爲排灣族傳統文化的象徵；若失去與祖靈
間的互動，等於是忘記身爲排灣族應有之精神。且在基督宗教中，對於先人
的概念，與排灣族同樣具有靈魂永存的概念，使得排灣族能持續與祖靈產生
連結。雖然在基督宗教進入後，排灣族人與祖靈之間已不再是透過 palisi 進行
溝通，但在禱告中還是可以聽到排灣族人，一方面表示對上帝的感恩，一方
面尋求祖靈的看顧。

在筆者所調查的 timur 部落中，最能代表祖靈的圖像就屬陶壺；但隨著地
區的不同，有些排灣族部落也會認爲百步蛇才是祖靈的象徵。胡台麗（1999）
在〈百步蛇與鷹：排灣族的文化認同表徵〉一文中便提到：排灣族不同部落
對百步蛇有不同的態度與觀念。此外，許功明（2004）透過古樓村的祭儀研
究也指出：人的組成，除了軀體（izi）之外，最主要的是「魂」，稱爲 vatitingan
（東部排灣族稱其爲 vavak）；人死後其靈魂先來到 i tjemakaziang 之暫時居
所，在此先化爲蛇（頭目階級者化爲百步蛇），再化作禿鷹（qadris）；當通過
象徵幸福的竹子（ka qauan）後，就化成水（zaljum）而升天了。因此，在該
系統中可以看到排灣族人將「蛇」視爲轉化成祖靈的一個階段。若我們綜觀
排灣族頭目的創始傳說，可理出太陽卵生說、蛇生說、壺生說等不同的模式，
依地域不同而有所差別，甚至有混合的神話產生。三則傳說的共通點，都在
於創始之人爲頭目的祖先，爲太陽、百步蛇、陶壺的後代；因此，太陽、百
步蛇、陶壺在排灣族社會中往往作爲尊貴的象徵，出現於頭目的家屋、服飾
與配刀上。

timur 是延續著起源系統 ravar 的壺生說。其頭目的誕生，是因太陽將自
己的卵放在陶壺之中，擺設於大姆姆山的山頂上，經過 takivalit 家的兩位兄弟
satjair 與 sapili 拿回家中照顧，並請求百步蛇保護陶壺，透過太陽不斷地照射
陶壺，當陶壺裂開後，排灣族第一位頭目 ljeveljev 就此誕生了（撒古流・巴瓦
瓦隆 2005：26－31）。可見排灣族確實與百步蛇有著深厚的淵源，但在 ravar
亞族的排灣語中，百步蛇可稱爲 vulung（耆老）、kamavanan（眞正的），以及
tjasaladj（伙伴），並無祖先的意涵；且該系統中的排灣族人，並沒有往生者
將化爲蛇的說法，也不認爲百步蛇爲頭目之祖先。

　　排灣族中之所以會有將蛇轉化為祖先的想法，或許是跟另一則講述 *takivalit* 家的女兒 *sarangeau* 嫁給百步蛇的故事有關；但此傳說指出，這些蛇的後裔只活動於大鬼湖一帶，並不足以做為含括所有排灣族群之起源神話。總的來說，對於蛇的定位，因著起源部落的不同而有所區別，所指稱的角色也有所不同；但在意義上，都有著尊貴的象徵。就 *timur* 部落而言，其創生神話的主要元素，僅有太陽與陶壺兩者，而百步蛇則屬於守護者，並未成為祖靈的象徵。對於蛇的認知所存在的差異，則進一步影響對於神靈的概念，以及在面對基督宗教時所詮釋的角度。

　　以 *timur* 長老教會為例，1993 年整修教堂二樓時，對於傳統圖紋進入教堂裝飾的討論中，對於是否將「蛇」納入，便有著意見上的分歧。為傳達上帝之權能，須強調其創世與造人兩大工程；故在教會中創世與造人之圖紋中，繪作者撒古流都希望展現排灣族特有的百步蛇意象。因此，除了先前創世記中的蛇背紋外，在亞當與夏娃的故事中，蛇又成為大家爭論的焦點。撒古流從文化的角度，解釋在 *timur* 的系統中，蛇並無祖靈之涵意，而是如天使般的守護者；但教會在意的，是它在聖經中具有的撒旦形象。最後，在雙方妥協下，以犯罪前未被奪去四足的蛇做為解決之道（圖 2-4）。

圖 2-4：亞當與夏娃 〔註7〕

〔註 7〕 筆者 2010/2/11，攝於 *timur* 長老教會。

在不同的立場上，老一輩的教友正面臨信仰的轉折。在信教之初，透過以基督教為主體的詮釋，解釋排灣族的蛇是誘惑的象徵，因此產生排斥感；但從文化的層面思考，百步蛇是排灣族的朋友、守護者，且此蛇非彼蛇，聖經中並無指稱誘惑者為百步蛇。隨著時代演進，新一代的傳道人，對於文化層面的解釋更加多元，對於聖經與文化的理解也更加豐富。長老會牧師就表示：

> 百步蛇並不是代表魔鬼，而且在聖經中蛇也不只是代表誘惑，那是一般人的誤解，那是對《聖經》的了解不夠多，對文化的了解也不足！如果對《聖經》了解很深就不會有誤解。當初之所以會反對，是因為族人才剛接觸基督教不久，怕那些在信仰上比較軟弱的人，才會用象徵的方式。在聖經的教導中，蛇只是一個代表性，但不是說那個蛇就是百步蛇。雖然在〈創世記〉中它代表了邪惡者，但在聖經中其他部分，也有說到要像蛇一樣的機靈，而在〈民數記〉中也有提到，用銅做的蛇可以赦免犯罪的人。因此，很多對《聖經》不是研究很深的人，都會誤解！如果蛇不好，上帝幹嘛創造蛇？在洪水的故事中，上帝就不會讓蛇上船。這只是解讀上的問題。

> 很多教會也漸漸開始把傳統色彩放入教會，若有新的解釋出來大家能有更多的表現，接受的程度也越來越廣。而文化與基督教之間，我不覺得有衝突存在，只要雙方有很好的解釋，兩者是可以並存的，有衝突是人的問題，看個人接不接受。但雖然我自己可以接受，還是要考慮到信徒的心理；若其中的衝突要解決，大家對《聖經》要更為了解，才能化解其中的問題。

因此，在 *timur* 部落的天主堂中，同樣有著百步蛇圖紋的出現。透過太陽、蛇與陶壺來象徵創造的意涵（圖 2-5）。蛇在此，有著保佑、守護的含義。相較於長老教會，天主堂對於蛇的忌諱似乎較不明顯。筆者認為：若是蛇在情感上的地位越重，文化與信仰上的矛盾也就越強。在長老會牧師的文化體系中，他身為排灣族人，在文化中「蛇」所共享的意義是守護者的代表，並非與人們緊密連結的 *sevalitan*（祖靈）。此外，在神學院唸書的時代，也不曾因傳統圖紋中的象徵意義而產生困惑。

圖 2-5：排灣族神話〔註8〕

　　而 *timur* 天主教的神父來自菲律賓，對於蛇在文化上的情感並不強烈，僅將它視為排灣族文化中的一環，若單就聖經的解釋，在跳脫於排灣族脈絡的神父心中並沒有矛盾。因此在天主堂中，不僅沒有對蛇的忌諱，更時常使用百步蛇的紋路，甚至與十字架進行結合。

　　在排灣族的傳統雕刻中，常使用一位祖靈從陶壺中出現的圖像（圖 2-6），而這幅圖像在進入教會中也產生了改變。在天主教堂的屋頂上（圖 2-7），我們可以看到一座結合基督宗教元素以及排灣族文化的圖像。在基督宗教中，十字架代表了耶穌的象徵，耶穌不僅是人子，更是上帝耶和華的獨生子；而陶壺所代表的，是象徵 *naqemati* 的太陽所孕育人類的子宮，從中出生的祖靈，負起了照顧族人的責任。頭目在排灣族的部落中，有著領導、保護族人的責任，同時也是文化的守護者、傳承者及教育者。陶壺本身，不僅是做為祖靈的重要象徵物，也代表了排灣族文化的起源，以及信仰主體——祖靈的居所。藉由十字架與陶壺的結合，不僅顯示排灣族人將頭目、*sevalitan* 的概念，做為可溝通的文化因子，與耶穌基督（聖子）進行類比，同時也展現出

〔註 8〕　筆者 2012/2/25，攝於 *timur* 天主教堂。

對信仰的堅定，並延續了陶壺在整體文化中的價值，甚至透過與基督宗教的結合，更顯尊貴。

圖 2-6：排灣族傳統圖紋〔註9〕　　　圖 2-7：陶壺上的十字架〔註10〕

第三節　小　結

　　藉由潘英海「文化合成」的概念，筆者試圖在排灣族文化與基督宗教中，找尋可溝通的「文化因子」。藉由文化因子的分析，筆者發現：排灣族與基督信仰間的溝通，有兩項重點，分別為創世神的概念，以及三位一體的思想。在創世神的概念中，前者使用 *naqemati* 與基督宗教的上帝，進行轉譯、代換

〔註 9〕　繪自 *ljavuras madiljim*。
〔註 10〕　筆者 2010/2/11，攝於 *timur* 天主教堂。

的方式，從中建構排灣族與基督宗教間對話的脈絡。其次，基督宗教三位一體的思想，正好用以紓解排灣族在信仰上對於泛靈的困惑；透過聖父、聖子、聖靈的轉化，傳統信仰中的 cemas、sevalitan 以及 vavak 獲得釋放。此外，當排灣族使用圖像，表達、轉述對基督信仰的認知與理解時，我們也可以看到一種地方文化自我定義與再定義的過程。

基督宗教的進入，對 timur 部落的排灣族人而言，看似脫離了原有的傳統信仰，轉而接受基督宗教；但實際上，族人還是持續思考，並尋求平衡點，試圖將兩者並存、相互調和。經由文化媒介，如教會圖像設計者、部落工藝師、頭目，以及牧師、神父、傳道等等，對傳統文化與基督宗教，進行廣泛的詮釋，除了能夠延續、傳承排灣文化外，同時更令基督宗教深植信徒心中，使排灣傳統文化與基督宗教並存於生活之中。

隨著對基督宗教更深一層的了解，以及懷抱著尋回傳統文化的渴望，排灣族人在兩者間自我定義，一方面因應基督宗教，一方面保持自我文化的主體性，試圖尋找一個能夠同時擁抱兩者的平衡點。

透過可溝通的文化因子，將基督宗教的上帝與排灣族傳統信仰的 naqemati 做一類比，無論在神格上，或是人神關係間的連結，排灣族人均形構了特殊且有效的詮釋觀點。他們透過對聖經與文化間不斷的反思，藉由不同角度的相互詮釋，諸如百步蛇的例子，視之為守護者又如天使的象徵，以互為主體的理解，使兩者在辯證過程中達到和諧並存的狀態，同時保有排灣族精神，與基督徒的虔誠。

透過將上帝與耶穌，比擬為頭目的象徵，除了是信仰上「文化合成」之表現，更是一種「文化復振」的現象與過程。排灣族人不僅將上帝、耶穌進行角色、地位的替換，將祂們納入固有的文化體系中，更透過傳統文化的象徵物，進而加強對基督宗教的認知。以往，排灣族人透過雕刻、服飾、頭飾……等，來做為地位的象徵，更藉此傳達訊息、故事；如今，排灣族傳統的階級制度已不再嚴謹，此類象徵物則進入教會，不僅做為榮耀的象徵，更促使排灣族的主體性自覺與文化復振，使文化得以保存、延續。接下來的章節，筆者將進一步以「文化復振」的概念，再次詮釋 timur 宗教圖像在當代脈絡所顯示的意義。

第三章　教堂圖像中的文化復振

第一節　民族自覺的影響

　　教堂中的圖像，不僅是排灣族與基督宗教文化合成的表徵，更是對信仰本土化的實踐。透過 Ricoeur 對文本（Text）的概念，我們可將圖像視為有意義的社會行為之產物；而圖像的出現，受到民族自覺的影響，排灣族人透過將傳統文化與基督宗教相結合之行為，藉此尋回自我的主體性，試圖重建文化認同。在象徵主流的基督宗教中，透過傳統圖像的展演，排灣族人重新了解自己，並以在地化的教堂圖像，達到文化復振之目的。所謂的文化復振，便是尋回即將消散的傳統，並企圖延續、傳承於後代子孫。

　　台灣原住民在這塊土地上，與荷蘭、西班牙、滿、漢、日本等民族不斷接觸，持續處於被殖民統治的位置，無論是政治、經濟、語言、宗教⋯⋯等層面，我族文化的發展均備受挑戰。且自 1990 年代以來，隨著全球化現象之日益加深，聯合國教科文組織指出：世界文化多樣性，正受到全球化的影響，世界上 50%的語言瀕臨滅絕的危機。如何防止全球化對在地文化的衝擊，使世界所有文化都能生存，並且得到充分的承認，成為國際社會普遍關心的問題，通過制訂和實施文化政策以保護文化多樣性，更成為國際社會的主流思想（潘英海 1995c）。

　　整體台灣原住民族的文化復振，於 1983 年隨著《高山青》雜誌的發行，與原住民族自救運動同時萌芽。早期以平地山胞、高山山胞為分類的原住民族，在「台灣原住民族權利促進會」的努力下，藉由發表〈台灣原住民族權利宣言〉，正式使用「民族」一詞指稱原住民各族，並且主張原住民族有

權決定自身政治地位，以及擁有對祖居地的自然主權之自決（趙中麒 2003：187）。

　　根據 Roger Brubaker（1996：15－16）的說法，「民族」實際上是一種社會實踐。趙中麒（2003：188）也認為：這樣的實踐，是藉由草根由下而上對國家殖民統治的反抗，並追求某種程度的政治自決而完成。而 Anthony Smith（1991：16－17，轉引自趙中麒 2003：188）更進一步指出：對一個民族的認同，就外部的功能來說，它可以給予所有成員一個確定的、神聖的道德地誌（moral geography）；就內部的功能來說，透過共享的文化，它可以讓我們找到真實的自我（authentic self）以及自身在世界的位置。

　　認同一個民族，不僅是透過共享的文化，區分客觀上的我者與他者，更使該民族成員得以在自身的文化氛圍中，獲得主觀上的自我與尊嚴；而「認同」是決定一個民族存在與否的絕對條件（趙中麒 2003：188）。因此，無論是對於體制的反抗，或是源於自我認同的想法，原住民族曾針對主流的漢人社會進行多次重大抗爭，提出：破除吳鳳神話、爭取正名、反蘭嶼核廢料、還我土地運動、反興建瑪家水庫、還我土地運動……等訴求（潘英海 1995c）。

　　同樣的，*timur* 部落在與外來政權的不斷接觸下，其生活、文化所受的影響與壓迫，從清朝、日治時期到國民政府都不曾停息。*timur* 部落在台灣行政區中，隸屬於屏東縣三地鄉的三地村。三地村原語名為 *setimur* 又稱 *timur*。清朝時期漢人稱之為山豬毛，至日治時期取其諧音為 *santimun*；光復後，國民政府設立三地鄉，*santimun* 則改為三地村。

　　timur 部落的傳統領域地名為 *tjaracekes*。昭和 10 年（1935），日警為集中管理，強迫將周圍的 *pinaula*、*kacedas*、*tjaravacalj*、*salalau* 等四個部落遷移至此；再加上此地原有的社群組織，造成今日部落中共有五家頭目同時存在的特殊現象。*timur* 部落原屬 *vuculj* 亞族，但因婚嫁對象多為 *ravar* 亞族，其中還包括了些許魯凱族人（約一成），三者混居於此；其傳統文化的延續，使用了 *vuculj* 的長嗣繼承制度，而在祭儀上則與 *ravar* 相同，不具有五年祭的習俗。

　　傳統排灣族信仰的領導者，原為祭司（*parakaljai*）與女巫（*malada*）。祭司掌管部落的祭祀活動；而女巫的工作則較為貼近族人的生活，除了在祭儀中使用法器與咒語進行祈求與占卜，並且有治病的能力。但今日的 *timur* 已無

祭司與女巫的存在。具報導人表示：1935 年遷村後，僅殘存一位女巫，後因基督宗教的進入，傳教士取代了祭司與女巫的宗教地位，許多傳統祭儀都被基督宗教影響，進而融合或廢除。然而從筆者的研究中發現：傳統祭儀與巫師系統的消失，並非純粹因基督教的傳入，而是受到多種層面的影響，這將在下文中進一步闡論。

童春發（2001：162）在《排灣族史篇》中曾提到：原住民族受制於日本的理蕃政策二十多年，在這些歲月中，原住民的宗教（傳統信仰）已被日本的神道教所取代。隨著大東亞戰爭爆發，所推行的皇民化運動，是針對「整體」文化進行改革，其他還包括了語言、生活習慣、教育……等，日本政府逼迫原住民族接受神道教，僅為皇民化的手段之一。童氏的觀察，實具歷史的某種真確性；但筆者在訪談中也得知：當年 timur 部落雖然興建了神社，並以體罰的方式，強迫族人每當經過神社時都需行禮；但神道教似乎並未直接取代原有的信仰體系，部落的祭儀活動仍持續進行，整個 timur 部落只有一家人改信神道教，而其原因則是與日人通婚。因此，神道教的干涉或影響，是否如此強烈且關鍵性地影響族人傳統信仰的消失？還有待進一步的探討。

不可否認，皇民化運動確實影響了族人的生活，但日治時期真正影響排灣族人信仰的關鍵性因素，似乎還可以推究到在此之前，日本政府針對族人舊慣習俗的改革，灌輸現代衛生概念，使得排灣族生命儀禮中特有的「室內葬」習俗遭到禁止，進而產生骨牌效應式的信仰崩解。室內葬所突顯的，是排灣族人與祖靈間的連結，更影響著將死亡分類為「善死」與「惡死」的依據。根據許功明與柯惠譯（2004：122）對於古樓村的研究指出：按其習俗，善死者可以埋在屋內；但有些惡死者若透過女巫完善祭儀之處理補救，也可以埋於屋內。只有那些絕對無法經由女巫祭儀來補救者，或女巫們拒絕處理的惡死者，才是眾人深懼、會變成有害生者的惡靈；需將這些惡死者隔離，棄絕於村外，草草獨葬之。因此，室內葬的禁止，除了造成女巫法力與功能的式微，使得展演儀式的頻率不斷減少，並直接影響了族人對於死亡的認知；傳統上用來化解內心對於靈魂善惡的恐懼之方式更受到挑戰，進而影響族人對於超自然物的判斷方式，產生了比神道教更深一層的影響。

緊接在日本後進入部落的國民政府與基督宗教，對於女巫的能力又產生了另一層面的挑戰。在《排灣族史篇》（童春發 2001：163）與譚昌國（2007：

82－84）的調查中都認爲：基督宗教在信仰與實質的功能上，皆與巫師產生了對抗。傳統排灣族女巫具有醫治的能力，是 cemas 的代言人，而受醫治者必須有所「表示」，以金錢、作物換取服務；女巫透過 palisi 進行問卜與 cemas 溝通，藉以得知患者的病因並醫治之。但基督宗教在宣教初期，提供了類似的服務，以現代醫療技術解決疾病問題，更帶來大量的奶粉、鹽巴、衣服……等物資，改善了族人的生活，並以禱告的方式安撫從前因禁忌所產生的恐懼，解決了傳統上因惡死而忌諱的安葬問題。

綜上所論，排灣族傳統信仰本身的價值，與女巫所扮演的角色，先後受到日本與國民政府等政權政策的干擾與影響，迫使其逐漸消失，而基督宗教又適時地提供了解決方案，排灣族便逐漸接受了外來宗教，原有的信仰文化觀念則日漸式微。

基督宗教宣教初期，排灣族人受到政治、醫療、物資、傳教士……等因素的影響，原有的生活步調瞬間被打亂，在來不及思考的情況下，進入了基督宗教恩惠的脈絡之中。但隨著民族、文化的自覺，不僅使排灣族人再次檢視自我文化，也進一步激發了對於基督宗教的重新思考。排灣族人試圖在外來的基督信仰中，透過圖像的建構，在主體上將傳統信仰與基督宗教之神靈觀做一轉譯，更以教會的力量，將傳統文化的種種，傳承給新一代的排灣族人。

早在 1642 至 1662 年荷蘭人據台期間，基督教在台灣的宣教事工就已經展開，但 1895 年台灣割讓給日本後，宣教工作便受到皇民化政策的壓迫與禁止而式微；直到日本政府撤離台灣、國民政府來台，才重新有了進一步的發展。這樣的歷史脈絡下，timur 的特殊性在於：受到日本遷村管理政策之影響，形成屏東最大的排灣族部落（包括少數魯凱族），且地理位置正好位於入山口，同時也是外來政權行政的主要據點，對外接觸十分頻繁，因此也就成爲排灣族中首先接觸基督宗教的部落。自民國三十四年（1945）日本政權退出台灣後，台灣基督長老教會便率先進入；從前部落頭目有著接待外賓的責任，因此 timur 的頭目們便成了最早接觸基督信仰並成爲受洗之人，進而帶領部落的家族成員入教，使族人普遍的接受此一信仰。

根據 timur 長老教會的歷史沿革，及《排灣族史篇》中，皆指出：此部落接受基督宗教之關鍵，是因鄉長歸順義問及許有才牧師：「我們今後要敬拜什麼神？」童春發（2001：164）認爲：若以宣教的角度，這是神對於排灣族人

的呼召；而從歷史的脈絡解釋，其中隱含著排灣族面對祖傳信仰的失落，經歷許多外來政權的干涉，已理不出回歸傳統信仰之途，故而尋求另一個宗教的內在需求。

這是排灣族部落普遍存在的現象，尤其北排最為明顯；此區的排灣族部落充斥著天主教、長老會、安息日會、真耶穌會、拿撒勒人教會……等等。而部分中排部落，如七佳部落，雖然持續有設立巫婆之儀式，但在村落中還是可以看到教堂林立，族人在兩者間呈現拉扯的狀態，此處的傳道人，仍致力於領人歸主的工作。甚至部分南排、東排部落，在信仰的轉換上選擇了漢人的民間信仰，且產生傳統女巫與乩童並存的特殊現象。在此筆者無法對整體排灣族轉宗的原因與歷程做詳細的分析和介紹，但根據筆者在 *timur* 的調查中，牧者、族人皆認為：透過頭目的帶領，是部落普遍接受基督宗教的主要原因。

當筆者與 *timur* 的 *pakedavi* 頭目家族相處時，在某個禮拜天結束禮拜後，與 *ahlifu* 談到關於接受基督宗教的問題時，他表示：

> 當初在接受基督教的時候，並沒有充裕的時間去轉換，思考的時間太短了，因此內心都有衝突。這個國家、這個情況沒有給排灣族太多的時間去思考，必須很快地做出一個抉擇；有些人選擇了祖靈信仰，有些人選擇了基督信仰。這是背景上的差異，因為有些人成長的環境是比較純粹的，因此內心的衝突會比較多，但我們頭目所生長的環境又何嘗不是最純粹（最傳統的）的呢？但也因情勢所逼，必須做一選擇，我們必須帶領族人找到歸屬。

> 天主教與基督教進入的時間很剛好，在那個時候排灣族面臨了漢人在居住空間上的壓迫，因為有點敵對狀態，而去排斥漢人的宗教，而當時的傳教士，給了部落另一種選擇。

因此，民國三十六年（1947）*timur* 成立了排灣族的第一座禮拜堂；接著天主教道明會也在民國三十九年（1950）進入部落，於民國五十三年（1964）為照顧原住民的需要，設立聖若瑟診所及托育中心，並在民國六十七年（1978）增設少女城，照顧家庭有困難、乏人照顧的女孩。而安息日會也在民國五十一年（1962）開始進入傳教。

宣教初期，傳道人（即使本身為排灣族人）都致力於破除傳統迷信與禁忌，試圖彰顯基督宗教上帝的權能。致力於傳承排灣族文化的撒古流・巴

瓦瓦隆，從小雖跟隨祖父學習雕刻與傳統文化相關知識，但其父親同時是基督長老教會的榮譽長老，在撒古流的成長過程中與基督宗教也有著密切的關聯，在他年輕時更曾任主日學的教師。在一次訪談中，他回憶起過去，談到：

> 當年教會的牧師、長老，都以自身的行爲展現破除禁忌與迷信的堅定信仰，就像我的父親，他砍伐禁忌之地的魔鬼樹（佳苳樹），爲了表示生活的步調不受那些傳統禁忌限制。在教會的立場，希望對文化上進行大刀闊斧的改革，許多傳統的祭儀、文化逐漸遭到放棄。但是那些都是我們祖先所留下的智慧，當年那些長滿魔鬼樹的地方現在已被土石流給淹沒。我們祖先靠著上百年對於自然的知識，用禁忌的方式來保護土地，但卻一昧的被否定，這是不對的！

教會對於排灣社會的影響，並非全盤的改革；在語言的保存上，傳教士們有著莫大的功勞。早在民國四十一年（1952），長老教會以ㄅㄆㄇ拼音法開始翻譯聖經與聖詩，並出版於民國五十六年（1967）。隨著原住民大量湧入都市，爲加強平地教會與山地教會之結合，John Whitehorn、林泉茂，以及業盛編等牧師，則改用羅馬拼音法，將中文與排灣母語同時編入，使族人更易了解聖經與聖詩之內容，並於民國八十二年（1993）由台灣聖經公會正式出版排灣族語羅馬拼音翻譯本。此歷程中，代表著排灣族人開始透過自己的語言對聖經做一解讀；更重要的是，年輕一代的族人可透過中文與母語相比較，進一步使用排灣族的文化脈絡檢視聖經，重新再理解傳統信仰中如 *cemas*、*naqemati*，以及 *vavak* 等概念，促使基督宗教的本土化思想逐漸萌芽。

因此，排灣族聖經與聖詩的翻譯，不僅成爲建構信仰認知的重要關鍵，更包含了對基督宗教的想像，即是排灣族對基督信仰的翻譯。根據 Ricouer（2004：19）的說法：翻譯是人類多元性（文化、語言、國家、宗教）和個人單一性之間的媒介，它所建立的是一個所有交流的範例，不僅是從語言到語言，而且也是從文化到文化的交換。當以一種共同語言去進行文化及精神遺產間的交流、互動，就如佛教文集從梵文翻譯爲漢文，乃至於翻譯成韓文或日文。翻譯所能製造的是那些尋找認可、適應、採納適用及確認的具體一般概念。

在排灣族群對基督宗教的認知方式中，除了藉由羅馬拼音，將聖經翻譯成母語外，同時也將代表排灣文字的圖像，做爲轉譯的媒介。在翻譯本聖

經出版的同年（民國八十二年），*timur* 部落的基督長老教會對於教會內部也進行了一次整修，將傳統的象徵圖紋、神話傳說與聖經故事相結合，並加入了許多排灣族特有的文化元素。教會聘請了排灣族藝術家撒古流・巴瓦瓦隆（1960～），及其學徒峨格・馬帝靈（1964～）等人，製作了具有宗教意涵與傳統色彩的禮拜堂，希望透過視覺的刺激，達到信仰本土化與文化復振之目的。

而這種現象不僅止出現於基督長老教會，道明會天主堂同樣也透過峨格・馬帝靈的雕刻，以及信徒與幹部自發性的努力，將教堂佈置成具有排灣色彩的建築樣式與擺設。雖然同部落中的基督復臨安息日會，並未將傳統元素放入教會之中，但根據該會牧師的說法：

> 我們教會在部落中屬於小教會，信眾人數不能和長老會或天主教相比，因此在經費上也沒有太多的預算；而且在當初建堂的時候，我還沒有到這裡服務，那時候的設計也沒有把這些傳統的元素放進去。但是，如果在經費上許可，我也樂意看到教會中充滿了排灣族的色彩，好像一切都歸於主的榮耀之中。

無論是主張民主的長老會，或是使用聖像的天主教，甚至是恪遵聖經古老規範的安息日會，包括傳道者與信徒，皆以肯定的態度看待將傳統圖像放入教會之舉。筆者的研究，除了針對 *timur* 部落的教會圖像進行深入的了解外，同時也藉著參與「排灣原住民工藝文化調查研究計畫案」的機緣，走訪了屏東、台東的所有排灣族部落，北起青山，南至旭海，束到新園，皆發現雖各教派在部落中有著不同的勢力，卻同樣或多或少將具有排灣族色彩的服飾、建築、雕刻、彩繪……等物件，放置入教堂的空間之中（如附錄）。〔註1〕因此，可以相信這是一股普遍存在的文化復振力量，並於各排灣族部落教會中持續擴散、綻放。雖然各教派對於教義有著不同的理解，但其信徒都依靠著主觀的詮釋，在不違背基督信仰的範疇中，振興原有的文化傳統。

〔註1〕 蒙恩於潘英海老師所主持之「排灣原住民工藝文化調查計畫案」，筆者藉此機會跑遍屏東與台東的各個排灣族部落，發現基督宗教在排灣各部落，皆透過族人的創意，與排灣文化進行美麗、精彩的合成，具有豐富的研究價值；但本文以 *timur* 部落為主，為避免模糊焦點及以偏概全的論調，其它各地區之特色，將在未來的研究中再做進一步的了解與討論。本文僅於附錄摘刊筆者調查之部份圖像資料，希望藉此吸引研究者對排灣文化產生更多想像、興趣與投入。

　　以下，筆者將就 timur 部落教會中，以傳統元素為主的圖像，做一敘述與分析，探討排灣族人如何將傳統文化融入教會之中，並將圖像的原有意義轉化、套用於基督宗教之上，藉此進行文化的復振。

第二節　藉圖像而復振

　　從 timur 天主堂天花板上的兩幅彩繪，我們可以看到排灣族人在信仰上的轉換，並藉由圖像將排灣族的傳統生活紀錄下來。當代排灣族人，跳舞的場合往往出現於各部落的集會所中，教堂正是透過這些彩繪圖像（圖 3-1），保留了早期排灣族人舉行喜慶活動時，穿著傳統服飾聚集在頭目家屋前跳舞的景象。舞團更圍繞著象徵傳統信仰中心的「祖靈柱」起舞，前方則坐著一對男女，拿著象徵同盟、友好的連杯共飲，一旁放著搗小米的木製杵臼與陶甕，搭配著後方的石板屋以及遠方的檳榔樹，將排灣族傳統生活樸實的記錄下來。

圖 3-1：排灣族傳統生活〔註 2〕

〔註 2〕　筆者 2012/2/25，攝於 timur 天主教堂。

祖靈柱是排灣族信仰中的重要象徵，隨著地域的不同，立柱的位置也有所差別，一般出現於頭目家屋的室內、戶外或於祖靈屋內。凌純聲以中國古代廟宇的特徵，對排灣族的祖靈柱做了一番描述：

> 凡廟既必有先祖的形貌，則祖之像貌可繪畫或雕刻於壁柱和楣枋之上，如另以木或石而繪刻祖像於上則稱之主。……古代之主，神象也，故可稱神主。多數用木刻，又稱木主。（凌純聲 1958：2）

祖靈柱不僅代表了家族的地位，更是與祖先情感的重要連結。譚昌國（2004：127）透過對土坂村 *patjalinuk* 家祖靈柱的研究中指出：主柱上雕刻所代表的，並不一定是某位特定的祖先，而是理想化的 *vuvu* 形象，或是關於 *vuvu* 的集體表徵。而筆者在 *timur* 的 *pakedavai* 家所見之祖靈柱，共有三支；該家族成員表示：屋外的祖靈柱以公、母之分，而屋內的祖靈柱最為重要，在家屋修整完成前，先以木板圍繞保護之。*pakedavai* 的祖靈柱皆無雕刻，是傳統部落狩獵或出征，向祖靈祈福與感恩的主要場域，雖無具體的 *vuvu* 形象，但同樣做為部落始祖之代表。

圖 3-2：對基督宗教的敬拜〔註3〕

〔註 3〕 筆者 2012/2/25，攝於 *timur* 天主教堂。

以教會的立場，雖無法接受祖靈的信仰與崇拜，但就文化層面的考量，透過繪畫的形式進行保存，藉此復振已然流失的儀式。教會中的另一幅圖（圖 3-2），正揭示了排灣族人隨著時代改變，信仰從傳統的泛靈、祖靈形式，與象徵信仰中心的祖靈柱，轉變爲基督宗教的十字架。圖中嶄露光芒的十字架，隱喻著排灣族人心目中那神聖的「祂」。一旁的男人，配帶著頭目階級的羽毛，並穿掛著琉璃珠，以站立的姿態傳達出帶領的意涵。而跪坐於地的女人，雙手緊握，面向十字架誠心的禱告。在圖像中，更轉述出部落透過頭目率先接受基督信仰的歷史事實。這是 *timur* 中，各教會相同的歷程，頭目做爲部落領導者，除了在實質生活中須對族人負責，更要爲族人尋求心靈上的寄託。

頭目在排灣族社會中，除了扮演生活的領導者，更是文化的守護者。以上的兩幅圖像，展現出 *timur* 部落中，傳統祭儀文化到當代基督宗教之轉變，皆透過頭目的凝聚與帶領，形塑出信仰主體。而頭目的重要性，藉由豐富的圖像系統，維護與區分社會結構，鞏固了階級制度。其中，最能象徵頭目之尊貴地位，以及排灣族特殊文化的，便屬傳統石板屋建築。

當前的 *timur* 部落中，隨著遷村的影響，傳統石板屋建築僅存兩棟，一棟已年久失修，而另一棟 *pakedavai* 頭目家屋，在 2011 年由拉夫拉斯·馬帝靈修復完成。家屋，在排灣族傳統文化中扮演了重要的角色，許多文化特色都圍繞著家屋發展。家的內涵包括了三個要素：家屋、家名與家人。排灣族人稱家屋爲 *umaq*，*umaq* 不僅是他們安身立命的居所，也是親屬關係和婚姻關係的樞紐，並透過家名代表他們的出生背景和社會地位（譚昌國 2007：13）。

在 *timur* 的長老教會中，爲了保存這項重要的文化資產，透過撒古流·巴瓦瓦隆的設計，將代表排灣族傳統建築的石板屋做爲禮拜講堂。使用傳統堆疊石板的技術，並且放上象徵頭目地位的門楣，延續了傳統建築中，頭目家屋使用門楣象徵地位與傳達故事的文化模式。而門楣，是頭目專屬的象徵物，只有頭目家屋能透過部落中的 *pulima*（工藝師）爲其雕刻門楣，當中記錄了家族的故事，並傳達該家族的領土範圍和社會地位。*timur* 長老教會的石板屋講堂，其門楣上雕刻出耶穌誕生於馬廄的故事，東方的三位博士循著啓明星，並帶著黃金、香膏與沒藥前來。兩側並融入排灣族傳統慶典中，獻給頭目的供品：山豬腿、豬心、內臟、小米等物，並且以跳舞的姿態，傳達出歡慶上帝之子誕生的喜訊。透過耶穌誕生的故事，結合了排灣族人給予頭目的聘禮

習俗，將耶穌視爲頭目般的領導者，而教堂則如同其家屋，在延續文化的同時，並試圖將基督宗教融入其中（圖 3-3、3-4）。

圖 3-3：長老教會石板屋講堂〔註4〕

圖 3-4：門楣上耶穌誕生的故事〔註5〕

在建造初期，設計者與教會一致同意將石板屋做爲講堂之造型，一方面表現出濃厚的排灣族色彩，另一方面也希望上教會的孩子能夠在充滿傳統文化的教堂中成長。但對於是否設立門楣，雙方卻抱持著不同的看法。教會方面，認爲門楣是傳統文化的象徵物，用於彰顯頭目之榮耀，不應將頭目榮耀的門楣放置於教會，該屬民間文化的便歸於民間，該屬教會的再進入教會，

〔註 4〕 筆者 2010/2/11，攝於 *timur* 長老教會。
〔註 5〕 筆者 2010/2/11，攝於 *timur* 長老教會。

應有所區別。但撒古流卻有著不同的看法，他表示：「是哪一個頭目比上帝偉大，你們頭目的榮耀難道不能給上帝榮耀嗎？」撒古流認爲：早期部落中老一輩的教徒，在信仰與文化之間還是存在著恐懼，因其生長背景正面臨時代的轉折，從 1947 基督宗教進入後，至 1993 教會中放入傳統文化的時間，雖然已經歷四十餘年，但對於文化的自覺才正要起步。以往信仰與文化是沒有交集的，雖然 *timur* 的族人都接受了外來之基督信仰，卻鮮少思考如何將兩者結合，甚至對於兩者的並存感到矛盾。

當撒古流的觀點獲得了教會的贊同，「上帝的殿堂好比頭目家屋」之概念，也逐漸在年輕一輩的排灣族人心中萌芽。例如長老會中的青年會會長，在每個星期日，總會穿著傳統服飾前來參與禮拜，他表示：「上帝就像我們的君王，如同頭目，而這裡是上帝的家……。來上教會是要聆聽上帝的話語，有點像是吃神的話語，有如參加喜宴，因此要穿山地衣服來領受神的話語。」從談話中，可以發覺這些傳統圖像的建構，拉近了信仰與文化間的距離，不僅延續了石板屋與門楣在社會中的意義，更進一步讓信徒開始以自我的文化傳統去解讀基督宗教。隨著居住習慣的改變，貼近族人生活環境的石板屋不斷減少，若非藉著教會的力量，行文化復振之努力，這些重要的文化資產，往後僅會出現於博物館或文化園區等地了。

筆者與現年 82 歲，於民國八十二年參與建堂討論的陳枝春長老，談論關於文化與信仰結合的初衷時，她表示：

> 我們當時要成立教會時，圖騰都經過討論，許多石頭還去從霧台搬下來，就是因爲要傳承文化。以後，世世代代的小孩子，後面的子子孫孫，還是生活在文化傳承的教會裏面，不要忘記！因爲以前都在改造，都沒有石板屋，以後的小孩子都會忘記。這些都是討論好的！教會蓋這樣子，連十字架也是，都是爲了要回顧以前的文化，傳承給我們的子子孫孫，讓他們知道我們的石板屋是這樣做出來的。

同樣的元素，也出現於 *timur* 的天主教堂之中（圖 3-5）。雖然天主堂的建築並非使用排灣族的傳統石板，但在相同的文化脈絡下，不約而同地使用原爲階級象徵物的門楣，透過它所代表的高貴、神聖意義，傳達教堂便是上帝——頭目的家。天主堂的門楣上，中間屈膝的兩者，配戴著頭目的頭飾，表現出對耶穌基督的崇拜；十字架的四個尖端，更應用排灣族特有的蛇頭特徵，傳

達守護之意。且刻劃了聖杯、聖餅象徵著耶穌的寶血與肉體，背負了人類的罪孽。與長老教會相同的地方，在於門楣兩側刻有族人以手拉手的方式，透過傳統的四步舞來歌頌讚美上帝的恩典。

圖 3-5：天主教堂門楣 〔註6〕

除了門楣本身具有的社會意義外，雕刻出舞蹈的形式，歡慶、讚美基督宗教的上帝、耶穌，是長老教會與天主堂的共通之處。而前者以頭目之獻禮表達對於耶穌的敬畏之心，後者則以穿著頭目服飾的人像展現出虔誠的崇拜姿態。透過復振傳統文化於教會之中，不僅保有了文化中門楣的形式，更藉其象徵意義，建構出對基督信仰在社會中的位置。

而天主堂內部的聖像，同樣使用傳統階級之概念，表達排灣族人對於基督宗教的詮釋。天主堂與長老教會的門楣，皆是透過貴族化的雕刻，將教堂——上帝的殿堂——比擬為頭目家屋，藉此保留傳統文化於基督宗教的場域。不同於長老教會鮮少立像的習慣，天主堂將耶穌與瑪利亞的聖像，穿著傳統頭飾與服飾，並配帶了只有頭目才能擁有的羽毛、山豬牙與琉璃珠。羽毛為老鷹的羽毛，是極昂貴且稀有的物品，從前只有頭目階級可以配帶，對於羽

〔註6〕 筆者 2010/2/11，攝於 timur 長老教會。

毛的節數與數量也有一定的限制，僅有頭目階級可擁有十節以上的羽毛。而整圈的山豬牙頭飾，是太陽的象徵，展現出排灣族頭目（mamazangiljan）身為太陽之子，照耀族人之意。琉璃珠則為交易所得的珍貴物品，同樣屬於上層階級者之象徵。

圖3-6：天主堂耶穌像〔註7〕　　　　圖3-7：天主堂聖母像〔註8〕

　　有別於老一輩的傳道人、信眾，對文化進行大刀闊斧的改革；如今透過族人自發性的詮釋，藉由將聖像穿著傳統服飾的舉動，再次強調基督宗教的聖子與聖母，宛如排灣族的貴族、頭目，不僅有著尊貴的地位，更具有保衛、照料族人的性質。對於信徒的詮釋，來自菲律賓的天主教神父，也以正面的態度看待。他表示：

　　　　這些文化上的，耶穌就是他們的頭目，這沒有關係！耶穌也是我們
　　　　的頭目，跟信仰並沒有衝突；因為信徒只是用自己的方式來理解，
　　　　雖然風俗習慣有些不同，但心中所信的是一樣的。

為聖像披上傳統服飾做為文化傳承之手段，其中除了透過排灣族三寶中的琉

〔註7〕　筆者2010/2/11，攝於 timur 長老教會。
〔註8〕　筆者2010/2/11，攝於 timur 長老教會。

璃珠，彰顯高貴的地位外，並將代表階級的飾品之社會意義持續傳遞；同時對於外來的基督宗教，展現出文化的認同。宛如傳統結盟、結拜之儀式禮俗，雙方透過服飾的交換，展現出接納與認同的意涵。若是雙方階級不同，低階者可透過結盟，來獲得某些象徵圖紋的使用權，而高階者則藉此機會，擴展家族勢力。

筆者在田野期間，正好遇上新香蘭村獵人學校的 *sakinu yalonglong* 與筏灣部落的頭目結盟。儀式結束後，與一同參與儀式的 *aruai madjilin* 談到教會的議題，她便聯想到：

> 在排灣族的傳統，比如說若認你阿唯（筆者）是兄弟，就會賜衣服給你，這是一種接受的象徵，而信徒讓聖像穿衣服也是同樣的道理！一方面是排灣族人接受了這個信仰，而另一方面也代表基督宗教認同了排灣族文化，是一種友善的視覺表現，一切都是從友善開始、一種接受。同時也可以做為一種教育，教育上教會的孩子，試圖讓他們了解文化，是一種附加價值。

如今結盟的對象，從人與人的關係，轉換到排灣族文化與基督宗教間。確實，透過穿戴傳統服飾的聖像，不僅是對於傳統文化與基督信仰的重新思考，更代表了兩文化體系間，在概念與意義上的交錯、融合。關於兩文化間的互動，我們同樣可以在 *timur* 基督長老教會的磨石子地板中，看到排灣族人如何將聖經故事與傳統神話之內容做一融合，既不失宗教本身的意涵，又滿足了復振傳統文化之目的。

在聖經故事中，人類離開伊甸園後，內心不再單純，產生了忌妒、憎恨的心理，因此發生了第一起兇殺案件，便是該隱與亞伯的故事（圖 3-8）。他們是亞當與夏娃的孩子，該隱是種地的，亞伯是牧羊的，該隱因忌妒上帝偏愛弟弟，而將亞伯給殺死了，因此上帝便懲罰他必須辛苦工作，且離開肥沃的土地。而此一故事，在排灣族中也有類似的傳說：從前有一名叫撒該爾與他的內兄，因受岳父的指示進行伐木比賽，內兄選擇了山棕樹，因該樹搖起來比竹子軟，因此認為用鋤頭就可輕易扳倒，殊不知撒該爾用鋤頭從底部將竹子給扳倒，內兄一氣之下將他給殺死，撒該爾的妻子得知死訊後，難過的帶走了排灣族的文字。藉由這兩則類似的故事，在圖像中描畫出山棕樹與竹子，保留了神話傳說的元素，述說起源部落的分裂，並透過兇殺事件與聖經故事做一連結。

圖 3-8：該隱與亞伯 〔註9〕

　　以外，聖經中另一則廣為人知的挪亞方舟故事（圖 3-9），在設計者的巧思下，同樣容入了排灣族的神話故事。故事中，耶和華後悔創造了人類，但唯有挪亞在耶和華眼前蒙恩，因此囑咐他建造方舟，耶和華要使洪水氾濫在地，毀滅天下，只留下挪亞及其妻兒，以及地上各類成對的牲畜、昆蟲，牠們得以進入方舟避難。當洪水降下後，所有的高山都被淹沒了，地上的人們與生命皆消失，直到水都退去，諾亞見到放出的鴿子叼回了橄欖葉，才知道地上的水都退去，也表示耶和華洗淨了人的罪。

　　有別於聖經中所有土地皆被淹沒的劇情，此圖像中留下了兩座山頭，也就是大武山及霧頭山，其中除了嘴叼橄欖葉的鴿子外，還有隻頭上綁著火把的水鹿，從大武山上將火送往霧頭山。此故事源於排灣族的傳統神話中，一隻名為 tarovar 的怪物因口被堵住，原本該流入口中的水淹沒了世界，只剩下大武山與霧頭山。但唯獨大武山有火種，因此霧頭山上的魯凱人派遣水鹿前往排灣族的山頭取火，相傳造成現今鹿角上有著被火烤過一般的痕跡，而水鹿在排灣族中更有著延續生命的象徵，時常出現於雕刻之中。

〔註9〕 筆者 2012/2/27，攝於 timur 長老教會。

圖 3-9：洪水的故事 〔註 10〕

　　長老教會中，一位出生於牡丹鄉的年輕傳道人，其生長的歷程中，對於文化沒有太深的認識，且該區域中，許多排灣族人信仰漢人的民間宗教，對於母語中 *naqemati*、*cemas*、*vavak* 等詞彙，都是透過基督宗教的脈絡而了解。當他來到 *timur* 長老教會後，對於教會的圖像所具有的教育意義，也給予肯定：

> 教會中那些圖像，確實可以用來教育年輕人，這些圖像出現在教會中使人感到更親切，雖然並非所有牧者都能接受，但這確實是一種文化的復振，也有其他教會來這學習。台灣基督長老教會一直在推動本土化的信仰，因此教會是一個學習文化的好地方，也是最能凝聚的地方。
>
> 從這個教會，去認識自己的文化是很好的事，讓大家可以來教會中接觸、了解自己的文化。就像地上那些圖像，那不單單是文化，還包括了許多信仰。而教會中這些圖像，也代表了信仰與文化之間的結合。

以文化傳承與復振為目的，將原有的文化隱藏、堆疊於基督宗教之中。排灣族人透過圖像，重新尋回自我，在主流的基督宗教故事中，重新建構原有的

〔註 10〕　筆者 2010/2/11，攝於 *timur* 長老教會。

神話傳說。在教會場域中形塑的共同體，除了產生信仰的認同感與向心力，基督宗教更成爲一個罩子，讓多元存在的文化元素均能充分表現於其中。

無論是該隱與亞伯、撒該爾及內兄，或是諾亞方舟與鹿取火種的故事，都經過巧妙的設計，透過對聖經故事的闡述，融入傳統神話故事的內涵。年輕一輩的排灣族人，可以藉由圖像中的聖經故事，進而認識傳統神話。從前部落耆老在榕樹下暢談排灣文化的景象已不復存在，而這樣的文化傳承，倒是進入教會中，透過宗教的力量，傳達出在當代生活與學校教育之中相對缺乏的傳統知識。雖然並非所有觀賞者、信徒，皆能確實地理解圖像中的內涵，如前述的青年會長，將該隱與亞伯的圖像解讀爲排灣族鼻笛的故事，但就其功能上而言，不僅延續了原有的文化，更刺激族人重新認識自我文化的目的。

除了將傳統神話結合聖經故事做爲文化復振之手段外，教會更以亞伯拉罕獻祭獨子的故事，對傳統信仰轉化爲基督宗教的脈絡進行反思。在聖經故事中，亞伯拉罕受到上帝的考驗，要求獻祭他的獨子以撒，透過此舉檢視亞伯拉罕是否全心敬畏耶和華（圖 3-10）。但此圖像背後的涵義，事實上隱含著傳統文化與基督信仰間的轉換。牧師指出：諸如排灣族嘗試用自己的方法去接受基督教，在舊約聖經中也有類似的記載。當亞伯拉罕在獻祭自己的孩子時，受到當地的影響，在巴比倫與基督教的儀式中都有獻祭，但對象不同。亞伯拉罕使用巴比倫文化中，對於亞斯帕陸女神的活人獻祭，做爲敬拜上帝的方法。而上帝要藉此教育亞伯拉罕不可以行這樣的事，因爲殺害生命不是耶和華宗教信仰的方式，因此爲他備妥了羔羊。

牧師指出：「近年來，非洲地區因接觸基督宗教的時間很晚，在敬拜上帝的方式，採用較開放的神學觀念，使該民族保存傳統儀式文化。因此，我們不一定要摒棄以前的文化，反倒應該找出更好的詮釋，讓大家接受，這是我們的任務。」在排灣族的歷史發展中，雖然早期抱持對文化改革的態度，但如今受到民族自覺的影響，教會也不斷致力於復振傳統文化與加強信仰的認同。例如基督宗教的感恩節，使用排灣族豐年祭的模式舉辦，且每年的主日學升級禮拜，則使用傳統成年禮的方式，透過母親贈與衣物以表示個人的成長。每年教更舉辦人才培訓課程，藉此傳承舞蹈、歌謠、傳統技藝……等傳統文化，使教會不僅在心靈上幫助信徒，更爲排灣文化盡傳承一份努力。

圖 3-10：亞伯拉罕獻祭獨子 〔註11〕

第三節 小 結

　　排灣族人從傳統的泛靈、祖靈信仰，經歷了日治時期神道教的挑戰，隨著皇民化運動，對於教育、語言、禮俗、信仰……等多方面的改造，以及現代化衛生觀念的提倡，傳統室內葬習俗之禁止，連帶地影響了原有的祭儀，更鬆動了超自然認知的價值觀。而基督宗教的進入，帶來了大量的資源，包括奶粉、鹽巴及食物等，尤其傳教士的醫療技術更衝擊了巫婆在傳統社會中的功能。排灣族傳統信仰在多方夾擊的情況下，逐漸被基督宗教所取代。

　　謝世忠（2004：133）指出：自戰後全球壟罩於工業化與都市化發展的潮流之中，在快速現代化的情況下，大量失去了曾經存在的「原我」。但隨著民族自覺的興起，原住民族對於體制的反抗，促使主流文化與在地文化皆開始思考彼此的關係。在政治上，國民政府於民國八十五年（1996）成立原住民族委員會，不僅彰顯原住民權益的重要性，更顯示多族群、多文化對台灣主體意識的意義。而這股力量同樣在部落的教會中發酵，排灣族人開始應用自我的文化脈絡詮釋外來的基督宗教，不僅創作出獨具排灣色彩的教堂，更建

〔註11〕 筆者 2010/2/11，攝於 *timur* 長老教會。

構出對於「我族」的認同。

　　圖像，一直是排灣文化中重要的元素，在沒有文字的社會中，圖像便是書寫的工具；具有多樣的象徵、故事，以及維繫社會階級制度之功能，並將祖先的智慧傳承下來。當排灣族人對基督宗教進行再認知的過程中，圖像也成為主要的手段與方法。透過圖像中原有的文化脈絡，排灣族人透過自己的「思維」，表達出對信仰的詮釋，更藉此將基督宗教融入傳統文化的脈絡之中。

　　藉著傳統圖像與基督宗教的融合，排灣族人除了展現文化復振的面貌外，也進一步達到了文化傳承的目的。原有的石板屋、門楣、服飾、頭飾……等物，在大多數族人的生活中，已不同與以往是緊貼著日常生活而存在，反倒成了一種只有在特殊場合才會出現的文化。而當代的主要信仰——基督宗教，轉變了大刀闊斧的改革態度，從語言、舞蹈、技藝、圖像等方面，致力於文化的傳承，使年輕的族人能透過教會的管道，重新學習自我文化與傳統。而當兩者同時成為生活的一部分後，一方面既保存了傳統文化元素，另一方面更創造出新的文化傳統；但在這樣一來一往的互動中，是否存在某種邏輯？或規則？是下章繼續討論的重點。

第四章　基督宗教的全球在地化

對於 *timur* 教堂圖像之研究，前文討論了排灣族與基督宗教藉由可溝通的文化因子，建構合成文化，並藉此推動文化復振，在兩者對話的過程中，大量使用排灣特有的元素形塑自我認同。接著，筆者將由基督宗教內涵為主之圖像，以「全球在地化」（glocalization）的脈絡再作進一步的探討。

第一節　全球化與在地化

早期因經濟發展而加速了「全球化」（globalization）現象的擴散，使全世界成為一個地球村；逐漸地企業秉持著資本主義的形式，企圖在各民族——國家中，尋找既不違背初衷，且更妥當的「在地化」（localization）經營模式，即「全球在地化」之表現。基督宗教的傳播，可視為全球化，或稱為現代化現象中的一環；而 *timur* 部落所出現，具有排灣色彩的圖像，即一種在地化的表現。全球在地化，則是指排灣族人試圖在基督宗教的框架與脈絡中，建構新的在地化詮釋。以下，筆者將對全球化的發展，與在地化之反思，探討全球在地化下的教堂圖像。

全球化，是當今世界所面臨的問題，出現於我們生活四周，巷口的麥當勞、令人上癮的 facebook、熱門的復仇者聯盟〔註 1〕，以及本文所探討的基督宗教……等，使我們的生活更方便、更繁華，但似乎也讓世界日漸單調、趨於一致。Ulrich Beck（1999 [1998]：30）便指出：全球化是可經歷的日常生活行為的疆界瓦解，這些行為發生於經濟、資訊、生態、技術、跨文化衝突與

〔註 1〕 原名 Marvel's The Avengers，2012 年上映之美國好萊塢電影。

公民社會等面向。全球化同時是熟悉的和未被理解的事務，它很難被理解，卻藉著可以經驗的力量，在基本上改變了日常生活，並迫使所有的人適應和回應。

學界對文化全球化現象抱持了正反兩極的看法，持悲觀看法的學者如 Hebert Schiller（1979）就認為：在全球資本主義體系籠罩下，世界各國皆會遭受主流文化的侵略，尤其是美式文化對邊陲國家的宰制。而擴散論者則指出：文化間的潮流是以不可逆轉地形式流動，必定從最「開發者」的文化流向最「原始者」的文化。甚至認為：被列在文明進程標竿底部的社會，是沒有創造能力的（Mattelart 2011 [2005]：13）。

早期對於全球化的研究，往往運用同化理論的脈絡進行解讀。Peter Kivisto（2007 [2002]）指出：此理論以早期美國芝加哥學派為代表，例如社會學家帕克所主張，倘若兩個群體意識到他們因為其中一方的遷徙或雙方的遷徙，在不得不來往的情境下，他們的關係會循四段式的「種族關係循環」來發展，亦即接觸、衝突、調和、同化。帕克是以歐洲、亞洲移民進入美洲以及美國南方的農工移往北方的城市為例，以支撐自身的論點。Armand Mattelart（2011 [2005]：99）更引述了 Theodor Levitt 的說法，他認為：由於文化、標準、結構所造成的差異已成昨日黃花……，所有東西都傾向變成跟別的一樣，匯合將市場推往一個全球性的共同體。

對此，Mattelart（ibid.：22－80）則進一步表示：唯有在「等級」象徵學的量度線上，才能將「均化」（或稱為同化）一詞看得更清楚。在針對工業社會的辯論中，「同化」一詞具有一種負面意涵：係指一個由單調、同質且未能區分特性的集合體所組成之社會；並透過「徹頭徹尾的文化涵化」進行全面性縮減，減至以去文化的方式達到文化的標準化。這就是人類學家於 1970 年代研究跨國公司時，發現這些公司在其產品現代化的掩飾下，實則建立了持久消費模式所得到的定義。就如同當年基督宗教進入排灣部落時，便以此方式，對文化進行大刀闊斧的改革，企圖創造標準化的宗教信仰，好比跨國公司（基督宗教）的現代化產品（基督信仰），灌輸相同的價值觀，並創造歸於上帝的迦南地。

但另一方面，如 John Tomlinson（2010 [1999]）等學者，則持樂觀的看法，他主張：全球化會打破民族國家的疆界，促使異質的文化經驗得以交相混雜，有助於彼此的瞭解。而 Beck（1999 [1998]：44）也指出：不同於強調

歷史性的馬克斯韋伯以單一經濟宰制力思考全球化的進程，在全球化社會學的領域內，是主張經濟、社會、文化面向的多元主義。當全球化在不同區域間產生質變時，學術界也開始反思兩文化間的交流與對話，應是相互且平等的進行。

假若全球化所指涉的，是文化間接觸所產生的混合情況；那麼，做爲全球化之標準的西方文化，卻同樣可視爲全球化之結果。Tyler Cowen（2007 [2002]：16－19）便指出：西方文化（以及貫穿歷史的其他各類文明）就是建立在商品、服務和理念的國際交易基礎上的。在不同程度上，我們可以說西方文化的哲學傳統繼承於希臘，宗教來自中東，科學基礎源自中國和伊斯蘭世界，主要的人口和語言則來自歐洲。就 Cowen 的觀點而言，西方文化同樣也是全球文化所構成之合成體，就如同最富影響力的《聖經》和《古蘭經》，它們都不是狹隘意義上的西方產物，儘管前者已經被西方的詮釋所重塑。

隨著全球化的發展，在民族／國家的界線日漸模糊的情況下，Tomlinson（2010 [1999]）認爲：所有民族皆成爲現代公民，眾人不僅關切於在地的議題，同時會體認到自身與世界各地人們的密切關係，以及對全球事務的責任。Zygmunt Bauman（2001 [1998]：2）便指出：全球化的分殊性不亞於其統合性；它在統合的同時也分化了，分化的原因也正是那些促成全球一致化的因素。隨著商業、金融、貿易與資訊流通的全球面向興起，一股在地化（localizing）的力量，在空間上固定的過程也於焉展開。

當人們意識到全球化的產品、資訊、宗教，在各地皆以似是而非的面貌出現時，Jean-Pierre Warnier（2003 [1999]：132）便提出了新的思考，他主張對於全球化的研究應有兩個方向：要怎麼以全球的層級來觀察文化流的流通？以及如何從地方的層級研究這些文化的被接受？全球化情境下，已不再是單方面的施與受的關係，對於各類經濟、宗教、資訊、技術的關注，必須以互爲主體的方式進行理解。而 Beck（1999 [1998]：45－64）則表示：地方文化不再直接以對世界的防禦來證明自己的正確性、決定自己的方向和自我更新。在全球化的脈絡中、在跨地方的交換、對話，與衝突過程裡，「解傳統化」的傳統將被迫再地方化。全球化與地方化，成爲一體的兩面，透過人的主動性，對兩方面進行詮釋與實踐。

如 Arjun Appadurai 所強調：在檢視全球化的文化時，必須關注於兩者的

互動與交流。因此，當我們探討排灣族與基督宗教的互動，不能單方面的視排灣族爲被動的接受者，而應檢視排灣族的主動性，如何詮釋外來之信仰，且在此過程中，必須持續關注基督宗教的影響力及其轉變，以建構當代 timur 較爲完整的信仰體系。Appadurai（2009 [1996]：91）更引述 Michel-Rolph Trouillot 的說法，指出學術研究的偏見，他認爲：人類學的歷史任務本是要填充西方烏托邦的內部對話中「野蠻人的空缺」，人類學若要重新振作，就需認清事實：精靈早已逃出瓶子，現在每個人都有權力思考烏托邦問題了。

當文化接觸發生的同時，透過主動認知他者的情境下，在地民族重新思考全球化所帶來之影響，自我認同便隨之產生。Appadurai（ibid.：196－197）表示：所有涉及強烈群體認同或「我們」的群體情感，都要仰賴連繫起小規模或親密集團的歸屬感，這類情感通常是以親族或其衍伸爲基礎；依共有的血統、土地或語言而建立起來的集體認同觀念，都是靠聯繫小群體的情感才在情意上具有力量。

但在 timur 部落中，早期以家族爲中心的情感連結，已不再那麼強烈，達到我族認同的團體，改爲透過教會提供了建立群體凝聚之力量。在日治時期的遷村政策下，日本政府將不同部落集結於此地區，除了以方便管理爲理由外，更是要利用傳統文化的頭目系統，使族人產生內部對立，以達到統治的目的。在此情況下，族親反倒成了分裂之主因。隨著原住民運動的刺激，基督宗教的進入，形塑了另一種「在基督裡我們是一家人」的概念，教堂成了家屋，耶穌是共同的頭目，以信仰做爲新的血緣關係，透過傳統與福音的結合，即全球與在地的對話，排灣族人創造了新的族群認同。

因此，在族群認同的歷程中，地方性就此萌芽，且全球化則成爲推動、塑造地方性的動力。Appadurai（ibid.）指出：所謂的地方性，在全球化以及國土消彌的世界中，已不全然是空間上的問題；例如社會行動中的生命禮俗，塑造出的是一種認同、一種區別，透過對身體的操弄，創造出有別於他者的特徵。這是一項生產「本地人」的技術，那麼若將 timur 教堂中的圖像，視爲某種社會行動，以 Ricouer 對文本的解釋（文本爲有意義的社會行動），思考圖像所展現的地方性，透過特有的文化，建構在地的教堂景觀，並於基督宗教的脈絡中形塑地方性的宗教信仰，進一步加強認同，這不僅是對基督信仰的皈依，更是一股對排灣文化認同的力量。總的來說，地方性的生產並非自然而然，而是藉由有意義的行爲（meaningful actions）建構而成。

Appadurai（ibid：263）藉由探討地方性的建構過程，也提出了有趣的看法。他認爲：地方性既是脈絡，同時又預設並生產出脈絡。詳言之，既然各種人類行爲（生產、再生產、詮釋、表演）之發動與執行要有意義，都得以地方性提供的框架或條件爲背景，地方性在這個意義上就是脈絡；而有意義的生活世界又需要可解讀且可再生的行爲模式，地方性又如文本，因此便會預設一個或多個脈絡。從另一角度看，地方性既是脈絡，或者是一組脈絡，在其中便能生產並詮釋有意義的社會行爲。在這個意義上，地方性是脈絡，脈絡又是地方性。地方性是一個多重詮釋的景點。

綜上所論，地方性不僅由脈絡所推動，並且會催生出脈絡。以此概念，檢視 *timur* 部落教堂圖像之生產，是透過民族自覺，將基督宗教形塑爲「地方性」活動，以傳統文化爲「脈絡」所推動；而在以傳統文化爲脈絡的推動過程中，再生產出排灣族特有的基督宗教圖像（地方性），呈現地方性與脈絡間的辯證關係。Appadurai（ibid.：266）強調：這樣的行動是自主的，藉由主觀的詮釋，建構自我價值與物質實踐。

透過 Appadurai 的論點，筆者進一步思考，是否可將全球化視爲在地化的脈絡？而在建構地方認同的過程中，全球化也隨之被再建構。透過兩者的辯證關係，全球在地化的現象似乎便隨之形成。如 Roland Roberston（1992）所言：地方和全球並不彼此排除；相反地，地方必須做爲全球的一個面向來理解，全球化也意味著：地方文化的匯集、彼此接觸，兩者都必須在「多個地方性的衝擊」中，內容重新界定。而 Roberston 以全球在地化（glocalization）的觀念指出：「在地」代表了特殊性、「全球」意指普遍性，然而兩者並非兩個極端的文化概念，它們反而是可以相互滲透的。

誠如社會學家 Beck（2000：45－50）與 Bauman（2001 [1998]）對於「全球在地化」的描述指出：在地性與全球性的差異已越來越難以區分。同樣的，後現代地理學家 David Harvey（2003 [1990]）在對於時空壓縮（time-space compression）意涵的討論中，也提出相似的觀點。他認爲：在這個時空下，我們必須重新去理解以往關於距離性／鄰近性（distance／proximity）和場所／空間（place／space）等種種的概念。

若就其起因而論，根據 Mattelart（2011 [2005]：102）的說法：當經歷第一代全球網路大合併的熱潮後，企業必須妥善管理多元性，日本的管理學者幫這個步驟命名爲「全球在地化」（glocalisation）。將策略層級的統一方法與

自治權手法的形式相結合，各國際廠牌根據各國所做的想像，同時也參考全球化的涵化差異。

對於全球化與在地化的討論，經濟因素經常被做爲適當的切入角度，因爲它是促成全球化的重要因素。但企業開始重新思考：如何從在地的脈絡中，行銷統一性的商品？並維持於全球化的框架下，即延續資本主義的形態；促使企業進入在地文化的脈絡中，形塑全球化經營。全球在地化所強調的，並非如何全面的抵抗、反對資本主義的影響，而是希望在資本主義的脈絡中，展現在地特色。因此，Tomlinson（2010 [1999]：19）將全球化視爲一種不同趨勢和力量間，相互抗衡的「對話與辯證」過程；在區域性和全球化、普遍主義和特殊論等，特別是在受人注目的文化議題上。儘管如此，經濟全球化的重要性並不因此而被抹滅，在生產、循環與消費各關連上，資本主義的重要性，也因爲各因素間更緊密的互動而有其影響力。

不過，Tomlinson（ibid.：1）也進一步強調：全球化固然是當代文化的重心，但文化實踐（cultural practices）更是全球化的關鍵所在，兩者是一體的兩面。全球化不僅改變了文化實踐的根本結構，更影響到我們對當代文化的詮釋，也因此全球化的巨大改變必須經由文化面去深入了解，方能清楚地解讀當代全球化的現象。Tomlinson（ibid.：12－13）表示：在全球化的實際過程中，仍有一股抗力防止我們掉進一致性。世界一體，意味著由於個人角度不同，而使互動增加、層級間的對立抗衡也隨之增加的轉變過程；更需要將心比心，尋求最適切解決的折衷之道。它所提供的統一模型，絕非忽略所有相異而進行整合同化的過程，而是一個同時包容全球一體和個別社會文化獨特性的狀況。

因此，Bauman（2001 [1998]：3－12）認爲：在全球化影響範圍的最末梢，人類經驗到的卻是所謂的新部落化傾向。這是在全球化情境下必然產生的現象，它與廣受喝采的頂端文化中所謂的「混種」（hybridization）一樣──亦即全球化頂端的文化。而全球化對在地的影響，是一種監禁、邊境、隔離；因此也代表了一種認知，一種對於他者、差異，以及不可化約者的承認（recognition）。與異己的遭逢，便是一種考驗自我的經驗；從中會誕生出一種誘惑，驅使你想用武力去化解差異，但也可能從中滋生一種溝通的挑戰，一種不斷更新、再生的努力。

不過，Mattelart（2011 [2005]：118）也提醒：在文化間的對話過程中，

強權一直都存在著。因此,在形塑地方性的過程中,我們不可忽略全球化所造成的影響。就如 *timur* 部落,在全球在地化的脈絡中,排灣族並未打破基督宗教的框架,而是在可接受的範圍內,以傳統文化做為詮釋的方法。Tomlinson(2011 [1999]:3-4)也表示:在我們深入探討各種事物的本質或其譬喻(metaphors)時,會發現或多或少都受到全球化的影響。事實上,表面上看似簡單的社會現象,都得到全球化此一概念的啓發,使人們開始質疑、反思、假設並強化社會影像及其譬喻。在詮釋現象背後的隱喻秩序時,他所傳達的是眞實世界中,即使關係看似疏遠,卻也能因彼此關連而受影響的因果關係。

　　同樣的,Beck(1999 [1998])認爲:全球文化不能以靜態地、視爲可依照經濟主義化約成表面上具統一性的資本邏輯過程來理解,僅能做爲一個因事而異的和辯證的過程來理解;也就是依照「全球地方化的模式」,彼此矛盾的因素是在它們構成的統一性中被理解和解碼。也因此,全球化在各地也導致了地方的新意義。

　　而基督宗教,是全球化脈絡中重要的一環,且擁有強大的影響力。藉由上述學者,對於全球化如何影響當代文化詮釋的觀點,我們可以發現:*timur*在經歷全球化的影響下,一開始是全盤地接受了基督宗教的洗禮,甚至對傳統文化進行改革;但隨著自我與他者間的不斷互動,所激起的民族自覺,促使地方開啓在地化的思考,排灣族人開始試圖尋回傳統文化,並建構在地的信仰。但在詮釋的過程中,基督宗教在部落中的影響已不可排除,爲達到統一且調合的信仰體系,排灣族人於是透過「全球在地化」的思考,在基督宗教的脈絡中,形塑出屬於排灣族新的文化元素。

第二節　全球在地化的教堂圖像

　　根據以上論述,所謂的全球在地化,是指涉某行爲團體,在不違背全球化的框架中,行使在地化之表現。以本研究爲例,*timur* 部落爲建構在地化的宗教信仰,在不觸及基督宗教禁忌的情況下,應用傳統的文化元素,形塑出排灣族特有的教堂圖像。在建構的過程中,兩文化間透過充分的交流並相互理解,在不斷辯證的過程中,產生了新的意義。基督宗教的價值觀既已深根於族人心中,排灣族又是如何在此脈絡之中,重新塑造自我的文化價值?

若將 timur 長老教堂，視爲一幅圖像，我們可以清楚看到基督宗教的全球在地化表現（圖 4-1）。長老教堂的整體結構，包含外部建築、內部禮拜堂，以及各種具教會意涵與文化脈絡的圖像等；它既是信仰實踐的場域，又是符號組成的文本。當基督宗教在排灣族部落建立教會時，外觀保留了哥德式的長條玻璃、門上的十字架與屋頂上的五芒星，用以象徵耶穌受難及五個傷口。教堂的一樓，在受民族自覺的影響前便已完成，因此並未放入傳統文化的元素，而是以簡單的十字架懸掛在廳堂最前方，講台裝飾則使用象徵聖靈的鴿子，傳達挪亞方舟故事中，上帝清洗世界後所帶來的和平（圖 4-2）。

圖 4-1：長老教會外觀〔註2〕

圖 4-2：長老教會一樓講台〔註3〕

〔註 2〕 筆者 2010/2/11，攝於 timur 長老教會。
〔註 3〕 筆者 2010/2/11，攝於 timur 長老教會。

圖 4-3：長老教會入口門楣〔註4〕

　　但到了二樓，儼然進入另一個世界，處處充斥著排灣色彩的視覺圖像，包括：石板屋、百步蛇紋，以及人頭紋等。抬頭所見的傳統門楣，挪亞方舟的故事再次出現，但卻以排灣族的容貌展現，中央的方舟刻有人頭紋，兩側的人像則穿著排灣族傳統服飾，被引導上船的動物，不乏水鹿、山羌、山豬⋯⋯等在地物種（圖 4-3）。這幅圖像，被刻意懸掛於入口處，隱喻著進入教會所獲得的救贖。無論是一樓鴿子的講台，或是二樓雕刻的門楣，在圖像的結構與形式上雖有差異，但欲傳達的理念卻是相同的，即展現信仰所帶來的救贖。藉由教堂的建築內外，我們皆可看到基督宗教在 timur 部落的轉變，從典型的鴿子圖像到傳統的門楣形式，排灣族人試圖以在地文化展現對全球化信仰的理解；但在理解過程中，基督宗教的思想以及聖經中的寓意並不因與排灣文化的相結合，而受到改變或動搖，反倒更有效地深植於族人心靈信仰中。

　　從教堂整體結構，包括外側建築及內部圖像，我們看到了在全球在地化的脈絡中，基督宗教的故事與符號成為族人共享的知識體系，並透過在地化的描繪，將自我與他者做一整合，進而影響對傳統的認知。排灣族人必須同時是虔誠的信徒，又是文化的傳承者，基督宗教與排灣文化在互為主體、脈絡的情境下，重新建構自我認同與文化價值。

〔註 4〕 筆者 2012/2/27，攝於 timur 長老教會。

　　傳統生活中，族人藉由與祖靈、csmas 的互動，透過巫婆的 palisi 解決生活問題；但經過外來政權的影響，從前做為心靈慰藉的管道已受到破壞，無論在禁忌、信仰、醫療等方面，排灣族人喪失既有的對應措施，而基督宗教適時地提供了新的選擇，從多方面幫助了族人的生活。如 Warnier（2003 [1999]：122）所言：幾乎在世界各地，任何人皆知道若哪家醫院診所能救回子女或配偶的生命，他絕不會有半點的遲疑。當外界看待因物資、醫療等實質幫助，改信基督宗教的排灣族群時，往往太過強調其中的功利性，或認為對於文化的忠誠度不足。但就情感與現實的層面，族人只是選擇對生存最有效的方式，且在歷史發展的脈絡中，基督宗教所帶來的幫助，使排灣社會產生另一種凝結的力量。

　　在 timur 長老教會地板上所刻畫的十二使徒故事中，便展現出對於教會的認同感，包含了西式的教堂建築，以及身穿傳統服飾的原住民人物，外側八人兩手相交，以四步舞的形式，圍繞四名手捧聖經的族人，刻繪傳統慶典中，圍繞頭目起舞的意象（圖 4-4）。本圖像源自於〈使徒行傳〉中，講述著

圖 4-4：十二使徒建教會〔註5〕　　　　圖 4-5：圍繞教堂起舞〔註6〕

〔註5〕　筆者 2012/2/27，攝於 timur 長老教會。
〔註6〕　筆者 2011/10/1，攝於 tjavatjavang（達來村）長老教會。由圖可見，從前在家屋前圍繞頭目起舞的景象，如今已轉移到教會之中，再次展現族人與教堂、上帝的連結。

耶穌基督復活、向門徒顯靈、升天後，他的門徒開始傳教並建立教會，雖受到羅馬政府的壓迫，但在聖靈的力量推動之下不斷擴展。而上帝則大大祝福傳道工作的擴展，也見到早期基督徒的勇氣和喜樂，以及他們在面對逼迫時不屈不撓的精神。

　　長老教會也藉此故事，講述排灣族人在經歷了各種外來政權的壓迫，以及內部動盪所產生的不安；藉由教會的進入，使族人在面對國民政府的壓迫以及信仰失序的情境下，重新建立心靈的平衡點。同樣的，中古世紀的歐洲，自羅馬帝國淪亡後，基督宗教具有統聚社會的力量，教堂成為維繫人心的精神堡壘。在類似的情境下，基督宗教提供慰藉，教會成為排灣族人日常生活的核心。

　　如 Mattelart（2011 [2005]：104）所說：沒有任何文化是沒有斡旋餘地的，沒有任何認同是未經詮釋的。每個社會都先改變跨國特徵以適應、重建、重新詮釋、重新加強地域化、重新加以語意化。若我們將基督宗教團體視為跨國企業，在進入原住民社會如排灣族群時，透過自我的想像與詮釋，在不違背基督宗教廣義的教義層面中，達到自我文化的再建構；在建構的過程中，文化復振實為一種附加價值，最終目的是為形成更強而有力的認同感。具報導人表示：

> 基督教也好、天主教也好，在教堂中放的圖紋，其實就像商業中所強調的「友善的購買空間」，讓排灣族人對此外來信仰產生發自內心的認同感！

關注於教堂中的圖像時，我們必須意識到教會所掌握的文本詮釋權；不僅要了解排灣族特有的文化脈絡，更應以基督信仰為出發點，思考圖像所產生之功能。就傳統、文化的角度，復振與合成確實為圖像的功能之一；但基督宗教圖像最根本的教義、福音傳達之目的也未曾消失，且進一步影響了族人的傳統價值觀。Appadurai（2009 [1996]：204-206）便指出：人們讀解、詮釋日常生活即其衝突所仰賴的地方敘事和劇本，又受到一系列詮釋可能的次文本所穿透——後者乃是對廣闊的地區、民族和全球事件進行地方想像所帶來的直接結果。在此，日常生活的劇本可謂是基督宗教的信仰，透過地方的傳統文化——劇本，進行詮釋；而教會圖像則做為次文本，對兩者間進行再詮釋。因此，教堂圖像的建構，不僅是排灣族人生產合成文化，以及文化復振的方式；圖像更進一步促使排灣族人藉由基督宗教重新建構自我

認同。

　　若將教堂視爲一幅大圖像進行檢視，在基督宗教符號的框架中，排灣族人形塑了許多在地化的構圖。除了先前在文化合成脈絡中，探討的開天闢地故事，以及結合諾亞方舟與傳統大洪水神話，所建構之文化復振圖像，timur長老教會中還有以族人容貌所描繪之聖經章節，如〈士師記〉中參孫大力士的故事（圖 4-6）。參孫的出世是受耶和華所賜福，具有強大的力量，爲救以色列人脫離非利士人欺壓。但參孫力量的條件，是需成爲「拿細耳人」，願意奉獻時間、奉獻自己來專心事奉上帝、服事上帝，所以有三件常人可做但是拿細耳人不能做的事。其中之一便是不能理髮，因爲專心服事主，無暇顧及自己的外貌、打扮，無心剪頭髮。

圖 4-6：參孫大力士〔註7〕

　　但參孫並未遵守與上帝的盟約，反而愛上一名非利士女子——大利拉，而非利士人要這個女子誘惑參孫，並且套出如何使參孫失去力氣的秘密。前兩次參孫都沒有告訴大利拉眞正的秘密，因此還是輕而易舉的打敗來抓他的非利士人，但在大利拉一直誘惑的請求下，參孫最後洩露出自己的秘密：若

〔註 7〕筆者 2012/2/27，攝於 timur 長老教會。

他剃頭上帝便離他而去，且失去力量。於是大利拉趁參孫熟睡時剔了他的頭髮，使非利士人順利抓走了他，並且挖了他的雙眼，並嘲弄他。但是非利士人卻沒注意到參孫的頭髮長出來了。一天在非利士人的宴會中，又把失明的參孫拉出來。參孫請帶領他走路的小男孩將他帶到神殿的兩根大柱旁，在那他向上帝做了禱告和乞求，求上帝重新賜他神力，上帝允諾了。於是參孫將大柱推倒，和整個神殿的非利士人同歸於盡。

　　透過參孫的故事，教會希望傳達人應遵守與上帝之約，須珍惜神的祝福。並進一步告誡：一個能夠認識自己能力，以及優、缺點的人，可以掌握更好的機會去學習、發揮，找到生命當中重要的位置並發揮影響力。反之，若無視自己的長處，抱怨自己所不及的，想要放縱自己的情感、慾望，終會遺憾失去機會。

　　教會圖像，在福音的傳遞與信仰的教誨上，有著迅速且強大的功效。賴瑞瑩（2001：37－38）指出：基督宗教的圖像，與其他宗教藝術一樣，造像之初並非以觀賞為目的，而是為闡述教義、解說道裡而設。如同《聖經》一

圖 4-7：排灣族青年〔註8〕

<hr />

〔註 8〕　筆者 2011/7/16，攝於新園部落。

般，圖像彷彿一篇篇的圖解經文，但在建構的過程，只能依據現有經驗推測超先驗的境界。因此，早期畫家一旦面臨爲基督造像的問題時，必須考慮如何貼近觀者的個人生活；於是乎，當時的牲口爲近東地方百姓的主要家產，尤其是羊。受雇替人放牧牛羊的工作非常普遍，牧羊人的敬業與否，與牲畜的興旺息息相關；一個盡忠職守的「牧羊人」，便成爲恰當的隱喻，常用於詮釋牧道者或耶穌等人的形象。

同樣的，*timur* 長老會在設計故事中的參孫時，便使用排灣族青年的傳統服飾，穿戴黑色片裙以及紅色頭巾。在排灣社會中未經成年禮，還無法得到社會認同的男孩，是不允許穿上由母親親手編織的衣服。透過赤裸半身的人像，教會試圖告誡青年成爲有「信」之人，感謝耶和華所賜予的恩典，並克服生命中所面臨的誘惑，同時了解自己的脆弱。以此，我們看到排灣族人，透過全球化的聖經意涵，並以在地化的方式呈現；而基督宗教的脈絡中所強調的「義人」概念，同時成爲再建構傳統排灣族男孩的規範與價值觀。

基督宗教對於認知的影響，已深植族人的價值思考之中。基督宗教與傳統文化間的差異，已不再那麼清楚，並回過頭重新塑造對於傳統文化的理解。筆者與琉璃珠之父——巫瑪斯・金路兒論及此問題，他本身雖然曾入神學院就讀，但在傳統與基督間的拉扯中，他透過個人的理解而選擇了傳統，他表示：

> 在我 23 歲的時候，決定不再信仰基督宗教，那時看我破了！我從小一直聽傳道人宣教，但是當我自己研讀《聖經》之後，就發覺上帝跟我們傳統的神很不一樣，在我内心深處的那個神是不會懲罰人的，祂只是創造者，給人生命一個自由，讓大家自己去活著。而且從小因爲媽媽一直說上帝（*naqemati*）跟太陽一樣，所以在我心中一直認爲上帝是不會懲罰人的。但是奇怪了！爲什麼《聖經》中總是一直在懲罰人呢？所以我覺得：那個《聖經》是以色列人自己編的，這樣的上帝太人性了，太有情緒了。雖然我相信有創造神，但我不相信宗教，因爲宗教有教主、有經典、有儀式，背後還有文化成份，就像這個基督教！背後那是以色列文化！

排灣文化與基督信仰之間，依據不同的立場，有著不同的詮釋。巫瑪斯認爲：對於信仰的解釋，宗教組織掌握了強大的詮釋權；創造神固然存在，但神的

規範、標準大多爲人所制定。因此，他進一步談論教會對文化的影響時，說道：「教會對文化的改革是不正確的，就算你覺得他們現在對文化的傳承有幫助，但那都是有目的的復興文化。當教會的權力與影響力日漸提升後，似乎忘了誰才是文化的眞正代言人。」

　　timur 長老教會確實提出了許多單行法規，包括婚禮、喪禮等傳統習俗的改革。其中對於聘禮的規範一直有著爭議。在某次提親的過程中，頭目家族便生氣地說道：「不要每次結婚都把上帝搬出來！」排灣族傳統中對不同階級所設定的聘禮，往往在教會的改革下，造成嫁娶雙方的不愉快。依據基督宗教「信、望、愛」的思想，法規的出發點，雖是好意體恤族人在經濟上的負擔，卻不經意地牴觸了傳統賦予頭目的尊貴地位。對此，年輕的排灣族人卻有著不同的看法，他認爲：「其實現在貴族阿！平民阿！大家都已經犯規了，眞的要去計較的話，已經算不清楚了！當然，我們該有的尊重都不會減少，但如果可以讓大家更團結、更和諧也不是件壞事啊！」基督宗教在社會中所塑造的凝聚力與認同感，確實有助於改善日治時期因遷村所造成的宗族對立，當上帝成爲共同的頭目後，舒緩了階級間的緊張關係。

　　然而，在訪談中筆者也發現：巫瑪斯雖秉持反對的立場，但在講述的過程中，往往還是會不自覺的，會以上帝來稱呼 *naqemati*，或以天堂、地獄指稱死後的去處。基督宗教成爲 *timur* 的主要信仰，已是不可抹滅之事實；許多的話語、概念，在日常生活不斷講述的過程中，聖經的價值觀，逐漸內化爲排灣族人的處世態度；上帝的話語，成爲道德之準則。教會則成爲生活之中心，也是建構族群認同的場域。在一次訪談中，身爲第三代基督徒的 *auruai* 說了一些相當有趣的想法：

　　　　我有一位平地朋友說阿，你們原住民都是基督教阿！

也不能說全部都是吧！？我質疑了一會。

　　　　就我們 *timur* 這邊算是啦！在現在這個年代，基督教已經是生活的一部分，因爲我們沒有經歷到 *vuvu* 那個年代，那個眞正兩者並行的年代。現在的年輕人已經不了解傳統的那一塊，所以內心的衝突也不是那麼大。而且說不定再過 50 年，基督教就變成我們的傳統信仰了！*auruai* 笑著說。

那你們以前那些傳統信仰會不見嗎？我問道。

　　　　像我自己阿，以前跟著爸爸學習傳統的知識，雖然不知道那些叫做

信仰，但知道在什麼情況下需做什麼儀式。*auruai* 回憶著。

現在我知道 *tjagaraus* 是誰，也知道它長怎樣，因爲在服飾上都會出
現，老人家都會說那是 *tjagaraus*。

那妳怎麼看待它們呢？怎麼看待基督教跟傳統信仰？我又再追問。

我覺得喔？基督信仰是不能放棄的，而傳統是必須要去了解的。對
我來說兩者是沒有什麼衝突。而且我也不會去稱它爲傳統信仰，比
較像是文化。我不喜歡以「信仰」來稱呼，而那就是生活的一部分，
那是一種信念、一種想法。

從巫瑪斯與 *auruai* 兩人的話語中可發現：前者對基督宗教抱持著懷疑的態
度，從長輩的教導以及個人的理解中，上帝與 *naqemati* 在神格上存在著差
異，不同於聖經中那公義的上帝，排灣族的創造神如太陽般照耀著眾人。而
後者雖曾跟隨父親學習傳統知識，但成長背景仍是以基督宗教爲主，基督教
成爲她的主要信仰，而傳統則是「應該」要了解的事物。但無論出發點爲
何，基督宗教都在他們生活之中成爲無法忽視的存在，基督信仰與傳統，皆
成爲文化中的一環；傳統「信仰」所指涉的不再是宗教層面，而是以一種象
徵形式，透過圖像，展演於教堂之中，成爲我族身份建構的方式之一。當試
圖解釋傳統時，基督宗教的詞語與概念，已成爲一種模式（model），無形中
影響著對文化的認知角度。

隨著時間的流動，Beck（1999 [1998]：162）認爲全球化在各地導致了地
方新意義的產生。在文化溝通的過程中，排灣族人透過上帝與 *naqemati* 的類
比，在老一輩的成長脈絡下，*naqemati* 成爲理解上帝的方式；但隨著教會對族
人的傳道與教育，上帝已成爲信仰的主體，祂才是與生活有著緊密關連的存
在。因此，當年輕一輩想認識從前的 *naqemati* 時，只能透過上帝的影像來做
爲投射。因此，在認知與生命經驗的影響下，兩文化中的創造神，也許在神
格與性質上，「祂」與「祂」會越來越相似。

第三節　小　結

全球化，是當今世界發展無法迴避的問題，以西方爲主體的商品、資
訊、宗教……等物，不斷地向外傳播、鋪蓋。對此，Kivisto（2007 [2002]：1
－186）認爲：隨著人們經歷了一些根本且戲劇化的轉變，包括經濟上的重新

整頓、政治體系的漸受質疑，以及文化認同的再次探討，現今文化擴散的速度與強度，和過去任何時代都不同。因此，合成（hybridity）與克里歐化（creolization）等現象〔註9〕，大大說明了傳統與現代共存、互惠並互相影響的狀況。

　　部分學者認爲：世界將因此整合，所有民族皆歐美化，產生民族意識型態的特洛伊木馬。但其他學者則認爲：某些形式可能一開始是極端全球化的，卻以相當地方性的形式結束。創造差異乃是人類社會的本質，統一現象毋寧是一種幻覺。隨著全球化的發展，我們發現儘管有些衝擊，受影響者並未棄守他們的積極性，並懂得如何重新創造傳統；本土化那些他者輸入的事物，將之轉化爲自己的資產。且激發一種自我認同的生產活動，讓那些試圖透過文化達成統一的做法，難以得逞。

　　自我認同的建構，即是推動在地化的動力。全球化的情境下，我族與他族的接觸，彼此間的差異成就了身分認同的有意識目標。而在地化的初期，往往是一味的反現代、反西化；雖然保持文化多元性成爲人權中的一環，但在發展的過程中卻衝突不斷。過度的族群認同，往往激發出暴力事件，一股反西方、反他者的情緒不斷上升。包括非洲地區，在脫離殖民後所產生的種族問題，以及回教組織與基督宗教國家的對抗。

　　無論如何頑強的抵抗，全球化已將世界塑造成一個無法切割的整體，人類生活已無法跳脫其框架。且全球化、現代化所帶來的幫助，不亞於破壞層面；在世界各地，任何人皆同意：若哪家醫院診所能救回他的子女或配偶的生命，他絕不會有半點的遲疑。人們開始體會：全面的抵抗並非解決之道，而該尋求的是：如何在兩者間創造平衡的立足點。

　　因此，全球在地化的思考便逐漸形成。全球在地化所關心的，是如何在全球化的框架下，建構在地化的形式。有別於以往的對立狀態，「在地」代表的特殊性、「全球」意指普遍性，成爲可以相互滲透的概念，並產生辯證關係，成爲彼此的脈絡。

　　timur 的基督宗教發展，同樣是隨著全球化、在地化，以及全球在地化的脈絡一路發展。在宣教的初期，對於基督宗教的全盤接受，且秉持著破除迷信的心態，對文化進行大刀闊斧的改革。隨後，當原住民族的自覺運動興起，

〔註9〕 Hybirdity 原文譯爲混雜，但本文爲延續潘英海文化合成理論，以「合成」譯之；而 Creolization 爲指涉不同人種、各種語言文化交混的狀態。

排灣族人開始思考傳統的重要性，並將自我文化元素放入教堂的場域中。但這樣的復振行爲，是依循著全球在地化的脈絡，在不違背廣義的教義規範中；以基督宗教建構自我文化的認同，型塑在地化的教會圖像，並產生互爲主體的認知，成爲虔誠的排灣族基督徒。

第五章 結論與反思

　　本研究自 2011 年 2 月開始,至 2012 年 2 月結束。筆者企圖透過教堂中的圖像,探討 *timur* 部落排灣族人,如何運用固有的文化脈絡,與基督宗教進行對話。本文所謂之圖像,並非僅限於繪畫、雕刻,或地板鋪面的磨石子圖畫等,更包括了整體建築、講堂設計、裝置服飾……等,以 Image 的概念檢視會更爲清晰。筆者以主觀的角度,將圖像區分爲三類,透過文化合成、文化復振,與全球在地化之觀點進行討論。〔註1〕在分析的過程中,藉由文化因子的概念,不僅發覺先進學者所提出的將上帝類比爲 *naqemati* 的模式外;筆者進一步根據圖像的內涵與族人的詮釋,將排灣族對於超自然的整體,與基督宗教三位一體之思想進行連結。最後,藉由聖父 / *naqemati*、聖子 / *sevalitan*、聖靈 / *vavak* 的轉換,理出了圖像建構之邏輯,包括:長老會的創世神話、天主堂的聖像、門楣中的祖靈雕刻,以及族人的詮釋等,皆印證了筆者的推論。

　　此外,在文化復振的行爲中所產生的,除了延續文化的功能外,更使筆者意識到:現今的排灣族人在對話的過程中,不僅藉由傳統文化理解基督宗教,基督宗教甚至回過頭來形塑族人對於傳統之認知。年輕的排灣族人,其生活條件與 *vuvu* 們大不相同,以往的他者(基督宗教),已成爲塑造自我(排灣族)的管道之一。而族人的詮釋,以及圖像的建構,都必須維持於基督宗教的脈絡中,透過全球在地化的概念,發掘互爲主體的詮釋,探討特有的在地信仰。

〔註 1〕 此一圖像分類並非絕對,僅爲凸顯筆者之論點而使用;實際上,各個圖向皆同時包括了文化合成、復振,與全球在地化之內涵。

第一節　結　論

　　自大學時期，筆者一直對藝術與文化間的關係有著濃厚興趣，因此不斷蒐尋相關的研究題材。作為第三代基督徒，進入 *timur* 部落的同時，便獲得了多年思索的方向。透過同樣擁有豐富圖像基礎的排灣族文化與基督宗教，交織出特殊的教堂意象。因此，本論文便藉由對圖像的結構與內涵之研究，理解兩者相互合成與認知的脈絡。透過藝術人類學的概念，將圖像視為排灣族社會文化之表徵、集體意識之形塑，及其對基督信仰的實踐；並以詮釋人類學之觀點，理解 *timur* 部落族人對基督宗教之認知，進一步探索文化合成、文化復振，與全球在地化等現象，如何展演於教堂圖像之中。

　　首先，在 *timur* 教堂中，設計者將傳統排灣神觀與基督宗教相結合，刻繪出包括創世紀、亞當夏娃、三位一體、十字架與陶壺等圖像；藉由神靈觀的類比，使兩者毫無扞格地連結。透過文化因子的概念，我們可以發覺排灣族與基督宗教的神靈觀間具有可溝通的元素。排灣族為一泛靈、祖靈信仰的文化，相信萬物有靈，且強調與祖先的連結，但在一切超自然的背後，族人相信有一唯一的創造神 *naqemati* 的存在，祂如太陽般照耀大地，孕育世間萬物。而基督宗教中，同樣有著造物主上帝耶和華，祂在六天內開天闢地，並以自己的形象造人，成為太初的起源。

　　若將創造神的概念視為可溝通之文化因子，排灣族的 *naqemati* 與基督宗教之上帝成為兩者間的橋樑。在接觸初期，排灣族人便以此做為認知基督宗教之方式；爾後，不僅透過羅馬拼音將聖經翻譯為母語，更透過圖像之建構，展現於教堂當中。*timur* 長老教會的地板上，便使用象徵 *naqemati* 的太陽，圍繞著〈創世紀〉的故事，使排灣文化與上帝同時並存；並加入受太陽照射而孕育人類的陶壺，比擬基督宗教中創世的概念，建構特殊的在地化信仰。

　　同樣的，*timur* 天主堂的門楣上，設計者透過傳統人頭紋傳達三位一體的概念。基督宗教中的三位一體，意指聖父、聖子與聖靈，透過族人的詮釋，做為傳統神靈中 *cemas*、*sevalitan*、*vavak* 的轉譯；即將 *naqemati* 視為聖父、祖靈視為聖子、*vavak* 則喻為聖靈，用以含括排灣族之泛靈思想。祖靈中又以頭目最為尊貴，因此基督宗教的聖子——耶穌，族人為其穿上傳統服飾，配戴羽毛、頭飾，視為排灣共有的大頭目。而聖靈的概念，基督宗教認為是上帝的恩惠，進入排灣族神靈的脈絡中，則轉變為 *naqemati* 所造之靈（*vavak*），

同樣具有照料、滋養眾生之意。此外，排灣圖像中不可或缺的百步蛇，早期被視為撒旦的象徵而產生畏懼，但隨著族人對聖經的進一步了解，並以更廣泛的文化進行詮釋，將神話中的 tjasalad（夥伴、守護者）轉譯為天使的意象，使傳統得以延續。因此，我們看見了排灣族人透過圖像，藉由可溝通之文化因子，進行自我定義與再定義；不僅迎合了基督宗教的思想，並保持排灣文化體自主性的一種創新過程。

透過教堂圖像之文化合成，排灣族人在自我文化定義與再定義的過程中，受到民族自覺的影響，激發了文化復振的力量。timur 排灣族人，經歷日本殖民與國民政府的統治，許多傳統文化在改革的浪潮中遭到廢止。早期研究中，往往將瓦解傳統信仰的矛頭指向日本神道教，認為受皇民化政策的影響，部落族人被強迫改宗，因而放棄原有信仰。但在筆者的調查中發現：日人確實透過強烈的手段宣導神道教，並於 timur 部落興建大型神社，但效果不彰；儘管遭到打壓，族人仍堅持原有儀式，而真正信奉者僅一戶，為日人子嗣。

那麼，是什麼原因使傳統信仰逐漸式微？筆者認為應屬舊慣習俗之改革，推動現代化衛生觀念，迫使室內葬消失，鬆動了死亡的禁忌，進而對超自然的認知造成影響。傳統信仰中依死因的不同，分為善死、惡死兩類，必須透過巫婆 palisi（祭祀）化解活人心中的恐懼；但當室內葬遭禁，巫婆展演儀式的機會減少，其功能性也受到挑戰。此外，巫婆的另一項工作：治病，在基督宗教進入後，隨著物資的輸入與醫療技術的進步，族人為求更便利的生活、更有效的治療，轉而進入教會，受洗成為基督徒。而宣教初期，基督宗教致力於破除迷信，對文化進行大刀闊斧的改革，造成許多傳統文化、祭儀的消失，排灣族人也因此喪失了許多先人遺留的智慧。

1983 年起，《高山青》雜誌的發行，激發原住民族自救運動，整體台灣原住民族文化復振思想隨之興起。除了對主流的漢人社會進行多次重大抗爭，如：破除吳鳳神話、爭取正名、還我土地運動……等訴求外，也萌發了基督宗教在地化的思想。timur 部落的教堂圖像，便在此脈絡中透過族人自發性的建構，以我族文化對基督宗教進行詮釋，並融合兩者，行文化復振之實。

傳統文化曾在異族壓迫下不斷消散，現在，族人透過教堂的場域，放入石板屋、門楣、陶壺等元素，並將傳統神話與聖經故事相結合，使年輕一輩的信徒，在領受上帝話語的同時，也能接觸、學習排灣族傳統圖像，避免文

化的流失。隨著生活變遷，石板屋建築已所剩無幾，連帶影響了緊繫於家屋的各種文化，包括社會結構、祭儀文化，與象徵系統等。*timur* 長老教會，則藉由視覺化的圖像，保留了象徵頭目榮耀的門楣，透過石板屋與門楣的結合，塑造上帝殿堂成爲頭目家屋之意象，延續圖像的社會意義，並套用於基督宗教的脈絡中，建構強烈的信仰認同。

此外，長老教會更透過信徒耳熟能詳的挪亞方舟，以及該隱、亞伯的故事，藉由類似的故事結構，與排灣族大洪水、砍竹子的故事相結合；部落青年在學習聖經的同時，也使神話傳說得以延續。而 *timur* 天主堂，則藉由天花板彩繪，記錄傳統生活的景色；隨著社會型態改變，族人學習文化的重心，已由家屋轉變爲教會，因此透過教堂圖像，將傳統舞蹈、建築、杵臼，以及重要的祖靈柱等元素進行保存，並將象徵友好的連杯共飲置於其中，刻繪出結盟儀式。

曾有報導人以傳統結盟儀式的意涵，講述文化復振的脈絡，指出：在結盟儀式中，排灣族人透過贈予衣服、頭飾、羽毛等方式，促使象徵權的轉移，使階級制度得以流通，塑造彼此的認同。因此，將傳統元素放入教堂，即是將人與人的結盟，轉化爲文化與文化的結合；並藉由教堂圖像，使年輕一輩的族人透過基督宗教的結構，重新認識傳統文化。每當禮拜的同時，眼見充滿排灣元素的空間，不僅保留了自我文化的價值，更將基督宗教內化爲生活的一部分。

基督宗教成爲 *timur* 部落主要信仰所產生的影響，已不可抹滅。在全球化的脈絡中，基督宗教傳播至世界各地，使各民族／國家的文化產生變遷。但Warnier（2003）認爲：全球化並未產生預期的趨合效果。尤其人們反而注意到本質上人類一向嗜於標榜其社會劃分、自我優越感、文化分歧，以及迴異的生活及消費方式。人類簡直就是一個製造文化差異的龐大機器，在全球化所產生的消蝕現象中，亦被傳統文化中某些堅實的要素所限制。雖然主流文化在世界各地行使霸權，但屬於該社群的文化生產，依然持續蓬勃且多樣地發展著。

因此，當基督宗教進入 *timur* 部落後，排灣族人應用原有之象徵元素，透過圖像進行詮釋，發展出在地化的信仰。誠如 Appadurai（2009 [1996]）所說：文化同質化並沒有發生。他認爲：文化成爲透過與其它群體的差異，來形塑我族群體身分的工具。因此，文化所強調的不單是對某些特質的占有

（物質的、語言的，與國土的），也強調對這些特質的自覺，及其歸化在界定群體身分時的本質作用。而文化的核心，則是一種將自覺的、想像性的差異，加以建構與運用。*timur* 透過基督宗教文化所帶來的差異性，藉由在地化（外來者融入所居地）的過程，透過作者、信徒的詮釋（想像），建構具有排灣色彩的教堂，以本土文化刻劃出特殊的圖像。

但在建構的同時，我們不可忽略教會在詮釋過程中所掌控的力量；無論文化合成，或文化復振，其圖像都須維持於基督宗教的脈絡中，進行在地化的實踐。若以著名的全球化現象——麥當勞為例，可以發覺：代表形象的 M、麥當勞叔叔、I'm love it 等符號是全球共享的。而餐點的內容，則因應不同民族文化而稍做調整，在歐美以漢堡為主、中國則出現米飯，甚至在回教國家，麥當勞以新口味羊肉漢堡取代招牌的牛肉漢堡，來配合回教國家人民的特殊飲食，但「速食」的經營型態卻不曾改變。

同樣的，基督宗教在進入 *timur* 部落後，雖受到在地文化的影響，但十字架的象徵，或唯一真神上帝，以及禁止偶像崇拜等觀念並未改變；排灣族人則是在此範疇中，建構在地化的圖像。因此，我們可視 *timur* 的教堂圖像為一全球在地化之結果，即在全球化的框架與脈絡中，行使在地認同。透過兩者互為主體的詮釋，基督宗教與排灣文化相互影響，在內化的過程中，全球化的信仰更進一步影響族人對傳統價值的認知。以長老教會為例，藉由參孫的故事做為成年禮的準則，告誡年輕族人遵守與上帝的盟約，建構融合傳統與基督宗教的處世態度。

根據 Appadurai（ibid.：22）的觀點：我們可以發覺文化從做為實體到做為差異的向度，再到以差異為基礎的族群認同。這些被用來形塑群體認同的差異所構成的子集，其歸化過程就是文化。文化意味差異，然而差異不再是分類性質的；它們是互動的、折射的。*timur* 的教堂圖像，正是以排灣文化為主體，透過與基督宗教的差異而形塑之自我認同。兩者的差異性，隨著全球在地化的觀點，全球化與在地化在同一結構中，成為一體的兩面，排灣族人應用可溝通的文化因子，在基督宗教的脈絡中，合成新的信仰體系。

第二節　反思與延續

timur 部落的特殊性，在其地理位置，位於三地門鄉各部落的交會處，成為重要的出入口。因此，無論是日治時期、國民政府，或基督宗教，都以此

爲重心，設立神社、鄉公所，及教堂；因而造成與外族不斷接觸，文化變遷相當頻繁。而對內，隨著結盟、通婚，該部落融合排灣 *ravar*、*vuculj* 亞族，以及少許魯凱的文化特色，形塑出特有的社會結構與宗教信仰。在田調的過程中，可以發現族人對自我或外來的文化，總有不同的認知。因此並無統一之觀點，本研究僅能以較客觀、廣泛的資料，解讀 *timur* 教堂圖像的文化內涵。

進入部落初期，筆者致力於理解各傳統圖紋所代表之意涵，藉此建構屬於 *timur* 的象徵系統；但圖像終究是種藝術形式，創作者透過文化傳統融合個人思想於其中。因此，在調查的過程中，圖像的基本象徵皆可理解，但因作者逝世，或因作者不詳，其明確意義已不可考，僅能透過其後代或族人的解讀，獲得進一步的資料，產生多樣化的答案。而基督宗教與傳統文化間，存在著微妙的爭論，兩者皆捍衛自我的價值；對部落影響之利弊，也因不同立場而有著不同的見解。藉由大量觀察與訪談，筆者試圖建構普遍族人對於基督信仰以及圖像的詮釋，但礙於語言上的隔閡，仍無法全然明白 *timur* 族人在禱告或祭儀的話語，釐清上帝與祖靈思想中所占的比重；僅能透過對關鍵詞的捕捉，以及翻譯的幫助進行解讀，其中可能產生的誤解，也是筆者所擔心、害怕的。

透過主觀的分類，筆者將 *timur* 的教堂圖像歸納爲：文化合成、文化復振，與全球在地化等三個面向進行分析。但就圖像之內容，實爲三者並存，既包含文化合成，又具文化復振之功能，並且建構於全球在地化的脈絡之中。筆者爲展現上述現象，乃選擇內涵較突出者進行探討，雖然論述皆建構於族人的詮釋與生活之中，但研究提出之概念，尚可做進一步之檢討，是否可能流於主觀？如：將三位一體之概念，類比排灣族整體超自然思想；其中的 *sevalitan*，若以狹義的頭目之靈檢視，具有聖子之意；但若以廣義的祖靈論之，則屬聖靈的範疇。此外，筆者透過對圖 2-2 與圖 3-6 的理解，以及獲知族人將拿撒勒人的耶穌視爲人子／頭目之概念，而決定將 *sevalitan* 放入聖子的脈絡中進行詮釋。凡此，都需特別強調：筆者並非將兩者完全劃上等號，而是依循文化因子之概念，找尋對話的管道。不過是否眞如筆者所言？仍須透過更大量的圖像進行分析，以漸進式的領會（Appropriation），貼近族人的思想與文化之內涵。

再者，基督宗教對於排灣族的禁忌、婚禮、喪禮等方面所提出的改革，

不僅影響傳統文化之功能，更進一步塑造對基督宗教的認知；但本研究中，
筆者將重心放於圖像，較少著墨於生命儀禮或節慶祭儀的內涵，以避免模糊
焦點。但無論是傳統祭儀或基督宗教節慶，皆可發現融合排灣與基督之行為。
倘若未來持續關注此議題，能將經語、禱告、祭儀活動與圖像內涵再做進一
步比對，相信應可發掘更為深層、也更貼近生活的認知方式。

　　根據對教義詮釋之差異，基督宗教可分為天主教、長老會、安息日會、
真耶穌會、拿撒勒人會……等不同教派，往往一個部落中，有著兩個以上的
教派進駐。如 *timur* 部落，長老教會信徒約為居民的五成，天主教為四成，安
息日會則僅一成；那麼，是何種因素影響教派的勢力消長呢？或許是因宣教
時間的先後，導致信徒皈依數量的差距；但當筆者走訪大社時發現，該部落
原以長老會為主，但近期安息日會則成為大宗。究竟是傳道的因素？抑或傳
統文化與基督信仰磨合的過程中，產生了新的認知，進而轉會？最後，排灣
部落分佈範圍極廣，包括：台灣東、南部山區和沿海，其文化有著多樣的面
貌，若能進一步比較不同部落信仰轉變的過程，相信應可發掘出更多有趣的
現象。這些都有待研究者的持續努力與探索！

參考書目

一、中文參考書目

1. Appadurai, Arjun，鄭義愷譯，《消失的現代性：全球化的文化向度》，台北：群學出版社，2009 [1996]。

2. Armstrong, Karen，蔡昌雄譯，《神的歷史》，台北：立緒文化事業有限公司，1997 [1993]。

3. Bauman, Zygmunt，張君玫譯，《全球化：對人類的深遠影響》，台北：群學出版有限公司，2001 [1998]。

4. Beck, Ulrich，孫治本譯，《全球化危機》，台北：台灣商務出版社，1999 [1998]。

5. Cowen, Tyler，王志毅譯，《創造性破壞：全球化語文化多樣性》，上海：上海人民出版社，2007 [2002]。

6. Durkheim, Emile，芮傳明、趙學元譯，《宗教生活的基本形式》，台北市：桂冠，2010 [1917]。

7. Geertz, Clifford，納日碧力戈、郭于華、李彬、羅紅光、田青等譯，《文化的解釋》，上海：人民出版社，1999 [1973]。

8. Geertz, Clifford，楊德睿譯，《地方知識：詮釋人類學論文集》，台北：麥田，2002 [1983]。

9. Gombrich, E. H.，雨云譯，《藝術的故事》，台北：聯經出版事業公司，1997 [1950]。

10. Greenberg, Clement，沈語冰譯，《藝術與文化》，桂林：廣西師範大學出版社，2009 [1961]。

11. Haddon, Alfred C.，阿嘎佐詩譯，《藝術的進化：圖案的生命史解析》，桂林：廣西師範大學出版社，2010 [1985]。

12. Hauser, Arnold，居延安譯，《藝術社會學》，台北：雅典出版社，1988 [1974]。

13. Harrington, Austin，周計武、周雪娉譯，《藝術與社會理論──美學中的社會學論爭》，南京：南京大學出版社，2010 [2004]。

14. Harvey, David，閻嘉譯，《後現代的狀況：對文化變遷之緣起的探究》，台北：商務印書館，2003 [1990]。

15. Hirt, Paul, and Grahame Thompson，朱道凱譯，《全球化迷思》，台北：群學出版有限公司，2003 [1996]。

16. Howells, Richard，葛紅兵譯，《視覺文化》，桂林：廣西師範大學出版社，2007 [2003]。

17. Kivisto, Peter，陳宗盈、連詠心譯，《多元文化主義與全球社會》，台北：韋伯文化國際出版有限公司，2007 [2002]。

18. Layton, Robert，李東曄、王紅譯，《藝術人類學》，桂林：廣西師範大學出版社，2009 [1981]。

19. Marcus, George E. and Myers, Fred R., edit，阿嘎佐詩譯，《文化交流：重塑藝術和人類學》，桂林：廣西師範大學出版社，2010 [1995]。

20. Maquet, Jacques，袁汝儀譯，《美感經驗》，台北：雄獅圖書股份有限公司，2003 [1986]。

21. Mattelart, Armand，繆詠華、廖潤珮譯，《文化多元性與全球化》，台北：麥田出版社，2011 [2005]。

22. Tomlinson, John，鄭棨元、陳慧慈譯，《文化與全球化的反思》，台北：韋伯文化，2010 [1999]。

23. Williams, Raymond，彭淮棟譯，《文化與社會：一七八〇年至一九五〇年英國文化觀念之發展》，台北：聯經，1985 [1963]。

24. Weiss, Paul and Von Ogden Vogt，何其敏、金仲譯，《宗教與藝術》，成都：四川人民出版社，2003 [1963]。

25. Warnier, Jean-Pierre，吳錫德譯，《文化全球化》，台北：麥田出版社，2003 [1999]。

26. 中國藝術人類學學會編，《藝術人類學的理論與田野上》，上海：上海音樂學院出版社，2008a。

27. 中國藝術人類學學會編，《藝術人類學的理論與田野下》，上海：上海音樂學院出版社，2008b。

28. 中央研究院民族學研究所編譯，台灣總督府臨時台灣舊慣調查會中國藝術人類學學會編，《番族慣習調查報告書（第 5 卷第 3 冊）──排灣族》，台北：中央研究院民族學研究所，2004。

29. 方孝謙，如何研究象徵霸權中國藝術人類學學會編，《理論與經驗的探

索》,《中央研究院民族學研究所集刊》第 78 期,1994,頁 27～59。

30. 王建民,《藝術人類學新論》,北京:民族出版社,2008。

31. 王嵩山,台灣原住民中國藝術人類學學會編,《人族的文化旅程》,台北:遠足文化事業有限公司,2010。

32. 王宇、薛曉源編,《全球化與後殖民批評》,北京:中央編譯出版社,1997。

33. 王寧,《全球化與文化研究》,台北:揚智文化,2003。

34. 石磊,《筏灣村排灣族的豐收祭》,《中央研究院民族學研究所集刊》第 21 期,1966,頁 131～155。

35. 石磊,《筏灣村排灣族的部落組織》,《中央研究院民族學研究所集刊》第 28 期,1969,頁 199～231。

36. 石磊,《筏灣村排灣族的農業經營》,《中央研究院民族學研究所集刊》第 31 期,1971a,頁 135～174。

37. 石磊,《筏灣村排灣族的家庭糾紛》,《中央研究院民族學研究所集刊》第 32 期,1971b,頁 311～324。

38. 石磊,《排灣族的家庭結構原始及其演變》,《中央研究院民族學研究所集刊》第 54 期,1982,頁 71～83。

39. 石奕龍等,陳國強編,《文化人類學辭典》,台北:恩楷股份有限公司,2006 [2002]。

40. 任先民,《記排灣族的一位雕刻師》,《中央研究院民族學研究所集刊》第 4 期,1957,頁 109～122。

41. 米甘幹・理佛克,《原住民族文化欣賞》,台北:五南圖書出版股份有限公司,2005 [2003]。

42. 李亦園,《信仰與文化》,台北:巨流圖書公司,1978。

43. 李亦園,《台灣土著民族的社會與文化》,台北:聯經出版事業公司,2002 [1982]。

44. 巫化・巴阿立佑司,《神靈之路:排灣人祭儀經語(kai)之研究》,國立東華大學南島文化研究所碩士論文,2009。

45. 吳燕和,《排灣族東排灣羣的巫醫與巫術》,《中央研究院民族學研究所集刊》第 20 期,1965,頁 105～151。

46. 吳燕和,《排灣兒童的養育》,《中央研究院民族學研究所集刊》第 25 期,1968,頁 55～103。

47. 林建成,《台灣原住民藝術田野筆記》,台北:藝術家出版社,2005 [2002]。

48. 邱韻芳,《祖靈、上帝與傳統——基督長老會與 Truku 人的宗教變遷》,台灣大學人類學研究所博士論文,2004。

49. 胡台麗，《儀式與影像研究的新面向：排灣古樓祭儀活化文本的啓示》，《中央研究院民族學研究所集刊》第 86 期，1998，頁 1～28。

50. 胡台麗，《百步蛇與鷹：排灣族的文化認同表徵》，發表於「1999 台灣原住民國際研討會」，中央研究院民族學研究所主辦，台北，1999 年 5 月 1～3 日。

51. 周憲編，《文化現代性與美學問題》，北京：中國人民大學出版社，2005。

52. 孟悅、羅鋼編，《物質文化讀本》，北京：北京大學出版社，2007。

53. 胡家瑜，《器物、視覺溝通與社會記憶——賽夏族儀式器物的初步分析》，《國立台灣大學考古人類學刊》第 55 期，2002，頁 113～139。

54. 凌純聲，《臺灣土著族的宗廟與社稷》，《中央研究院民族學研究所集刊》第 6 期，1958，頁 1～57。

55. 華進光，《探討排灣族傳統宗教與基督教福音的對遇》，花蓮：玉山神學院，1988。

56. 張光直，《美術、神話與祭祀》，台北：稻鄉出版社，1993。

57. 許功明，《由社會階級看藝術行爲與儀式在交換體系中的地位以好茶魯凱族爲例》，《中央研究院民族學研究所集刊》第 62 期，1986，頁 179～203。

58. 許功明，《魯凱族的文化與藝術》，台北：稻鄉出版社，2001。

59. 許功明，《排灣族古樓村的祭儀與文化》，台北：稻鄉出版社，2004。

60. 陳千武，《台灣原住民的母語傳說》，台北：台原出版社，1991。

61. 陳奇祿，《臺灣排灣群諸族木彫標本圖錄》，台北：南天書局，1996。

62. 童春發，《台灣原住民史：排灣族史篇》，台中：台灣省文獻委員會，2001。

63. 童春發，《當代情境中的巫術與儀式展現：排灣族爲例》，刊於「當代情境中的巫師與儀式展演研討會」，台北：中央研究院民族學研究所，2008，頁 1～21。

64. 詹明信，唐小兵譯，《後現代主義與文化理論》，北京：北京大學，1997。

65. 廖家福，《全球化與民族文化多樣性》，北京：人民出版社，2005。

66. 劉其偉，《藝術人類學》，台北：雄獅圖書股份有限公司，2005 [2002]。

67. 蔣斌，《排灣族貴族制度的再討論——以大社爲例》，《中央研究院民族學研究所集刊》第 55 期，1983，頁 1～48。

68. 趙中麒，《關於台灣原住民「民族」生成的幾個論證》，《台灣社會研究季刊》第 51 期，2002，頁 185～224。

69. 潘英海，《文化合成與合成文化》，刊於「台灣與福建社會文化研究論文集」，莊英章、潘英海編，台北：中央研究院民族學研究所，1994，頁 235～256。

70. 潘英海，《在地化與地方文化：以「壺的信仰叢結」爲例》，刊於「台灣與福建社會文化研究論文集（二）」，莊英章、潘英海合編，臺北：中央研究院民族學研究所，1995a，頁 299～319。

71. 潘英海，《「在地觀點」的藝術教育：以一個普渡棚的藝術展演爲例》，刊於「多文化與跨文化視覺藝術教育國際學術研討會」，袁汝儀主編，台北：國立台北師範學院，1995b，頁 67～89。

72. 潘英海，《重修台灣省通志卷三·住民志·同胄篇》，許木柱、李壬癸等合著，台中：台灣省文獻委員會，1995c。

73. 潘英海，《文化介面與文化介媒：以「祀壺現相」爲例》，發表於「平埔族群與臺灣社會」國際學術研討會，中央研究院民族學研究所暨中央研究院臺灣史研究所籌備處主辦，臺北南港，10 月 23～25 日，2001a。

74. 潘英海，《傳統文化？文化傳統？刊於平埔族群與臺灣歷史文化論文集》，詹素娟、潘英海編，臺北：中央研究院臺灣史研究所籌備處，2001b，頁 205～236。

75. 衛惠林，《排灣族的宗教組織與階級制度》，《中央研究院民族學研究所集刊》第 9 期，1960，頁 71～108。

76. 謝世忠，《族群人類學的宏觀探索——台灣原住民論集》，台北：國立台灣大學出版中心，2004。

77. 撒古流·巴瓦瓦隆，《祖靈的居所》，屏東：行政院原住民委員會文化園區管理局，2004。

78. 盧梅芬，《天還未亮——台灣當代原住民藝術家發展》，台北：藝術家出版社，2007。

79. 賴瑞鎣，《早期基督教藝術》，台北：雄獅圖書股份有限公司，2001。

80. 譚昌國，《祖靈屋與頭目階層地位：以東排灣土阪村 Patjalinuk 家爲例》，刊於「物與物質文化」，黃應貴編，台北：中央研究院民族學研究所，2002，頁 111～169。

81. 譚昌國，《基督教教義、傳統文化與實踐初探：以東排灣拉里巴聚落台坂長老教會爲例》，《台灣宗教研究》第 4 卷第 2 期，2005，頁 11～158。

82. 譚昌國，《排灣族》，台北：三民書局股份有限公司，2007。

83. 鐘興華，《排灣族傳統信仰的轉變：以七佳部落爲例》，刊於「第一屆台灣原住民族傳統信仰與基督宗教的相遇：本土實踐經驗研討會論文集」，台北：中央研究院民族學研究所，2002，頁 14～30。

二、外文參考書目

1. Appadurai, Arjun, The Social Life of Things: Commodities in Cultural Perspective. Cambridge: Cambridge University Press, 1986.

2. Beck, Ulrich, What is glocalization, translated by Patrick Camiller. Malden, MA: Polity Press, 2000.

3. Brubaker, Rogers, Nationalism Reframed: Nationalism and the National Question in the New Europe. Cambridge: Cambridge University Press, 1996.

4. Fortes, M., Culture Contact as a Dynamic Process. Africa 9, 1936, pp.24~55.

5. Hefner, Robert W., Introduction: World Building and the Rationality of Conversion. In Conversion to Christianity: Historical and Anthropological Perspectives on a Great Transformation. Robert W. Hefner, ed., pp.3~44. Berkeley: University of California Press, 1993.

6. Malinowski, Bronislaw, The Dynamics of Culture Changes. New Haven: Yale University, 1945.

7. Robertson, Roland, Globalization: Social theory and global culture. London: Sage, 1992.

8. Ricoeur, Paul, Metaphor and the Central Problem of Hermeneutics. In Hermeneutics and the Human Science. Reprint. Cambridge Univ. Press. Chapter 6, 1981, pp.165~181.

9. Ricoeur, Paul, From Text to Action. K. Blamey and J. B. Thompson, trans. Evanston, Illinois: Northwestern University Press, 1991.

10. Ricoeur, Paul, "Cultures, de deuil a la traduction", Le Monde, 25 mai, 2003.

11. Saunders, George R., Introduction. In Saunders, George R. (ed.) Culture and Christianity: The Dialectics of Transformation, pp. 1~9. New York: Greenwood Press, 1998.

12. Schiller, H. L., Transnational Media and Nation Development. In K. Nudenstreng and H. L. Schiller (eds), National Sovereignty and International Communication. Norwood, NJ: Ablex, 1979, pp.21~32.

13. Turner, Victor, The Anthropology of Performance, En Victor Turner (comp.), The Anthropology of Performance, PAJ Publications. New York, 1987.

14. Tan, Chang-Kwo 譚昌國，Syncretic Objects: Material Culture of Syncretism among the Paiwan Catholics. Journal of Material Culture 7(2), 2002, pp.167~187.

附：圖版

三地門長老教會的奉獻箱，象徵著排灣族人對於上帝的感恩，藉由日常生活必需品，更是傳統儀式中重要元素的小米，展現文化與信仰的互動。

三地門長老教會的講台，運用傳統石板堆疊而成，並以連杯的符號環繞之，期望福音在此分享出去。

站在佳平天主堂外，看著插有刺球的祖靈柱，與天主堂的十字架比鄰而立，宛如當代的
排灣族信仰寫照。

土坂天主堂的聖體櫃，若非那象徵基督的十字架，儼然是排灣族的巫婆箱雕刻。

森永天主堂的外觀，彩繪著多樣化的排灣族圖像，屋簷上的耶穌如頭目般圍繞著太陽。

這幅耶穌釘十字架的圖像出現在森永天主堂的門上，其中的人物不僅為排灣族祖先造型，兩旁更有著象徵文化子宮的陶壺。

牡丹天主堂的屋頂上，將基督信仰的十字架與排灣族象徵創造神的太陽相結合。

金崙聖若瑟天主堂的外觀以陶壺為概念設計，並加上排灣族頭飾的造型，展現特有的地方文化。

金崙聖若瑟天主堂的聖母瑪莉亞以陶壺為背景，並穿著排灣族的傳統服飾，且帶有些許
卑南族的色彩。

金崙聖若瑟天主堂的祭台，兩旁雖刻有天使圖像，但中央卻是非常傳統的排灣族圖騰，
包含作物、牲畜、陶壺、創造神……等文化元素，展現排灣族的傳統生活與基督信仰。

流變的地方性：
埔里愛蘭台地文化認同與社群研究

唐淑惠　著

提　　要

　　本論文要探討的是，在當代社區總體營造和族群復振兩大文化運動的潮流下，愛蘭台地的行動者如何想像、建構著地方社群的界線與文化的內涵。當台地主要的二個行動者南投縣巴宰族群文化協會主導著埔里地區巴宰族群復振，另一個鐵山社區發展協會主導著愛蘭台地社區營造時，他們都同樣訴求「愛蘭台地」這個地域作為一個整體的號召基礎。但在動員的歷程中，彼此又循著特定的社群（特指宗教信仰），各自詮釋著巴宰／船山等象徵圖象；在這過程中，兩者對於族群、文化想像與宗教差異的扞挌隱隱若現。

　　本研究討論認同論述與地方實踐的互動，所謂的認同論述包含國族主義與多元主義交錯影響下的文化政策與族群論述，地方實踐則包含地方歷史所生成的社群界線，以及其所促發的行動。本論文從兩方面──「我群的建構」與「他者的想像」來檢視社區營造與族群復振主事者的行動策略，強調文化並非特定事物（thing），地方也無同質、單一的文化認同，由此論證本文主旨：地方是一種改變和過程的概念；地方從未「完成」，而總是處於流變（in the making）之中。

目

次

第一章 導 論

第一節 研究動機

一、場景 A：沒有出現的演員？

　　2007 年 11 月 10 日，時序由秋色漸入初冬，早晨六點的濃霧依舊瀰漫在這埔里山城中。氤氳中隱約可見，形似鐵砧的愛蘭台地像是歷經長途航行的老船，疲憊地擱淺在小鎮入口。

　　這時甲板上傳來陣陣騷動……

　　愛蘭國小前停了兩台遊覽車。昭亮長老和厚杰長老忙著張羅茶水、〔註1〕清點參加人員。自中華電信退休後，同時身兼基督教愛蘭長老教會執事與南投縣巴宰族群文化協會（以下簡稱巴宰協會）理事長的潘昭亮，生活過得並不清閒，教會各種禮拜、團契、庶務等事工，幾乎佔滿了他所有的生活。任職於暨大附中的潘厚杰，也同樣身兼教會執事與巴宰協會總幹事。在教會和巴宰族群活動中，總是能看到他們兩個忙碌而活躍的身影。

　　今天是巴宰族群一年一度的「牽田走鏢」活動，這幾年苗栗內社、台中大社及埔里愛蘭三地教會都會聚集在鯉魚潭國小，〔註2〕共同慶祝巴宰傳統新年，而這也漸成愛蘭教會每年例行性的出遊活動。車上，教友們彼此噓寒問

〔註 1〕 本論文基於研究倫理，部份報導人採用假名代稱。

〔註 2〕 根據地方耆老口述，「牽田走鏢活動」於戰後舉辦過幾次後就中斷，直到 1999年才由打里摺文化協會與長老教會重新恢復舉辦，受到活動資源的限制，舉辦兩次後，2003 年至今皆由苗栗縣巴宰族群協會承辦，地點在苗栗鯉魚潭國小。

暖，出遊的興奮劃破了寂靜。等待大家坐定，昭亮長老講了例行的開場白笑話後，兩台遊覽車已駛過了愛蘭橋，在拂曉時分悄悄地往苗栗出發。

約莫八點多，大夥兒在鯉魚潭國小停車處整裝待發，紛紛戴上繡有巴宰傳統圖騰的頭巾，舉著「南投縣巴宰族群文化群會」的紅布旗，敲著銅鑼，浩浩蕩蕩地走進會場。穿過由竹編米籮裝飾的「巴宰過新年」的門牌，繞行操場一圈後，大家就在ㄇ字型的塑膠棚下定位，等待開幕。

今年的活動內容和往年並沒有太大的差異，主持人、來賓致詞後，由牧師帶領祈禱，接著由鄉長、議員及民意代表致詞，最後再請高齡九十五歲的潘金玉耆老用巴宰母語勉勵後輩：「兄弟姊妹，所有巴宰子孫們好，這麼多庄社聚集在這裡，今天又是大過年的日子……咱們祖先交代的話，別忘記，咱們當傳承下去。感謝咱們的天父（譯文）。」〔註3〕致詞完後，則由金玉 Apu 帶領在場的巴宰族裔傳唱古調。〔註4〕

在吟唱完傳統歌謠 Aiyan 後，三地教會共同準備了一個多月的大會舞，也在此時要上場了。受長老們邀請，筆者也一同參與練習和演出。這首大會舞一開始是商請一位布農族老師來教的，舞蹈中含有布農族、鄒族的傳統舞步。往年歌曲也都是由老師挑選較具「原住民風味」的音樂搭配。但是今年有了創新，長老們將傳統歌謠和巴宰母語發音的基督聖歌，混搭結合成一首舞曲。

圖 1-1：巴宰大會舞表演

（賴貫一提供）

大會舞為活動提前帶來了高潮，緊接著走鏢儀式正式開始。參與選手在鳴槍後開跑，繞至村落折返約五公里，第一位到達終點者，必須奪鏢以示勝利，所謂的「鏢」即是繫上錦旗的竹竿。選手開跑後，各項歌謠舞蹈表演隨即展開，會場另一邊則是老照片及文物展覽。

〔註3〕 天父亦即上帝，巴宰語原無此字。Aba 乃父執輩者，babaw 為「頭頂、頂上」之意，ababawbaw 即「在天上的父親」之意。今日巴宰語彙中已有多種創新語彙，有一類則由基督信仰發展而成，如以-sumat（相信、遵從）為字根，musumat（做禮拜、敬奉上帝），sasumadan（敬拜之地、教堂）等。

〔註4〕 Apu：巴宰語中祖母或祖母輩的意思。

圖 1-2：走鏢開跑　　　　　圖 1-3：巴宰族裔共同牽田

（筆者所攝）　　　　　　　　　　（筆者所攝）

半天的「巴宰過新年」活動，最後在牽手儀式下劃上句點。所有與會人員手牽手圍成一個大圓圈，沿著逆時針緩步繞行，再次吟唱著傳統歌謠……「Aiyan no Aiyan ka Ayian no laita……」古老的曲調悠悠地迴盪在這片廣袤的苗栗山城。幾乎走過一個世紀的金玉 apu 望著這片陌生的大安溪流域，心裡的圖象是什麼？是不是仍迴盪著她記憶中，部落青年赤腳奔跑在埔里眉溪河畔的吶喊聲？

二、場景 B：拒絕上台的演員？

時間再往回三個月前的八月，同樣在愛蘭台地上。夏日的炎熱使得天色泛白得早，四點多許，西鎮堂廟婆阿桃就起了個大早，為了今天主祀神大聖爺壽辰做準備，擺上鮮花素果，打掃前埕後院，格外起勁。大聖爺即齊天大聖，也就是民間故事「西遊記」中俗稱的孫悟空。國內主祀大聖爺的廟宇寥寥可數，還以「大聖文化節」為主題的社區嘉年華更是不多見，因此今天的活動也吸引了不少地方電視、報紙等媒體的關注。

八點不到，鐵山社區發展協會理事長王萬峰就來到廟前廣場，確認遊行車輛、人員，還親手熬了一大壺五葉松茶，慰勞工作人員。隨後鐵山里長柯又金和西鎮堂主委陳進寬也到現場，指揮遶境團隊張羅神轎貢品，準備恭請大聖爺聖駕出巡。九點一到，由前導車、大鼓陣帶頭，接著分別是大聖爺神轎、舞輿陣、西遊記人物造型花車，以及愛蘭國小獨輪車隊、社區親子自行車隊、步行信眾。「砰砰砰……」鞭炮一鳴放，鑼鼓喧天，遶境隊伍熱鬧滾滾地出發了！

圖1-4：大聖文化節遶境活動

（鐵山社區發展協會提供）

「大聖文化節」是今年由鐵山社區發展協會主辦的「船山嘻遊記」社區營造計畫中，很重要且具象徵意義的社區活動。「船山嘻遊記」是南投縣政府文化局主辦之「南投縣96年度縣市層級社區營造計畫」下的社區提案。主要由鐵山社區發展協會主辦，以「水」做為計畫主軸，欲結合台地上各組織，如南投縣巴宰族群文化協會、愛蘭里辦公室、鐵山里辦公室、愛蘭社區發展協會、梅村社區發展協會等，進行台地的空間規劃改善與各項文化活動。

「船山」意指愛蘭台地。長期以來，在當地居民的日常語彙中，常會把愛蘭台地比喻成停泊在埔里盆地入口的一艘船，含有「大船入港」的吉祥意味，這樣的比喻是台地推動社區營造時，常使用的宣稱與象徵，不時出現在強調「大家不要分社區、分鄰里，同是台地居民，大家要團結」的場域中。因此「船山嘻遊記」也是歷年來社區營造提案中，第一次欲整合台地組織及資源以形塑「船山意識」，較具開創性的規劃案。

有趣的是，「大聖文化節」並不在最早的提案企畫書中，原先的主題其實是「船山嘻遊——夏日淨水活動」，是「船山嘻遊記」案中最具代表性的子計畫，它的目標希望「利用船山嘻遊導覽夏日淨水活動，復育水的永續文化環境生態為主要原則；突顯愛蘭與鐵山社區極具發展地方藝術的水文化潛力與

特質」（鐵山社區發展協會，2007 年，頁 15）。但經由內部討論後，最後決定改由鐵山舊庄的信仰中心——西鎮堂為主角，於大聖爺壽辰當日舉辦「大聖文化節——船山遶境暨嘻遊記晚會活動」。

遶境活動吸引了許多信徒聚集在西鎮堂前，參與「大聖爺平安麵」午宴，香油錢也隨著人潮湧入，讓西鎮堂廟方樂不可支。接著晚上舉辦的聯歡晚會又將活動帶到另一個高潮，鐵山戰鼓隊表演、愛蘭國小絃樂團演奏、西遊記人物造型秀、社區媽媽民俗舞蹈……等。台地上眾多表演團體都受邀演出，但是節目表上由巴宰協會負責的「巴宰族群歌謠舞蹈表演」卻悄悄地缺席了。

原來，在白天熱鬧的遶境香火間，昭亮長老才驚覺所謂的「晚會」是「拿香的」活動，其他教友也向他反應：「他們那個是廟會耶！我們這是跳給誰看啊？」雖然事後王萬峰理事長曾對筆者表示，上午的遶境確實是宗教活動，但晚上只是社區的聯歡晚會，不是廟會。然而在大聖文化節的名號下，這場社區聯歡晚會又是在緊鄰著西鎮堂的社區活動中心舉辦，對基督徒的巴宰協會成員來說，祭祀齊天大聖的西鎮堂，在基督——神信仰中，被視為「異教徒禁地」。最後王理事長只好趕緊邀請鎮上的專業舞蹈教室臨時遞補，表演現代舞。

三、一個舞台，兩齣劇本

以上是筆者初入田野地——愛蘭台地所遇到的兩個重要事件。近年來，隨著原住民意識與本土運動的發展，族群復振和社區總體營造儼然成為地方運動的顯學——愛蘭台地也不例外。但是令人訝異的是，這兩種本質如此相似的文化運動，在本研究中卻猶如兩齣完全不同的戲，由不同的人導演著。

當鐵山社區發展協會以遶境的方式，宣稱著大家就像一艘船上的夥伴時；另一方面，巴宰協會對外傳頌著世居台地的巴宰族群——烏牛欄、大瑪璘、阿里史（即今鐵山里）三社歷史時，他們對外宣稱巴宰族是一個整體，具有共同生活的地方、共享的文化、共有的歷史經驗等。但是同時，對內又必須凝聚社群網絡與價值意識，來塑造「族群」或「社區」的新認同。只是，在各自編寫的劇本裡，有些人被排除了，有些人拒絕演出。

之後，鐵山社區為了在期末成果展上，展演符合「地方民俗」的文化活動，預計表演巴宰族舞蹈。但由於之前巴宰協會拒絕演出的經驗，鐵山社區決定邀請鎮上專業的舞蹈老師來教學，培訓自己的媽媽舞蹈班表演。由於服

裝上必須使用巴宰圖騰，於是鐵山社區向曾參與巴宰協會舞蹈演出的成員商借服裝，但長老們表示「最好不要使用相同的巴宰圖騰，避免混淆」而婉拒。有一位聽聞此事，住於鐵山舊庄的潘丁碧不禁氣憤地說：「我們鐵山也有很多巴宰族啊！巴宰族也有很多不是拜耶穌的耶！他們這哪是在做族群正名？他們只是『信基督教的巴宰族』在復興而已！」後來鐵山社區只好請老師提供其他的原住民圖騰及舞衣，最後舞蹈雖然順利在成果展上演出，但是名稱卻變成「山地辣妹舞」。

　　在這些事件中，族群、文化正統性與宗教差異的扦挌隱隱若現，引發了筆者探討地方性（locality）、社群、認同運動三者關係的興趣。當代各種群體的認同運動風起雲湧，關於「認同」，我們該如何理解？有人說，它是當代特殊的現象，應立基於現代性（modernity）的理解下，看待各種「認同政治」。有人說，認同運動從來都是政治性的，策略性的、情境式、流變的……。在眾說紛云之際，筆者雖然同意「認同」某些特性確實是現代獨有的，但在這之前，必須回歸到人群分類的原初來看，即使在前現代，人類社會一直存在著區分「我群」和「他群」的現象——聚合與離散，集體意識與排他意識一同時促成了這個社會的生成與演變。

　　愛蘭台地具有鄉村社會的地域特性，不論是「前現代」的人群分類，如宗教、宗族、生計產業，或具「現代性」特質的社區總體營造、族群文化復振，都在這個地方以高密度又濃稠的方式展現。筆者想藉由此研究，來回返復地檢證社群界線與現代性認同政治之間，具有什麼樣微妙的關係。

第二節　研究目的

　　關注單一社群做為研究文化的取向，不論在人類學或社會學都已行之有年。社群研究（community studies）背後所隱含的知識論、方法論——「社群」究竟是一種研究概念？亦或地理上的研究單位？一直是很重要的議題。陳文德認為，不論將「社群」視為研究單位或研究概念，被研究者的「社群觀念」都是不可忽略的。如果僅從外在客觀結構來探討，很容易陷入演澤式、命定式的論點。所以，即使是「地域」這個因素，也必須放置在「社群觀」的架構下來看，它不完全是外在客觀的決定條件，它既是「實質的」（physical），也是「想像的」（imaginary）（陳文德、黃應貴，2004 年，頁 24）。

　　這樣的觀點也讓筆者開始思考，愛蘭台地這個「區域」並不只指地理上

的劃定，更有其想像性（imaginary）與歷史過程的意義。意即，自清道光平埔族遷徙至此後，隨著其他漢人、客家人、原住民的遷入，經過長期的混居、通婚，以及宗教、經濟、國家力量的影響，當地人的社群關係趨於複雜，社群意識也會隨之改變。各種外在力量，如宗教、國家力量、經濟、通婚等這些客觀條件銘刻在當地人的身上，當地人又用不同的詮釋與想像方式，反過來形塑這些客觀結構。

　　聚焦於本論文主題，意即，本研究中行動者在推動社區營造與族群復振時，他們如何想像其社群範疇？想像的基礎是什麼？又受到什麼樣的力量影響？他們所界定的「文化」是什麼？如何界定？為何而界定？他們如何選擇這些文化元素？哪些被彰顯？哪些被隱蔽？他們透過什麼樣的方式展現？以上這些問題都是本研究要探討的地方。筆者進一步將之定位為認同論述與地方實踐的交叉分析，所謂的認同論述包含國族主義與多元主義交錯影響下的文化政策與主流論述，地方實踐則包含地方歷史所生成的社群界線，其所促發的行動，在本研究中特指受宗教信仰與組織屬性。在認同論述與地方實踐兩個結構的相互滲透與作用下，我們可從兩方面來檢視社區營造與族群復振主事者的行動策略——「我群的建構」與「他者的想像」，並進一步論證本論文主旨：改變和過程的地方概念，地方從未「完成」，而總是處於流變（in the making）之中。

第三節　研究對象

一、田野地點——愛蘭台地簡介

（一）地理環境

　　愛蘭台地舊稱「烏牛欄台地」，位於南投縣埔里盆地的西方，長約 5 公里，南北最寬處 2 公里，最窄處僅 250 公尺，面積約 2.5 平方公里的狹長型台地。發源於仁愛鄉合望鞍部的眉溪，從埔里北邊流過；而源自日月潭的南烘溪，則由南向北流入埔里盆地。眉溪與南烘溪切割而成愛蘭台地，並在附近合流成南港溪，形成埔里地區很重要的溪埔水源，也滋養了愛蘭台地的生息（衛惠林，1981 年，頁 16）。

　　台地位居埔里盆地入口的要扼，雖海拔高僅四百五十公尺，卻是重要的高埠瞭望台，內可瞭望埔里全景，對外可守望台中平原與水沙連動態，兼具

交通與軍事的特殊地理位置（林琮盛，1999 年，頁 41），二二八事件中的烏牛欄戰役亦發生於此。〔註5〕但根據史料及耆老口述，早期台地實際維生並不容易，除了有部份可種茶、果樹的耕地，多半倚賴周邊的溪埔地，眉溪、南烘溪兩河谷雨季時河道氾濫，冬季河水枯涸，露出廣闊河床，泥沙淤積成沮洳地，耕植十分不穩定（衛惠林，1981 年，頁 16）。長期以來，台地普遍缺乏腹地與水源，除了大戶人家有能力耗資鑿井外，直至 1960 年代前後自來水普及前，一般住民仍必須至附近溪埔挑水，由此可見早期的台地居民生活較其他的聚落來得艱辛。

圖 1-5：愛蘭台地地理位置圖〔註6〕

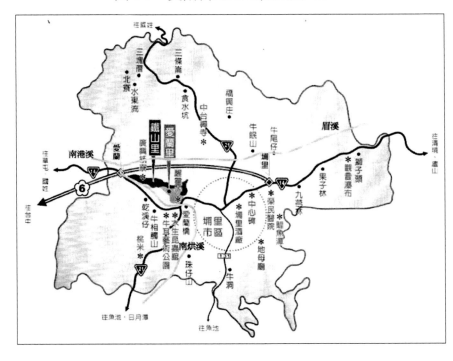

〔註5〕二二八事件在 1947 年 2 月 27 日因查緝私菸而造成官逼民反事件後，全國展開反抗行動，當時以台中青年學生組成的學生軍二七部隊，抵抗國民政府軍隊，人數和武器都不如國軍的學生軍，節節敗退，從台中退到埔里，退到「烏牛欄」，當時年僅二十一歲的黃金島，擔任該部隊警備隊隊長，帶領二七部隊不到四十名學生軍，在醒靈寺附近居高臨下，隔著吊橋與國軍二十一師對打，但寡不敵眾，彈盡糧絕後，只好撤去，戰役結束，二二八事件到此畫下句點。今日於愛蘭橋入口，即建立根據此事件而來的二二八紀念碑（陳麗鳳，自由時報，地方新聞版，2007 年）。

〔註6〕資料來源：改繪自鐵山社區發展協會社區簡介。

（二）人口組成與聚落變遷

由於居高臨下的地勢便利，很早就成為族群活動的舞台，經「大瑪璘遺址」考古挖掘證明，此地早在 2300 年前即有史前人類居住（石璋如、劉益昌，1987 年，頁 12）。1823 年（清道光 3 年）以後，陸續有來自台中豐原、東勢一帶的平埔巴宰族，以及大甲地區的道卡斯崩山社群入墾，在此建立烏牛欄、大瑪璘、阿里史及崁頂社等四聚落（洪麗完，2003 年，頁 223）；十九世紀末隨著閩南、客家人以及 1960 年代高山原住民及埔里偏遠地區住民的遷入，〔註7〕這一連串歷史的牽引與長期不同族群混居與通婚，大致奠定了今日愛蘭台地多樣而複雜的聚落形態。

今日愛蘭台地行政區域包含鐵山及愛蘭兩個里，人口共約四千多人，男性佔 2196 人，女性則佔 2111 人。愛蘭里包含愛蘭社區與梅村社區，共有 584 戶，人口 1979 人。鐵山里則有 673 戶，人口 2328 人，包含兩個自然社區一鐵山社區和蘭陽社區。其行政區域劃分也以此最初平埔四庄——烏牛欄、大瑪璘、阿里史及崁頂社為基礎。日本政府於大正年代實施改土歸流，以警察統制與保甲制度取代臨舊規，番社改名民庄，土官制改為保甲制度。並重新劃分部落範圍，烏牛欄與大瑪璘合編為埔里廳第十五保，亦即愛蘭里，阿里史與崁頂社合編為十六保，為今日的鐵山里。

1960 年代由於農業勞動人口過剩，這些被擠壓的勞動力紛紛往埔里市鎮遷移，且特別集中在埔里市鎮邊緣的聚落（王志忠，1990 年，頁 5～11）。位居鐵山路東北側的蘭陽社區，乃是仁愛、信義鄉原住民及埔里遍遠地區住民，為就業就學之便所組成的新聚落（部份住於埔里基督教醫院附近的大瑪璘庄，即梅村社區）。在日治時期屬第十五保（今愛蘭里範圍），當時仍是荒埔一片，爾後隨著鐵山大路的拓寬與行政革新，才被劃為鐵山里。蘭陽社區目前尚無正式或非正式的社區組織，但在當地人的語彙中，大部份時候「鐵山社區」是指阿里史和崁頂舊聚落，而特別稱鐵山里新聚落為蘭陽社區，意指蘭陽街一帶。

（三）生計產業

從衛惠林（1981）的調查中可知，自清康熙乾隆年間，平埔族群與漢人往來日漸頻繁，入墾埔里時已開始學習水田稻作定耕農業，但當時只能利用

〔註 7〕　資料來源：田野訪查所得。

秋冬開墾河邊易氾濫的溪底田，直到日治後期溪底田才漸成定耕田，國民政府來台後，經丈量又登記變為私田（衛惠林，1981 年，頁 109～110），此時期以水稻與甘蔗為主。此外，早在日治時代，當時的埔里出張所酒工廠（埔里酒廠前身），為了釀製出好酒，一直探勘製酒水源，發現鐵山里內供應當地居民當日常生活飲用的地下湧泉，可釀製出好酒。當時如獲至寶的埔里出張所，將這口泉水封為「天下第一美泉」，並以一天四角錢的工資，請挑夫將水挑到現今中山路的酒廠，作為釀造清酒之用（陳惠民，2006 年，頁 13）。

　　時至 1970 年代，由於筊白筍（亦稱「水筍」）的品種改良與栽種技術的成熟，再加上政府有意的輔導轉作措施，使得筊白筍漸漸取代了水稻與甘蔗而成為主要農作物。由於埔里盆地的地理與氣候條件正好符合筊白筍的產業特性，據統計其面積最多達 1000 公頃，年產量約五千萬公斤（王志忠，1990年，頁 5～5）。又由於引水系統的發達，大量引用愛蘭台地四周河床之地下水脈豐沛，加上南北又臨眉溪與南港溪，其廣大的河灘腹地，無怪乎埔里的筊白筍栽種面積與產量約佔全國七、八成，為國內重要的筊白筍出產地。此外，依據鄭芳玉（2006）的研究調查指出，愛蘭台地民間筍販的每年收購量，都能與鎮農會之共同產銷班的收購量匹敵，可見愛蘭台地附近之筊白筍的驚人產量。

二、南投縣巴宰族群文化協會

　　成立於 1998 年的台灣巴宰族群文化協會，是最早以巴宰為名的協會，當時由苗栗鯉魚潭、台中大社、以及埔里愛蘭、大湳、牛眠等地至少派指派一名巴宰後裔代表，因此協會主要成員多半是基督徒，主席由大社教會潘萬益長老擔任，總幹事則由賴貫一牧師擔任。並於 1999 年 1 月 2 日在埔里愛蘭國小第一次舉辦牽田、走鏢活動，聚集苗栗、神岡大社、埔里愛蘭以及牛眠、大湳的部份噶哈巫族人參與，翌日更以該協會名義舉辦第一屆聯合聖餐禮拜（林修澈，2007 年，頁 74～75）。

　　隨後，各地巴宰／噶哈巫族人亦成立各自代表的協會（表 1-1）。〔註 8〕其中，除了埔里眉溪四庄的噶哈巫運動主要透過文教協會推動，其成員多數

〔註 8〕 日本學者伊能嘉矩在 1897 年進行全島蕃人調查，提出全台平埔蕃的分類與修正中，僅見 Pazzehe（巴宰），而無 kaxabu（噶哈巫），卻在今日埔里地區引起了族群分類與名稱的爭議。因此本文會以「巴宰／噶哈巫」來指稱傳統族群分類下的「泛巴宰族運動」。

信奉民間宗教以及部份牛眠教會信徒之外，其他協會幾乎都是透過長老教會系統動員（同上引，頁 73）。筆者主要研究的對象——南投縣巴宰族群文化協會（以下簡稱巴宰協會），亦是在這樣宗教色彩鮮明的背景下成立，其組織人事也都是由埔里愛蘭基督長老教會的牧師、執事長老以及教友遴選產生的。

表 1-1：各地區巴宰／噶哈巫社團成立一覽表［註9］

成立日期	協　會　名　稱	會　　址	首任理事長／總幹事
1998	台灣巴宰族群文化協會	不詳	潘萬益／賴貫一
2000	台灣打里摺文化協會	埔里　謝緯營地	劉益昌／賴貫一
2000	台灣原住民族學院促進會	埔里　謝緯營地	賴貫一
200.5.1	南投縣　噶哈巫文教協會	埔里　守城份	潘首燦／黃美英
2003.6	南投縣　巴宰族群文化協會	埔里　愛蘭教會	潘文輝／潘英寬
2003.8.14	苗栗縣　巴宰族群文化協會	三義　鯉魚潭	潘大和

　　自成立以來，巴宰協會對外一方面連結各地平埔族群與教會力量，向原住民委員會提出正名的訴求，另一方面連結苗栗、台中與埔里愛蘭巴宰族裔，提倡族群意識，舉辦「牽田走鏢」的過年儀式。對內則持續母語研習班，並與打里摺文化協會賴貫一牧師共同合作編輯母語教材，另外還招募教會教友，成立巴宰舞蹈團隊，常不定期赴外表演宣傳，這些都是筆者研究中參與觀察的場域。

三、鐵山社區發展協會

　　愛蘭台地的社區營造始於 1997 年，地方文史工作者推動的「大瑪璘史前遺址搶救」以及「大家來寫村史計劃」，為台地注入新的文化想像。九二一地震後，中華民國都市改革組織及新故鄉文教基金會在此地推動「湧泉洗衣池文化地景改善計劃」，［註10］由於此三處洗衣池皆位於鐵山社區境內，用戶多為鐵山里民及部份愛蘭里民，因此使得鐵山社區發展協會逐漸活絡起來，也

〔註 9〕　資源來源：林修澈，《巴宰族民族誌調查》，台北：行政院原住民委員會委託研究計畫，2007 年。

〔註10〕　其計劃過程請參閱陳惠民，〈記憶、生活與場所營造：埔里鎮烏牛欄台地湧泉洗衣池文化地景設計案〉，刊於《景觀論壇——永續景觀論文集》，新竹：中華大學景觀建築學系暨研究所，2006 年。

是最早搭上社區營造列車的組織。

2006 年鐵山社區發展協會改組後，由王萬峰擔任理事長，王理事長早期在外經營事業，並沒有涉入社區相關事務。直至九二一地震前後，由於洗衣池營造案，與外來協力者有所接觸，加上先前豐富的工作經驗，很快接收到社區營造相關的新觀念，在接任後，也積極展開各項社區文化營造。所以大致上來說，愛蘭台地上雖然有兩個里辦公室，三個社區發展協會——愛蘭區、梅村社區、鐵山社區。但除了鐵山社區發展協會外，其他兩個社區發展協會仍處於半停滯狀態，里辦公室也多延續了傳統地方治理，重視硬體建設的呈現，以及基本衛生環境的推動，這幾個組織對於台灣社區總體營造風潮，並沒有太大的回應。

但由於發展協會的新人事改組，理事長手下較無人力可動員，加上愛蘭台地的鄉村性格，庄廟在地方仍扮演相當重要的角色。鐵山舊庄境內的西鎮堂，早期原是崁頂舊社劉姓人家所私奉的神壇，於 1973 年遷建至今鐵山社區活動中心。因此一直以來，鐵山舊庄的公共事務與宗教活動都是緊密相連的（前任理事長亦是西鎮堂委員之一），現任里長的人脈基礎也仰賴西鎮堂的支持。

第四節　研究方法與限制

一、研究方法

（一）參與場域

筆者除了進行愛蘭台地基礎資料的訪查外，主要以南投縣巴宰族群文化會與鐵山社區發展協會為主要研究場域，進行參與觀察，加以深度訪談輔佐。雖然這兩個組織是不同層級的人民團體，其成立宗旨及運作方式也不盡相似，但是他們所從事的社區營造與族群復振，很大一部份皆是訴求「愛蘭台地」這個地方作為號召及動員的基礎：如鐵山社區發展協會雖然推動各項空間規劃改善及文化活動，雖不免以鐵山舊庄為主，但協會進行的許多文化活動，如兒童探索營，皆會串連台地上各種人文、產業、宗教景點，強調大家應該一起打造這艘船，為社區的未來共同打拚。而位居埔里的巴宰／噶哈巫系統，也是以愛蘭台地做為巴宰族裔的代表，〔註 11〕巴宰協會在文化

〔註11〕雖然從史料可知，大瑪璘社於原居地是為樸仔籬社群（即噶哈巫），但由於地

論述上也會強調遷居台地三個巴宰聚落的連結，更於 2000 年也曾在鐵山社區辦過短期巴宰母語班，卻因成效不彰而停辦，之後主要活動才縮限於愛蘭教會內。

　　此外，筆者 2007 年進行田野調查的同時，「船山嬉遊記」一案更促使這兩個組織有了新的合作契機，也使得平時習而不察的社群界線，卻在認同政治的操作下，成為不易跨越、橫亙在兩方行動者的價值意識。筆者在巴宰協會與鐵山協會各別推動文化復振的場域中，理解他們社群動員的基礎，以及該協會開展的社會網絡有哪些，再以此計畫是作為一個關鍵的對照場域，了解他們所界定的「文化」是什麼？有包含哪些項目？又為何是這些的文化定義？本研究希望以新的問題意識，看待舊的社會現象，企圖在他們雙方互動間，能以有別於一般的研究視角看待當代的認同政治與地方社群。

　　不論是社區或族群的認同屬性，不必然是相互衝突的，但是卻由於愛蘭台地特殊的社群文化脈絡，反而使得社區／族群這兩種現代性認同，呈現出迴異的面向。透過本研究爬梳，發現這兩種認同運動其實是受到不同的認同論述與國家文化政策在影響著，也就是第二章會談到的「範疇化認同」（categorical identification）。總言之，本研究方法就是將這兩個協會並置分析，探討其運動策略與社群基礎之間的關係。

（二）文獻蒐集

　　愛蘭台地四社──烏牛欄社、阿里史社、大瑪璘社及崁頂社，在原居地以及遷移埔里過程的社群互動關係，是本研究文獻資料的關鍵。筆者除了從翁佳音（1992）、張健志（1991、2003）、洪麗完（1995、2003）、程士毅（2003）、邱正略（1992）、施添福（1995）、簡史朗（2002、2008）等學者對岸裡社群發展史及清代台灣中部平埔族大遷徒的歷史詮釋。日治時期學者如伊能嘉矩、芝原太次郎、移川子之藏在埔里都做過基礎的田野訪查，則提供當時第一手埔里盆地族群分布的現況描述。鍾幼蘭於 1995 年出版的碩士論文《族群、歷史與意義──以大社巴宰族裔的個案研究為例》則是最近的巴宰社群的第一手田野資料，其對族群邊界的論證提供筆者許多研究的視角。

緣關係，在愛蘭台地的巴宰三社被劃歸為同一系統。現被認為是噶哈巫系統，位居眉溪四庄的牛眠山則是岸裡社、阿里史社及少數洪安雅人及巴布薩人所組合的聚落，反倒無樸仔籬社群。請參見附錄。

　　此外，衛惠林《埔里巴宰七社志》本研究最主要的背景資料來源，該書是民國 60～70 年代愛蘭台地及眉溪聚落群所作的田野調查資料，其層面涵蓋生態環境、人口變遷、親族結構、部落組織、經濟制度、宗教儀禮及近三十年的巴宰社會文化變遷，是目前關於巴宰社群或愛蘭台地最全面性的基礎調查。而地方文史學者如賴貫一（1999、2006、2008）、黃美英（2005、2008）、潘大和（1998）所著相關族群復振或社區營造的紀錄和具體研究，是本論文能再進一步探討其認同現象與歷程的重要基石。

　　上述這些研究，有助筆者描繪出不同階段的社群歷史與認同圖象，在不同歷史情境下的地域發展、國家政策、政治經濟在在都影響著筆者在田野場域中觀察到的各種社群互動現象。

二、研究範圍與限制

　　筆者進行田野的時間從 2007 年 7 月至 2008 年 12 月。除了持續參與巴宰協會母語班、牽田走鏢等相關活動及部份愛蘭教會活動外，並於 2008 年 1 月至 12 月擔任鐵山社區發展協會秘書，處理相關庶務文書以及協助社區關懷照顧據點推動。雖然愛蘭教會及西鎮堂的宗教界線是本研究的重點，但僅就宗教界線如何支配認同運動「政治層面」的生成，並未深入探討宗教內涵與族群意識相互形塑的關係，是本論文力有未逮之處。

　　另外，由於筆者研究旨趣主要在於認同運動的行動策略，許多的分析材料都來自主事者——也就是地方菁英對該運動的詮釋。但不論是社區營造或是族群復振，除了這些地方菁英，仍有許多非核心的居民參與，以及沒有參與的居民，他們對其所從事的認同運動自然不同於主事者，而主事者所欲操作的象徵符號也未必能完全被其他參與者所理解或接收。易言之，現代性認同運動受到許多面向的影響，從主流論述——文化政策——地方菁英——常民，這一組串的關係受到各種複雜的社會文化、人群結構與論述基礎相互滲透與作用，是一種非同步且不定向的傳播過程。

　　然而，筆者也並不認為地方菁英與其他常民是兩個截然二分的範疇，所謂的菁英仍是該社群的一份子，認同運動中的象徵文化也非完全由人為操弄或虛構的，它仍必須源於社群內部的價值意識（在本研究中主要是宗教信仰所組構的人際網絡），才有辦法進行我們所看到的「動員」。況且，在本研究中的諸多地方菁英，也並非同質，其中仍有濃厚的角力意味。因此，為了論述結構的清晰，筆者僅能在部份細節提及「常民」對此運動的理解，十分片

段又瑣碎，實是本論文缺憾之處，值得後繼研究者就「主流論述──文化政策──地方菁英──常民」所隱含的操作──再詮釋的權力關係，持續精進剖析。

第三，在田野中各種紛雜交錯的語境、論述和行動，究竟何者能夠指向本研究所要探討的「認同」？學術的分析語彙中，是否能夠精確地捕捉到當地人的「認同」？除了「認同」此傳統概念或是本研究提出的「認同歷程」（identification）外，是不是能夠用當地的語彙（native term）談當地的文化認同現象？這是一個很有趣的問題，也是人類學認同研究中，會持續不斷論證的議題。

三、章節安排

本論文定位爲認同論述與地方實踐的交叉分析，所謂的認同論述包含國族主義與多元主義交錯影響下的文化政策與主流論述，地方實踐則包含地方歷史所生成的社群界線，以及其所促發的行動。並從兩方面來檢視社區營造與族群復振主事者的行動策略──「我群的建構」與「他者的想像」，進而論證本論文主旨：改變和過程的地方概念，地方從未「完成」，而總是處於流變（in the making）之中。

首先第一章以兩則田野事件「巴宰牽田走鏢過新年」及「大聖文化節」，說明族群復振和社區總體營造這兩個文化認同運動都同樣訴諸「愛蘭」這個地方，做爲號召與動員的基礎，然而它卻猶如兩齣完全不同的戲，由不同的人導演著：鐵山社區主導著愛蘭台地社區總體營造的議題，愛蘭教會成員則主導著埔里地區巴宰族群論述。在這之中。兩者對於族群、文化正統性與宗教差異的扞格隱隱若現，也促使本論文開展出社群、地方性（locality）與認同運動三者的探討。

第二章除了簡短回顧認同研究，說明本質論與建構論的不足，無法對當代認同提出清晰嚴謹的架構之外，主要以 Frederick Cooper 所談之「認同歷程」（identification）概念做爲主要理論基礎，說明區辨「實踐範疇」與「分析範疇」這兩種概念的重要性，並以範疇化／認同歷程、社會處境／自我認識、同質性／連結性／群體性這三組概念，理解巴宰及船山群體性的構成內涵。

在第三章中論證愛蘭台地社群界線的生成與演變，主要源自於 1870 年代，烏牛欄社（今愛蘭里範圍）改宗基督信仰，因西方傳教引進教育、醫療

資源，使得該社在愛蘭台地及水沙連地區，具有一定的影響力。但時至 1970 年代由於行政革新並更加建制化後，當愛蘭教會逐漸褪去傳統地方領導的角色，而原為私壇位於鐵山舊庄的西鎮堂，也因黑狗精傳說以及主事者的作為而凝聚舊庄向心力，建成公廟而成為地方信仰中心。而這也是為何今日愛蘭教會主導著巴宰族群復振，而鐵山社區發展協會依靠西鎮堂，召喚社區共同體的原因所在。

　　第四章則從另一則田野事件「巴宰過中秋」說起，強調由於「他者的想像」，形成族群復振運動對「真實性」的追求，以及社區營造運動擅於「拼貼」（collage）文化元素——這是兩方行動者認知差異的主要原因。在社區營造方面，由於它必須建構地緣性社區，其中就必須容納各種不同組織、不同價值體系的衝撞，也因此所呈現出來的「整體」常常是各種權力協商的結果。這樣的本位公平主義表現在文化上，就是極富「創意」的拼貼性格。另一方面，筆者採用謝世忠的「原住民真理性」概念作為解釋，說明平埔運動者強調「平埔」族群和其他臺灣南島語族都是臺灣原住民，而文化權是做為「主人」所應享有的一切權利與權力。所以，對鐵山的社區營造來說，巴宰族、中秋節與九二一大地震都是屬於地方經驗的範疇，但這樣的「拼貼」卻是族群復振運動所忌諱的。這種對文化詮釋權的競逐在在都彰顯出地方並無單一、固著的文化表徵——地方是關係性的，文化也從來不是任何事物（thing），而是持續鬥爭的社會關係（Mitchell 2000：163）。

　　第五章試圖指出，社區營造與族群復振的主事者運用空間、儀式及論述，劃定我群的範疇，開展特定文化內涵的想像，並企圖將之客體化（objectification），以強化認同運動的動員基礎。例如，愛蘭教會除了尋求泛原住民的政治結盟外，透過教會組織串連每年的牽田走鏢儀式，卻已招示出異教（徒）的排除，鐵山與噶哈巫之爭皆源於此。其次，筆者以空間的競逐、社區營造與庄頭廟，以及大聖文化節，說明鐵山行動者欲從空間表徵彰顯我群時，卻有著極為閃爍的縫隙在流動著，這種「縫隙」的概念也說明了地方社群的本質。

　　最後，第六章除了總結前五章的論述外，更進一步提出當代人類學研究認同現象時的迷思，並對學術研究者面臨的兩難、限制以及本位識清，進行反省與思考。

第二章　認同歷程的研究

第一節　當代認同的研究危機

　　依照 Frederick Cooper 的說法，「認同」（identity）這個概念最早其實源自佛洛依德的精神分析論，後來被其他心理學領域（如象徵互動論）、語言社會學、宗教社會學、政治學所援引修正。而真正被廣泛討論則是在 1960 年代美國社會科學與公共論述中。當時由於黑人運動的興起，促使社會及學界開始思考個人認同與公共文化之間的關係（Cooper 2005：60～62）。時至今日，在全球化的影響下，疆界的消逝、時空的壓縮、同質化與異質化的對抗、全球與地方的對峙，也使得世界各地的人們更關注文化、族群、認同的問題（謝繼昌，2003 年，頁 139）；彷彿各種社會領域，如性別、種族、宗教、地域、國族、移民等新社會運動彷彿都不能不談「認同」。那麼，學術界要如何應對這「無處不認同」的現象？關於「認同」，我們應該要用什麼樣的分析語言，才能精確地了解它？我們說夠了嗎？還是我們說太多了？

　　而人類學界對於認同研究，多關注於族群關係上。現今族群認同理論主要有兩大支派，「原生論或根基論」（primordialism）以及「工具論或情境論」（circumstantialism），前者主張族群的形成源於與生俱來的情感狀態，具有不言而喻的強制性，Geertz 即指出，一個人生長在一個群體中，他所得到的一些既定資賦（givens），像共同的親族連繫、宗教信仰或語言，使得個人與群體中的也成員由一種根基性的聯繫（primordialties）凝聚在一起（王明珂，2001 年，頁 37）。而工具論則主張族群是一利益群體（interestgroups），

族群會因不同的社會情境、利益而有所差異，他們認為族群的特質或認同只是群體利益合理化的機制，同時也是可以被操縱和利用的資源，如 Abner Cohen 就將族群視為一政治、社會或經濟現象，以政治與經濟資源的競爭與分配，來解釋族群的形成、維持與變遷（同上引，頁 38）。以下為此兩大理論之比較：

表 2-1：族群認同理論〈根基論〉〈工具論〉比較 (註 1)

	根基論（primordialism）	工具論（circumstantialism）
問題意識	族群如果是一種主觀認同，那麼主觀的族群認同是如何產生的？	
主　張	族群認同主要來自於根基性的情感連繫，其來自於親屬傳承而得的「既定資賦」，且是主觀認定的既定資賦。	將族群視為——政治、社會或經濟，是人們為了資源競爭將人群分類的工具。強調族群認同的多重性，和隨情勢變化的特質。
	說明族群內部分子間的聯繫與傳承	強調族群認同的維持與變遷
代表人物	Edward Shils、Clifford Geertz、Harold P. Isaacs 與 Charles Keyes	Leo A. Despres、Gunnar Haaland、Abner Cohen

這兩者都能解釋當代族群的特定現象，但仍有所偏頗，Fredrik Barth（1969）則提出邊界（boundary）理論，以修正、結合這兩派理論。他主張族群形成的核心因素，在於族群的邊界，而不是邊界所圍繞其內的文化、語言或血統等社會文化特質。也就是說，族群邊界是在互動的社會關係中產生，而不是一群人孤立演化的結果，且這種邊界不一定指的是地理邊界，而主要是社會邊界。Barth 的族群邊界理論能較全面性地解釋大區域內，各種分立的族群主張與現象，如王明珂（2003）在《羌在漢藏之間》一書中，就以「邊界」為核心概念，從歷史記憶的論述以及族群互動中對彼此的主觀認知，說明漢、藏與西南氏羌系民族「邊緣」的形成過程，提出一個超乎「歷史實體論」與「近代建構論」的新詮釋。

此外，許多人類學及社會學學者都提出對認同概念的疑慮與闡述，並試圖另闢蹊徑（Hall 1996; Grossberg 1996; Melluci 1995; Tilly 1996; Calhoun 1994; Jenkins 1996）。筆者認為 Barth 的邊界理論雖然指引了本論文探討現象問題的方向，然而由於本研究的社會尺度過小，並不足以論證所謂的「族群

〔註 1〕 資料來源：整理自王明珂，《人類學族群理論》，刊於王明珂編著《華夏邊緣：歷史記憶與族群認同》，台北：允晨，2001 年，頁 23～40。

邊界」，不適用該理論；但是另一位歷史人類學者 Frederick Cooper（2005）的一篇文章對認同概念作了清楚的整理以及有力的提問，幫助筆者釐清論述的架構。他認為人類學者如 Levi Strauss 就曾指出「『認同』是我們解釋某些現象的關鍵核心，但是它並沒有一個實存的本質。」（cooper 2005：66）因此 Cooper 指出當代認同研究的困境：「當代『認同』一詞不是指涉過多意義，就是過少意義，也正由於這種雙重曖昧性，它反而什麼都沒說到。」（ibid.：59）這段話主要針對當代認同論述的兩大派別——本質論（essentialism）與建構論（constructivism）的批判而來。〔註 2〕也就是本質論太過強硬（hard）——指涉太多，與建構論過於鬆散（soft）——指涉太少的認同概念，在學術研究上是很不精確的詞語，雙雙阻礙我們對社會現象的理解（請見下一節詳述）。

　　Cooper 在該文中，除了整理認同研究的源流及演變，也回應學界對當代認同概念使用泛濫危機的疑慮，進一步指出其危機核心及在於研究者無法區辨分析範疇（category of analysis）與實踐範疇（category of practice），最後提出替代性的分析概念——詞同歷程（identification），試圖為今日糾纏不清的認同現象與論述解套。筆者認為本篇文章雖並非直接回應人類學最關注的族群認同議題，但對於認同概念具有開創性的意義與見解，或許能夠幫助人類學研究用新的理論觀點，設定新的問題意識，看待舊的現象。

一、建構論與本質論的矛盾

　　Cooper 歸納出當代認同研究的五大取向，整理如下表。其中第二、三項較傾向本質論的看法；第四、五項則是建構論觀點，是較為鬆散軟性的概念，而他們之間的爭論點，就在於本質論認為認同是可以被挖掘，是人類社會中恒常的本質，則建構論主張認同是流動與多元。

〔註 2〕　謝繼昌在〈文化、族群與認同——族群意識與文化認同〉一文中，談到「認同理論包含了族群認同，前者比後者的範圍要大得多。」（謝繼昌，2003 年，頁 139）該文刊於《平埔族群與台灣社會大型研討會論文集》，台北：中央研究院民族學研究所，頁 139～152。

表 2-2：當代認同研究的五大取向與比較 〔註3〕

基　本　論　點		爭　論	背後的預設與矛盾
	是相對於利益（interest），另一種可做爲社會政治行動的基礎。		
本質論	認同是特殊的集體現象。可以讓成員分享某些共同的價值意識、社會位置或團體行動。	強調可跨越個人與時空同質（fundamental sameness）	1. 認同是所有人或團體應該有或想要有的。 2. 認同是某些人或團體沒有意識到，但是擁有的。因此認同是可以被發掘的，也可能被錯置的。 3. 團體的邊界是固定、清楚、內部是高度同質的。
	認同是一種個人或集體做爲社會存有者（social being），深層而恒常的處境。因此主張認同可以被培養、發掘及保存的。		
建構論	使集體行動成爲可能，是社會政治行動的意外產物。	駁斥同質性的看法，主張認同是流動、多元、建構的觀點。	1. 主張認同是多元、反覆無常、流動、碎化、偶發的、協商的結果。Cooper 認爲這類「老套（cliched）的建構論」主要只是表達特定立場，而非對「認同」賦予解釋與意義。 2. 極端情境論駁斥任何固著的認同特性，然而我們可辨認出有些日常的認同行動是具有恒常性，如果連這最核心的特性都駁斥的話，哪何必使用「認同」此概念？ 3. 無法理論法：其「認同」概念太過溺化，以及於無法成爲有效的理論工具。
	多元、競爭論述下的產物，是情境脈絡式。		

　　Cooper 認爲，本質論或建構論兩者不僅差異頗大，而且是互相衝突的。當本質論普遍被認爲無法對複雜現象具有全觀解釋時，建構論所持的論點卻也陷入了自我矛盾中，他談到：

> 如果認同是變動的，那麼我們如何了解人類自我認識過程中，據以強化、凝結和具體化的方式是什麼？如果認同只是概念的虛構（contructed），那麼我們要如何理解某些具實質強制性的結構力量是什麼（如國族）？如果認同是多元的，那我們要如何理解當今眾多政治運動，藉認同動員，建立壟斷且排外團體的企圖呢？（ibid.：59）

正因爲如此，問題的徵結不在於你持哪個論點，反而可能是「認同」這個分

〔註 3〕 資料來源：F. Cooper (2005), Identity. In Colonialism in Question: Theory, Knowledge, History. Frederick Cooper ed. Pp.59~90. Berkeley: University of California Press。

析概念適不適當？其本身就是有待商榷的。

二、實踐範疇與分析範疇的混淆

　　Cooper 指出，「認同」同時做為實踐範疇與分析範疇的兩難，是今日認同概念超載的主因。〔註4〕實踐範疇（category of practice）乃是 Cooper 修正自 Bourdieu 的「在地／民間／世俗範疇」（categories of native／folk／lay）的說法，指的是一般社會行動者從日常生活經驗中，所發展或部署的範疇，Cooper 藉此對比於學術研究者所使用的抽象概念的分析範疇（category of analysis）。

　　進一步地說，社會行動者在日常生活中，常常使用認同等相關概念，為了使自身及其行動有意義；它也會被政治行動者用以趨動群眾了解他們自己的權益與危機，進而讓這個群體是可供區辨的（identical）。不論是個人生活或認同政治場域，「認同」現象都遍及這些實踐範疇。

　　儘管上述這些現象都是真實而重要的，但它不一定要成為學術上的分析範疇。因此，不論是本質論或建構論，他們之所以陷在認同迷叢而無法自拔，就在於這兩種範疇的混淆。Cooper 以民族國家（nation）為例，一百五十年來民族國家是一個廣泛被應用的範疇，各種訴求與宣稱（如民族自決）在民族之名下，不斷被建構與組創，至今已是政治學科的核心。然而，他強調，在國族主義的實踐中，其實從來就沒有一個與生俱來的範疇，它往往是將民族這個概念具體化（reifying）為一種真實存在的社群，再進一步使之成為國族主義的理論核心。恩尼思・格爾納（Ernest Gellner）在他的《國家與國家民族主義》（Nations and Nationalism）一書中清楚地指出「是國家民族主義產生了國家，而不是前者因後者而生」。易言之，國家民族主義的存在必須透過各種敘事將歷史國族化、直線化、單一化、本質化、目標化（teleologicalize）與象徵化（賦予某些人、事、物國家意涵），方能延續國家這個「想像的社群」完整、統一與國民一體的假象（林文淇，1997 年，頁 182）。因此 Cooper 主張我

〔註 4〕　筆者認為，研究者與被研究者常常都在使用著類似的詞彙與概念，如種族、民族、族群、公民權、民主、階級、社群或傳統，必須加以小心區別。比如，在現代民主社會中，公民權利被視為重新界定國家和個人之間關係的主張，有其「應然」的層面，與西方平等權利、個人平等的觀念，以及歐洲資本主義的興起密不可分。然而當地人基於不同的政治歷史脈絡，也有另一套理解與實踐「公民」的文化邏輯，何謂「公民」「權利」便不斷在實踐範疇與分析範疇間相互穿透與交融。

們應該要研究的是國族論述（nation-talk）、認同論述（identity-talk）或族群論述（ethnicity-talk），而不是指出其實體所在。

再以本研究為例，如果以本質論觀點來解釋，可能會認為由於愛蘭教會保存了許多巴宰族儀式與語言，因此形塑了他們的巴宰認同，而其他不會說巴宰語、不參與儀式的人，也漸漸地流失了他們的族群認同。如果以建構論觀點來解釋，可能會認為不論是愛蘭教會的巴宰文化復振，或是鐵山社區所倡導的船山共同體，這都是當代全球化競爭下，地方為了獲取發展資源或能見度的工具手段，族群／社區認同僅是此集體行動的意外產物。然而筆者認為這兩者都有所偏頗，我們不見得要如本質論者，必須指出其族群或社區認同的具體內容是什麼？但即使如建構論所說，這些實踐範疇並沒有固有的本質，也不表示它徹頭徹尾都是虛假的（fiction）。總言之，我們要探究的反而是：什麼樣的社會過程，讓這些原本想像的認同（putative identity）具體化成相互競爭且有力的真實呢？〔註5〕

第二節　研究取徑：認同歷程

第一節已談到「認同」此概念無法承載這麼多的意義與指涉，Cooper 認為有必要以替代性的分析概念來走出這樣的困局，因此他提出另三組研究概念：認同歷程／範疇化、自我認識／社會處境，以及同質性／連結性／群體性，他認為這可以避免原有「認同」一詞太過含糊或彼此矛盾的窠臼。其中每一組概念中，都是兩兩對應，相對的主客觀關係。以下簡要介紹這幾組概念，並加以修正，做為本論文主要的理論取徑。

一、認同歷程與範疇化

認同歷程（identification）是什麼？為何它是優於本質論或建構論的分析概念？或許我們可以做這樣的理解：如果認同（identity）是某種可以描述的特質，那麼認同歷程則是表達「想要成為某種狀態」的過程。認同不是定著、靜態的，認同歷程則是動態的朝向（orientation）過程。而這也才能解決建構

〔註 5〕然而 Cooper 指出，認同政治場域中，研究者常常同時也是行動者常常會造成這樣的緊張關係：一方面其所建構式的論述往往倚仗「學術的政治正確性」，另一方面為了讓認同行動有效果，往往又不自覺透露出本質論（ssentialist）的傾向（Cooper 2005：62）。

論爲了要擺脫本質論受到的攻詰，卻又陷入另一個矛盾的困局：建構論者宣稱認同是流動而多元的，這樣的分析其實無助我們對現象的了解，而且也是相互矛盾的——認同既然是某種可被指認的特質，那麼它怎麼可能又是變動的？Cooper 在文中詳述：

> 如果認同是變動的，那麼我們如何了解人類自我認識過程中，據以強化、凝結和具體化的方式是什麼？如果認同只是概念的虛構（contructed），那麼我們要如何理解某些具實質強制性的結構力量是什麼（如國族）？如果認同是多元的，那我們要如何理解當今眾多政治運動，藉認同動員，建立壟斷且排外團體的企圖呢？（Cooper 2004：59）

Cooper 主張，要了解認同歷程，必須先區辨社會關係（relation）和範疇模式（category）的差異。社會關係是個人與個人在社會網絡中的相對位置，如親屬、朋友、主顧或師生關係。而範疇模式意指，某一種特定社會分類中的成員，共享某些象徵標誌，如種族、階級、語言、國族、公民、性別或性取向。由此我們可以想到一個例子：1960 年代美國非裔美國人雖然有極爲相似的社會位置，可能都是同屬勞動階級，而當時黑人運動（Black Power movement）也是以階級認同做爲動員基礎，但所倡導的非洲價值，不見得被所有的非裔美國人所接受或理解。

　　也如本研究中，一方面，國家或主流認同論述對社區及族群有一套規範性的認定，如族群必須使用相同的語言，擁有自己特殊的文化儀式等，而社區營造文化政策下，往往傾向以傳統行政區域做爲社區的單位，強調地緣社群的團結，這即是範疇化認同。然而另一方面，行動者雖皆世居於愛蘭台地上，擁有同樣的地緣、血緣或歷史記憶者（即「社會關係」），卻由於不同的社群網絡經驗，不見得對族群（巴宰）與社區（船山）這兩大範疇化認同有相同的認知與實踐。因此，我們必須了解，社會關係是範疇化認同的必要條件，〔註6〕但不是充份條件。也就是說，範疇化認同的形成除了相同的社會關係外，還需要其他條件補充，如社會連結方式及歸屬感（待下述）。

　　值得一提的是，Cooper 表示，還有所謂的自我認同歷程（self-identification）和外部認同歷程（external identification）的區別。其中有一種力量，使

〔註6〕 Craig Calhoun 認爲在當代情境中，這種範疇的認同歷程（categorical identification）比關係模式更具影響力（ibid.：71）。

得後者可能單獨存在，而不需前者的主觀性認同，那也就是國家靠著一種強有力的威權組織，透過形式化、法典化對其國民進行收編。因此，就如上一節所述，當我們談論分析這些認同政治現象時，是絕對無法忽略國族論述的影響。其實外部認同歷程與範疇化認同很類似，但是它不僅來自於國家建制、法律架構、主流論述，也可能來自日常生活中習而不察的刻板印象。如「男子氣概」的界定，很多時候它是來自於文化習性中對男性的社會期待，認為男性不應當輕易流露情緒或軟弱、要學會擔當、壓抑等特質。而男性也會受到這種社會期待或刻板印象的影響，而將這種男子氣概做為自我認同的一種方式。因此，雖然自我認同歷程往往發生在與他者對話的交會中，但這兩者不必然是直接交會的，外部認同歷程的路徑則十分多變、無孔不入的。

二、自我認識與社會處境

　　Cooper 用自我認識（self-understanding）及社會處境（social location）的概念，強調這兩者的相因相乘，類似 Bourdieu 的實踐概念中的「處境化主體」（situated subjectivity）。〔註7〕本質論主張認同是可跨越時空及個人的「同質性」，但 Cooper 所提的自我認識則會因不同社會條件，呈現多樣的面貌。但這麼說也並非就是建構論的「變動」，而更像是多角的結晶體，其特質是有跡可循的，主要端看主體所在的社會處境，以及主體對之詮釋，反映出的自我理解是什麼。進一步地說，它是一個主客觀相互建構與解構的過程，Cooper 認為這可以解決工具性與機械論的兩難，即非結構決定個人，也非個人完全的利益考量（ibid.：73）。

　　以本研究為例，巴宰協會與鐵山協會的成員有的是愛蘭國小的家長會會員，有的同是笈白筍產銷合作社的班員；有的是分屬不同運動休閒團體，有的是分屬不同農會系統……許多「同」與「異」交錯而成的「社會關係」，在不同的網絡裡，他們對彼此或自己的詮釋和認知自然不同。但在族群復振與

〔註 7〕 處境化主體（situated subjectivity）延伸自 Bourdieu 的實踐意識（practical sense）。「實踐」是 Bourdieu 對西方科學偏頗客觀或主觀主義的批評後，提出的重要核心概念，意指個體意識到「自己是誰」、「所處的社會位置」後，以及基於這兩者所做出的社會行動。強調個人在接受客觀結構所賦予的行為價值的同時，又透過主觀的選擇來再生產結構，這是一種動態、互為主客觀的生產（production）與再生產（reproduction）的過程，請參閱 Pierre Bourdieu (1990), The Logic of Practice, trans. Richard Nice. Cambridge: Polity Press。

社區營造的場域中，他們對自我認識就來自於宗教信仰，以及族群與社區的範疇模式，而形塑不同的他者想像（即使很大成份，他們對話的他者同是「國家」，但包括國家本身都因為在不同處境的理解下而有不同的形象）。

此外，不可忽略的，還有與自我認識十分相關的概念——自我認同歷程（self-identitfication）和自我再現（self-representation），〔註 8〕他們都和某種特定論述有所連結。也就是說，這種自我認識不是靜態的，如同上一段所提的，它必須放在認同歷程（identicfication）的動態過程下檢視，行動者透過再現機制（如下一節所談的客體化與本質化），對族群／社區、巴宰／船山的範疇內涵會進行來來回回的檢證與再詮釋，如圖 2-1，每一個節點都會牽一髮而動全身。

圖 2-1：理論取徑圖

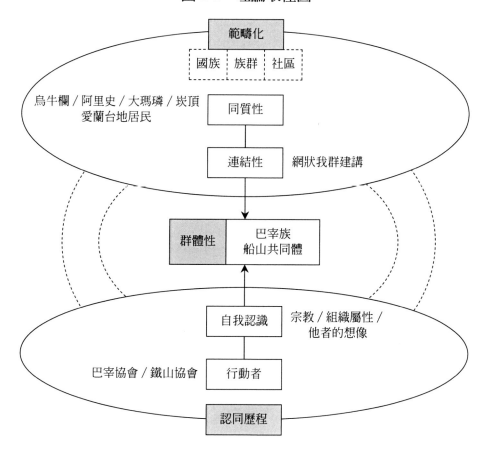

三、同質性、連結性與群體性

Cooper 還論及，爲何主流研究認同中，對自我有如此兩極的差異——就像本質論太過強硬（hard）與建構論過於鬆散（soft）的認同概念，還有一個原因在於，他們沒處理到同質性（commonality）與群體性（groupness）之間連結方式（connectness）的問題（ibid.：75）。由此，我們可以做此理解：本質論忽略了必須具備有效的社會連結，相同社會關係的人群才可能形成彼此認同的群體；而建構論者可能太輕估了社群共享同質與歸屬感所能集結的情感力量。

於是，Cooper 修正自 Charles Tilly 的支持系統（catness）和網絡性（netness）改以同質性／連結性概念取代。同質性指的是成員共享的特質，如共同階級、性別、地區或宗教等。而連結性則是將實際的社會人際的連結互動，如工會組織、宗親會、鄰里系統、教會或廟宇委員會等；除此之外，這種連結也可能是源於想像的，如 Benedict Anderson（1999）所說的國族（nation-state）作爲「想像的共同體」的力量。接續上一段所述，同質性和連接性也正是把「社會關係」及「範疇模式」交互連接起來的方式。

此外 Cooper 還加入 Max Weber 的歸屬感概念（a feeling of belonging together），這種歸屬感除了源於社群的同質性（commonality）與有效的社會連結（connectness）外，還跟特殊事件、具說服力的公共敘事，以及主流的論述架構有關（ibid.：74）。這一組社會行動所串連而成的就是群體性，筆者認爲這種群體性可以視爲範疇化（客觀）與認同歷程（主觀）最有效的交融結果（請見圖 2-1）。

因此本研究中，巴宰族群與船山社區的社會連結除了實際可見的社會互動外，如教會、廟委員會及信眾、社區發展協會等；巴宰族群復振還必須依靠許多歷史族群論述，建構巴宰一體的認同感，船山社區必須訴諸地緣生活圈的共同想像。而宗教信仰背後的歷史經驗與價值體系是造成兩邊主事者，擁有各自不同歸屬感的主因。

四、小結

總結上述，如圖 2-1 所示，巴宰或船山認同運動是在主客觀交互影響下的產物，即範疇化與認同歷程。認同歷程所牽涉的是行動者如何進行自我認識，在本研究中，巴宰協會及鐵山社區發展協會是依宗教、組織屬性以及他

者的想像，所界定的自我。而這樣的自我認識同時也受到如國族、族群、社區這類主流論述的範疇化認同所影響。於是，在客觀條件下，雖然本研究中的行動者擁有共同的地緣關係及社群歷史記憶（同是愛蘭台地居民，也同是平埔族群），〔註 9〕但必須視當代認同場域中的連結方式，這種社會連結主要依據運動主事者作為基督徒／民間信仰的成員，所圍繞的網絡價值而成，並運用空間、儀式及論述等其他建構方式（請見第五章），所形成的網狀的我群範疇。

　　我們可以將之放在圖 2-1 中兩兩相對的概念下理解，如範疇化／認同歷程、行動者／自我認識與同質性／連結性，都是為了構成巴宰及船山的群體性——如前述，認同歷程強調的是「想要成為某種狀態」的過程。另一方面，我們必須回到之前所說的：「什麼樣的社會過程，讓這些原本想像的認同（putative identity）具體化成相互競爭且有力的真實呢？」也就是說，這種「想要成為某種狀態」，還有一個不可或缺的動力，即「具體化」的過程。在當代情境中，認同並不只存在在意識中，它必須要被展現，Stuart Hall 就曾指出這種認同建構幾乎與再現實踐幾乎是同時進行的動作：

> 認同並不像我們所認為的那樣顯而易見或毫無疑問。或許我們可以先不要把認同看作是已經完成的，然後由新的文化實踐予以再現的事實，而是應該把認同視作一種「生產」，它永不完結，永遠處在過程中，而且總是在此過程中的內部，而非外部，構成了再現。（轉引自吳信宏，2007 年，頁 2）

用 Hall 的話來理解，就是說，認同並不是一個既定的事實，再現也非只是將之原原本本呈現。而是，這種再現是透過將想像的文化內涵具體化、客體化後，它會反過來在文化主體或行動者意識的「內部」產生質變，並來來回回進行生產與再生產的動作，而筆者認為這種自我再現有兩大動因，即客體化（objectification）與本質化（essentialization）。

〔註 9〕　本研究並不主張日據時期所進行的熟蕃分類，必然對應到今日的族群認同。也就是崁頂社人不見得認同自己就是道卡斯族，大瑪璘、阿里史、烏牛欄也不見得就必定認同自己是巴宰／噶哈巫族。反而是著重他們共同的遷移開墾記憶所形成的社群關係。筆者將在第三章詳述愛蘭台地族群圖像的變遷。

第三節　自我的再現：本質化與客體化

再現（representation）的探討遍及哲學、語言學、史學、人類學與傳播學，此概念多是圍繞在連結實在（reality）與意義（meaning）兩層面符號系統的辯證而生。本文則主要鎖定在八〇年代中期後殖民思潮的興起，當代認同政治的再現現象。

第二次世界大戰結束後，世界各地殖民母國的離去，各地民族獨立運動及民族國家的興起，第三世界國家進入了一個「自治」的新紀元，也標示出後殖民時代的到來。學界雖對「後殖民」定義有諸多爭論，〔註10〕但普遍來說，後殖民具有兩種意義：一個是時間上的斷代，意指殖民統治時期的結束；另一個則是對殖民主義的批判以及去殖民路徑的思索（張瑋琦，1998 年，頁13）。然而，江宜樺（1999）同時也指出，後殖民的狀況並不全然是解放自主的狀況，而是交織著殖民勢力以文化霸權維繫其利益，以及被殖民者羨嫉交加仰視殖民母國的複雜情境。也因此，衍申自後殖民論述的文化霸權、新帝國主義、差異認同等爭論至今方興未艾。

繼兩位先驅 Mhohandas Gandhi（1869～1948）、Frantz Fanon（1925～1961）之後，Said 薩依德以《東方主義》一書引領八〇年代後的後殖民思潮，他以 Gramsci 的文化霸權論及 Foucault 的「知道／權力論」為論述基礎，指出西方世界如何藉著科學研究之名，偏差地凝視東方。書中批判東方學者藉由權力與話語來掌控、再現東方，這其中涉及了知識再生產之霸權架構、殖民與被殖民者、西方與東方之不對等權力關係及主奴式的霸權體系等。

也因此，在他考察帝國統治與文學想像的一系列著作中，再現（representation）是非常重大的文化議題。他認為西方透過權力論述，將東方再現為非理性、孱弱、女性化的「他者」，其實也顯露出西方自我界定為「優越、理性、強悍」的企圖。〔註11〕基本上 Said 對「再現」的關注，也表現出他對本質主義的批判：

〔註10〕請參閱張京媛，《後殖民理論與文化認同》，台北：麥田出版，1995 年。簡瑛瑛等，《當代文化論述：認同、差異、主體性：從女性主義到後殖民文化想像》，台北：立緒，1995 年。

〔註11〕面對這種帝國霸權的再現企圖，Said 提出理論旅行（traveling theory）和知識份子觀，期許以一種不斷飄移、流亡的局外人態度來對抗霸權再現。請參閱其《文化與帝國主義》（culture and imperialism）、《知識分子論》（representations of the intellectual）等著作。

> 我相信，在一個文化之內廣被流傳的文化論述與交流，並不是「真
> 理」，而是再現。……所有的再現首先是深植于再現者的語言，其次
> 更受所處的文化、社會制度、和政治氣氛影響。……（並且也）跟
> 『真實』之外的很多因素交織在一起的，而『真實』本身也是再現
> 的一部分。（Said 1999：396）

接續 Said，Arif Dirlik 認為，隨著亞洲社會以全球資本主義參與者的身份出
現，歐美這種東方主義的認知和方法在二十世紀已經成為了東方「自我形象
的構成」。Dirlik 批判「中國性」、「日本性」和「亞洲性」這些概念是為了凸
顯自身的異質文化（特別是異於西方），而進行自我本質化（self-essentailiza-
ion），其實是種「自我東方化」（self-orientalism）的表現。這往往也是透過確
立民族主義敘事的合法性權威地位，以文化同質化和物化（或客體化）的方
式，而成為壓制國內差異的內部霸權，即一種「內部殖民」。簡言之，這種自
我東方化鼓舞了一種民族主義文化，主張在全球化語境中的多元性與獨特
性，作為現代化力量的意識形態。（Dirlik 1999：95；張興成，2002 年，頁
68；邱貴芬，2003 年，頁 10～15）。用 Dirlik 的話來說：

> 這種激進的文化民族主義在理論上排斥一切本質主義，實踐中卻將
> 民族文化本質化，這也表明第三世界主義拋棄了從前的民族解放目
> 標，把民族文化加以新法西斯主義的具體化；不再為資本主義對世
> 界的建構提供別樣選擇，反而在全球範圍內將資本主義合法化，並
> 復活了法西斯主義。（轉引自張興成，2002 年，頁 70）

Drilik 對「自我東方化」的反省，就在提醒我們，批判東方主義不能將責任一
勞永逸地拋向「西方」，對後殖民民族主義中「自我東方化」的批判就是對東
方主義更徹底的批判。如果我們回頭檢視台灣文化民族主義框架下的各類地
方運動時，都要小心：是否也包裹著特殊主義，事實上卻是複製西方霸權的
普遍主義？

> ……（以本土文化做為認同根源的）這種本土主義式的回應看似對
> 帝國主義的抗拒，其實在無意識中又複製了帝國所設定的「東／
> 西」、「殖民／被殖民」等二分法，在其國度內複製人的隔離——
> 「統治／被統治」、「知識菁英／下層人民」等區隔。所以說，第三
> 世界國家在政治去殖民的獨立運動之後，繼而展開的文化本土化以
> 結合民族主義，卻是延續西方學術權威所創造的「東方／西方」的

二分，因而再生產了帝國主義的政治經濟利益。（林群桓，2003年，頁 38）

而且在這種國族主義操作下的地方多元文化運動，有著顯而易見的危險性——資源競爭下所導致的社會對立，張茂桂對這點表現出深刻的憂慮：

> 我們對於多元文化的認知很大一部份是基於我們的資源競爭跟政治對立，還有社會分裂而來。**資源競爭、社會衝突、社會對立就會形成我們對文化與文化間的「本質」與「實體」觀，也就是讓多元文化行動者，在策略上不斷對自己以及者，進行某種文化特殊性、不可化約性的反覆敘述與建構，目的在資源競爭以及衝突中，取得某種力量，在資源競爭中獲得比較多的考慮。**（李雪菱，2004 年，頁103）（黑色粗體字為筆者自行加註強調）

> 這在各種社會運動，不管是勞工、女性、原住民，其他族群運動中，你都可以注意到，在運動與社會衝突的調解中，**本質化這是很重要的一個策略運用，但是本質化有一刀兩面，一方面強調集體特殊性，才能集體壯大，一方面卻也建立起「刻板印象」，疏忽了個體性的自主發展與特殊性；有時候成為被壓迫性的來源。**這樣一個對多元文化的本質分類的認知與策略運用，帶來新的問題，就是忽略了文化的來源其實是複雜的、不單純的，文化的形成過程中，就有很多的所謂外來因素，也不純粹都是本土或說有最終的價值，而是這些最終價值以及特殊性，都是經過歷史過程，不斷受到人為建構與變動的。他們之所以被認為具有了特殊性存在，是一個相對於時空，相對於他者的關係。（同上引，頁 104～105）（黑色粗體字為筆者自行加註強調）

總結來說，在本論文所研究的族群復振與社區營造，本質化與客體化都是自我再現的一種重要的實踐操作。而這種操作的動機來源就如本章第二節所述，它可能是來自當代已然成形的範疇化認同，也可能來自行動者所處的社會文化脈絡所建構的「自我認識」，在各種主客觀交互影響下，促使這些地方認同運動的形成。而主事者所運用的種本質化與客體化的操作，不單只是社會個人的主張，更可見其全球潮流（後殖民論述）的動態批判過程，以及台灣本地國族主義與多元主義交雜的矛盾與危險，這些都是本論文所要提出的思考與反省。

第三章　宗教與地理界線的交疊

聚落是人類對空間所賦予的意義，其具體的表徵在於道路交通刻劃
而成的人文生態。另方面，歷史是人類對時間所賦予的意義，其具
體的表徵在於人類活動貫串而成的事件……，而人存在特定時空的
意義也常只是以象徵性的符號書寫著，我們常常不解其義，卻又視
之理所當然。(潘英海，1994 年，頁 90)

第一節　歷史中的社群關係

一、岸裡社的崛起

今日有關平埔族的文獻紀錄始於十七世紀荷蘭據台，歷史學家普遍認
為，當時中部地區的原住民聚落群由一個名叫 Quata Ong（大肚王）的頭目所
統領，其範圍在今大肚溪與大甲溪之間的台中海岸平原、台中盆地，甚至擴
及八卦山台地，其影響地區包含今日水裡、沙轆、牛罵等社（後被歸為 Papora
拍瀑拉族），烏牛欄、朴仔籬等社（後來被歸為 Pazehhe 巴宰族），阿束、貓
霧涑等社（後被歸為 Babuza 巴布薩族），南投、北投、貓羅等社（後被歸為
Hoanya 洪安雅族）（中村孝志，1994 年，頁 123）。〔註 1〕

〔註 1〕　1：雖然至今仍無明確文獻指出，該時期中部原住民聚落間的實質關係，但歷
史學家普遍推測，這些平埔族群仍以「社」為基本的生存單位，擁有自己的
生產方式、人群組織、宗教習俗等，偶有跨聚落的社群聯盟關係，但是否為
穩定性的政治組織仍無定論（鍾幼蘭，1995 年，頁 67）。此外，翁佳音（1992
年，頁 171～166）認為這些部落與荷蘭的政治關係十分疏離，多限於賦稅關
係，雖於 1645 年因反抗失敗，大肚王與其他部落代表南下到台南參加地方會

1699 年（康熙 38 年）吞霄社事件〔註2〕促成 Quata Ong 轄下的岸裡社〔註3〕從一個小番社的姿態，初次登上歷史的舞臺，直接與清廷接觸，開啓與官方合作的大門（鍾幼蘭，1995 年，頁 68）。1715 年（康熙 54 年），岸裡社、〔註4〕阿里史社、朴仔籬社、烏牛欄社、掃棟社等五年社正式「歸附」清朝，〔註5〕此五社也被視爲巴宰族群的早期規模。康熙末年至雍正初年間，岸裡社再度因協助清廷征平朱一貴之亂、水沙連社之亂、大甲西社事件等，而更受重用，清廷藉以賜土維繫岸裡社的效忠，使得其領域不斷擴張。直至 1732 年（雍正 10 年）之後，岸裡社群已渡過大甲溪至豐原、神岡一帶定居（翁佳音，1992 年，頁 162），〔註6〕漸漸串連其他聚落組成新的跨部落組織，取代以 Quata Ong 爲首的社群聯盟，史稱「岸裡社群」，也成爲台灣清代中部最活躍的原住民族群。

二、入埔前的社群關係

雖然在 1715 年歸附清廷，無法確定社群間的關係究竟是友社同盟，亦或有從屬關係（鍾幼蘭，1995 年，頁 71），但可以肯定這種只認同部落、獨立性強的社群傳統，其實正好給予清廷分化統治的機會（洪麗完，2003 年，頁 126）。其中發生在 1731、1732 年（雍正 9、10 年）的大甲西社事件，更

議，臣屬東印度公司，但大致上來說仍是處於半獨立狀態，荷蘭當局或是漢人力量，無法恣意進出這個地區。1682 年又因明鄭王朝屯墾就地取糧的措施，Quata ong 地區群起反抗，發生數次衝突，致使本身勢力嚴重挫退。

〔註2〕「吞霄社事件」事件起於大甲溪北方的吞霄社土官卓个卓霧亞生（Tok-tobu Aseng），因不滿漢人通事征派無度，從而率眾反抗。清廷派遣官兵，並調動南部西拉雅族前往征討，最後皆無效。只好派人誘使岸裡社番，自山後包抄，始得平亂（鍾幼蘭，1995 年，頁 68）。

〔註3〕岸裡社之名也在吞霄社事件中，初次出現在文獻上，據古文書的考證，吞霄社事件時，岸裡社指的是原居於大甲溪北岸的「麻薯舊社」或「舊社」，即前述之 aboan Balis。康熙末年移居至大甲溪南岸後，才改稱岸裡社。但翁佳音認爲應於雍正 10 年大甲西社事件以後才移居，請見〈被遺忘的台灣原住民史——Quata（大肚番王）初考〉，《台灣風物》第 42 卷第 4 期，頁 144～188。

〔註4〕即岸裡大社，亦稱岸裡九社。學者對於是哪九社有不同的看法。本文採用黃叔璥所著《番俗六考》的說法，有岸裡東、西、南三社、葫蘆墩、西勢尾、蔴裡蘭、蔴薯、翁仔、峽仔等九社。另再加上阿里史、朴仔籬、掃棟、烏牛欄等十三社，被認爲是巴宰族聚落的早期規模。

〔註5〕《諸羅縣志》記載：「岸裡社土官阿穆率掃流、烏牛欄、阿里史、朴仔籬等社歸化，年納鹿皮五十張，折徵銀十二兩。」（《諸羅縣志》，卷六〈賦役志〉）

〔註6〕關於岸裡社拓墾此地的糾紛，請詳閱翁佳音（1992）。

重組了早期岸裡社群互動關係，也是影響日後巴宰族群歷史發展的關鍵因素，它使得阿里史社為爭奪領導權，與岸裡社群愈形愈遠，入埔後則與道卡族混居。

　　大甲西社事件戰場原起於今台中縣市沿大肚山兩側一帶，〔註7〕後北擴至大安溪，南至濁水溪都成為戰場。〔註8〕最後大甲西、牛罵、沙轆三社幾遭到勦滅，清廷又派後壠社及岸裡社追殺逃亡者，搜捕各社殘餘勢力。清廷除了賞予鹽、布、土地外，更將參與「判亂」的朴仔籬社、阿里史社交由岸裡社代管：「岸裡社與阿里史社原各有通事各管各務，現有界碑確據；嗣因張達京為通事，將阿里史社一併帶管，敦為土目，亦隨辦理。」〔註9〕從此張達京一躍成為巴宰族群總通事，岸裡社土官敦仔也成為官方認定的「總土官」，阿里史社、朴仔籬社交付岸裡社代管，此後岸裡社即透過清廷的政治權力，建立對其他社群的行政管轄權。

　　由於文獻的缺乏，無法得知遷至愛蘭台地的烏牛欄社、樸仔籬社（大瑪璘社）、阿里史社及至道卡斯崁頂社在這期間的互動關係。但至少在 1766 年（乾隆 31 年），岸裡社群聯盟主要是行政／財政關係為主導，而社群間仍有親疏遠近之分。如岸裡九社與烏牛欄社、葫蘆墩社在 1775～1781 年間是為聯合會計，經費由岸裡社群共同支理，而樸仔籬社和阿里史社兩社群則為獨立會計，但仍提供員庄公租為總通事公費（張隆志，1991 年，頁 138～139）。

　　這樣的行政關係也成為後來社群關係的遠因：烏牛欄社原居於在豐原市豐田里一帶，與岸裡社關係較親密，在一連串巴宰族內外戰役中，社地數度淪為拉鋸戰戰場而不曾單獨出現過（程士毅，2003 年，頁 99）；樸仔籬社群包含社寮角社（今石岡鄉萬興村）、山頂社（今新社鄉中正村）、水底寮社（今新社鄉東興村）、大湳社（今新社鄉大南村）、大瑪璘社（今東勢鎮興盛

〔註7〕　「大甲西社事件」是清代最大規模的平埔族群抗爭，主要導火線起於清廷同
　　　　知張弘章為起蓋衙署，派令勞役，征伐無度，官吏又縱容衙役騷擾部落婦女，
　　　　部落憤而反抗。但究其遠因，實因當時福建南部已開始仰賴台灣的出口稻米，
　　　　甚至地方官員建議將他們的土地獵場分給漢人移民開墾，平埔族群備受土地
　　　　剝奪的壓力而群起反抗（程士毅，2003 年，頁 101～103）。

〔註8〕　據《宮中檔雍正朝》統計，參與抗爭部落至少有「北路作歹頑番共計一十四
　　　　社」，即沙轆、牛罵、南大肚、水裡、貓盂、雙寮、房裡、宛裡、吞宵、阿束、
　　　　柴坑仔、大甲西社等。

〔註9〕　岸裡社文書，國立臺灣大學圖書館藏，分類編號 G91-144，登錄號 1-1131，
　　　　共有契約文書1091張，31冊帳簿、租簿與官方文書。

里），即俗稱「樸仔籬五社」，原居於今石岡、新社鄉等大甲溪沿岸，由於地緣上鄰近泰雅族北勢群與南勢群，在官方眼中，樸仔籬社乃是「兇番之戚屬」，與內山生番有攻守同盟的關係，而與岸裡大社反而較疏遠（鄭怡婷，2009 年，頁 33）。

　　阿里史社原本可能居住於今台中市北屯區一帶，後來因為漢人勢力的擴張或其他因素，很早就遷到了潭子鄉中心一帶，後來再東遷聚興村。這個社群與岸裡社的關係比較疏遠，且乾隆 40 年到嘉慶年間，歷經與岸裡社爭奪總通事、社租的主導權失敗，以及 1782 年（乾隆 46 年）遭漢人圍庄燒殺擄掠，到了嘉慶初年不得不避居卓蘭，甚至在潘賢文領導下，與其他幾個中台灣社群移墾宜蘭平原，後來因為與吳沙開墾勢力競爭失敗，部分族人又回到故居隱姓埋名，甚至遷居埔里。推估，也就是在這輾轉遷徙的過程中，阿里史社漸漸與道卡斯社混居，以致在日後烏牛欄社帶領巴宰族入信基督教的過程中，也看不到阿里史社人的參與，埔里烏牛欄台地上的聚落名稱，也由「阿里史」演變為道卡斯地名的「鐵砧山」（程士毅，2003 年，頁 98）。

三、平埔族群移墾埔里與地域社會的形成

　　十九世紀中期台灣各地的平埔族群紛紛遷徙，〔註 10〕其中規模最大、人數也最多的應是 1823 年（道光 3 年）持續至 1850 年代的西部五大平埔族群集體開墾埔里，參與的族群依現代分類，分別為：Pazeh（巴宰族）、Hoanya（洪安雅族）、Taokas（道卡斯族）、Papora（拍瀑拉族）、Babuza（巴布薩族）。此次集體遷徙具有十分特殊的歷史意義，因為它是由平埔族群扮演主要的拓墾角色，而非漢人；且其規模之大與組織之嚴密，他們以「社」為單位，組成跨族群的開墾團隊，並且以「社」的名義參與鬮分墾成的土地，此現象更是在台灣開發史上所罕見的例子（鍾幼蘭，1998 年，頁 108、116）。

　　因此要了解近代中部內山的發展，此次集體拓墾是一重要轉捩點。歷年來學界已累積十分豐盛的研究成果，〔註 11〕探究其遷移原因，眾說紛云，本

〔註 10〕 學界一般認為較具規模而顯著者有四：一為嘉慶年間北路彰化、淡水地方平埔族移住噶瑪蘭。二為道光年間北路嘉義、彰化、淡水等地平埔族遷徙埔里社。三為道光年間噶蘭平埔族南遷至臺東、花蓮。四為道光年間南路臺灣、鳳山平埔族移居臺東與恒春（劉枝萬，1958 年，頁 29）。

〔註 11〕 關於平埔族遷徙埔里的相關研究請見劉枝萬，〈南投沿革志開發篇稿〉，頁 28

文認為可歸納主客觀原因有三：第一，西部人口壓力日增、部落原有領域流失，傳統勢力分化，迫使部份的平埔族群另尋生存，是重要推力；第二，清廷政策下的「屯兵制」促使漢人及平埔族群有機會接近當時仍為內山封禁的埔里盆地；最後，作為導火線的近因則是 1815 年（嘉慶 20 年）發生漢人侵墾戮殺埔裏社的「郭百年事件」，此事件使得平埔族群取得開發的主導權，成為埔里盆地的新主人。

程士毅針對巴宰系統入埔的成因有以下看法：

> 當時原本是以緊鄰埔里盆地的南北投社為開發先鋒，因為這兩社無論武力或是與政府官員的關係都不足以獨當一面，因此邀請與官方關係良好的岸裡大社加入，並先以阿里史社、後以朴仔籬社群的武力為後盾進行開發。再加上設立「番屯」之後，西部平原各社由於屯地相近（大本營在今台中縣新社鄉），加上戴潮春事件的推波助瀾，促使平埔五大族群共同開發埔里的行動。（程士毅，2003 年，頁 116）

於是五大平埔社群遷徙後，於盆地各自分散形成聚落（請見附錄），大致可分為兩大聚落群：一是以洪雅族北投社為主的枇杷城聚落群，開墾的地區在於盆地東南緣南港溪上源分岐河道密佈之地，灌溉方便。一是以巴宰族之烏牛欄社、阿里史社為主的烏牛欄台地聚落群，位於盆地西緣眉溪與南港溪匯流處之台地上，開墾之地即在於台地兩緣之河流沖積地一帶。此兩聚落群儼然形成平埔族在埔里的兩大勢力（邱正略，1992 年，頁 178）。

四、烏牛欄台地四聚落

一般記載皆稱烏牛欄台地為巴宰族三聚落所構成，但是依據衛惠林於 1981 年出版《巴宰七社志》記載，位於台地西南側，緊鄰阿里史有另一社地「崁頂社」，即今日鐵山一、二、三巷。據幾份主要入埔史料記載，[註12] 此地又被稱作日北社、鐵砧山社或雙寮社（劉枝萬，1951 年，頁 88；鍾幼蘭，

~96。邱正略，〈清代台灣中部平埔族遷移埔里拓墾之研究〉，東海大學歷史研究所碩士論文，1992 年，頁 164～167。鍾幼蘭，〈平埔族群與埔里盆地的開發〉，頁 97～140。洪麗完，〈從部落認同到『平埔』我群──台灣中部平埔族群之歷史變遷（1700～1900）〉，台灣大學歷史研究所博士論文，2003 年，頁 199～254。

〔註12〕依光緒 9 年實際情形繪製的分墾蛤美蘭鬮分名次總簿附圖，該地又被稱為鐵砧山社。

1998 年，頁 130），因此平埔入埔後，應於烏牛欄台地形成四聚落，而非僅巴宰三社。

不論「崁頂社」為何者，可以確知的是「崁頂社」必是今被分類為道卡斯族的崩山社群。〔註 13〕崩山社群在西部的原居地位於岸裡社群北面，參與過大甲西社事件，也同樣是大肚王轄下的跨部落聯盟的成員。最早入埔的崩山社群成員即是日北社，它與阿里史社、烏牛欄社皆出現在道光 3 年的鬮分土地名單上。但直至道光 25 年刊分八股洋埔地時，其他崩山社群才正式入埔，參與者包括日北社、吞霄社、雙寮社、房裏社、日南社、大甲東西社。

然而，為何從道光 3 年起，日北社即參與阿里史大份的土地鬮分？洪麗完認為乃是因為日北舊社位在今苑裡鎮內，十八世紀漢人大量移入後，日北社往東邊近山地帶遷徙，地緣上接近麻薯舊社鯉魚潭地帶，與岸裡社群彼此的互動應不困難，其地域因素是日北與岸裡社群組成一大份的主要依據（洪麗完，2003 年，頁 223）。〔註 14〕

因此，雖然從邵族泛稱遷入埔里的平埔族群為「ralusai」，以及幾份早期的合約都有阿里史社參與看來，這個社群不但與邵族關係密切，至少在早期遷入埔里的平埔族群各社之中，阿里史社也佔有重要地位（程士毅，2003 年，頁 99）。〔註 15〕但是，歷經領導權爭奪與幾番遷徙後，阿里史社勢力大不

〔註 13〕 關於崩山社群的演變由來，請參閱洪麗完，〈從部落認同到「平埔」我群——台灣中部平埔族群之歷史變遷（1700～1900）〉，台灣大學歷史學研究所博士論文，2003 年，頁 138～143。

〔註 14〕 洪麗完（2003）從自然村社、血緣部落、清制行政單位、餉稅、地緣及屯屬關係，對平埔族群入埔的人群組成有詳盡的論析。而當時阿里史大份還包含岸裡（岸西社）、阿里史、樸仔籬、西勢尾、烏牛欄，這四股不僅是具有血緣的社群網絡，也是清代以來岸裡大社轄下的行政社群。日治時期他們均被劃為巴宰族；在屯制上，他們分別被劃入阿里史小屯與麻薯大屯中。地緣上，這些社群都在大甲溪南北台中盆地一帶活動，故劃為一大份是可理解的。

〔註 15〕 《平埔巴宰滄桑史》作者潘大和有另一說法，他認為，入埔時是由道卡斯族冒名頂替阿里史社，以下摘錄部分原文：「乾隆 49 年（1784），本族後壠溪流域之大部土地差不多開墾完竣後，（據先人傳述）唆使後龍社（與吞霄社同為道卡斯族）通事李瓚英報昔日一箭之仇：與本族通事潘明慈互爭業主，致使清廷有藉口於乾隆 55 年（1790）設屯時，將該處已墾田園（田面大租歸屯充餉），而未墾地則充入養贍埔地，使本族從此失去該處之土地。再者，於道光 3 年（1823）中部十四社移民埔里時，再令道卡斯族冒名頂替本族阿里史社。此事遲至光緒 19 年（1893）本族末代通事潘永安及先祖等數人，方揭穿此騙局。」（潘大和，1998 年，頁 245）

如前，入埔時已與崩山社群比鄰而居，最後位居台地的社地還被道卡斯「鐵砧山」取代，演變至今的「鐵山里」，「阿里史」也逐漸僅成為耆老口中的歷史記憶。

第二節　改　宗

一、入埔前的宗教信仰

宗教教化是清廷進行理番政策中的一環，為了教會番眾，不但要求社番要分別五倫，學習禮儀，薙髮打辮、遵守體制，並且還要建立廟祀以安神祖、媽祖、聖帝君、文昌帝君、土地公等，伴隨著統治政權的滲入，漢人宗教也漸漸為平埔社群所接受。《台灣基督長老教會史》曾記載：

> 雍正 12 年（1734）張達京與潘敦仔到福建為皇帝祝壽，張達京建議潘敦在岸裡社蓋媽祖廟。返鄉之後，潘敦遣 12 名社丁赴湄州迎回媽祖神像，並在社口以其子士萬、士興之名取名，興建蓋萬興宮，後張達京又組織「媽祖廟」，結合地方政要。（趙令級，2003 年，頁75）

平埔族群雖然從清代已受漢人信仰的影響（部份也接觸到基督教），但根據入埔後的過年祭儀和巫術的遺存，最早期應該是原始宗教與漢人信仰並存。由於文獻的缺乏，我們無法確知在此時期，同為岸裡地域的烏牛欄、阿里史社受漢人宗教影響有多深。但可以確知的是，烏牛欄社在原居地即與大社共同祭拜湄州媽祖，〔註 16〕平埔五大族入埔之際，樸仔籬系統更帶著包府王爺、洪府王爺神像從祖居進入埔里，阿里史社與鄰近道卡斯族，則興建「天雷宮」，祭拜齊天大聖（賴貫一，1999 年，頁 19）。

〔註16〕根據耆老的口述歷史，除了媽祖外，烏牛欄社應該也與樸仔籬社信仰相近，以下摘自潘榮章口述：「那時教堂閣樓還放有一頂抬神明的神轎，也有一小點的輦轎，我們一些頑皮的小孩就順著兩根木樑偷偷爬上去，還把轎子抬出來玩，模仿拜拜的人來取樂。我們曾問牧師為何有神明轎？他說那是以前的傳道人外出坐的民轎，並非神明轎，但我現在想想那樣子不像是給人坐的，應是神轎沒錯。後來才知道以前我們這裡的人也都是拜包公、太子爺、帝君等等神明，據說祖先在大社時也拜媽祖，曾有大社巴宰青年遠赴湄洲請回媽祖神像回來奉祀，以保祐耕作。我們這裡到了教會設立以後，老一輩人說就把包公的神像賣給紅瓦厝的人，也有人說是送他們奉祀，確實如何沒有記載。」（林琮盛，1999 年，頁 136）

二、改宗基督教的原因與過程

1872 年以烏牛欄社帶領基督改宗，爲埔里內山帶來醫療、教育等資源，深深影響地方發展，另一方面，宗教信仰的改變，也關鍵性地影響入埔後的巴宰族群內部，以及與其他平埔社群的互動。

（一）過程

十七世紀初，荷蘭人即在台南新港社（新市）爲中心點，向附近平地原住民傳教，並設立教會與學校，但在鄭成功時期遭受迫害而沒落。直至 1865 年英國馬雅各醫生於打狗（高雄）登陸後，以醫療傳道，台灣才又興起第二波的基督信仰。這一波的傳道主要以福佬系漢人爲主體，並大量吸收會說福佬話的平埔族信徒，進而影響高山原住民，引發部落社會的重大變革。

關於巴宰族改宗的過程，各部落的傳說稍有歧異，不過一般說法是：

> 潘開山（武干）從豐原（葫蘆墩）附近，原名叫十八靈魂的地方，攜眷移往愛蘭（烏牛欄）居住，以經營農業爲主。主後 1871 年的某一天，也上山打獵，不幸被槍頭撞傷，傷勢嚴重！醫治無效，而想到外求醫。路經大社，住宿在總通事潘阿恩處，經他介紹前往台南府城，請英國馬雅各醫生診治，病癒得救。在治療中喜得道理，返回愛蘭從事傳福音的工作，向村民及親友宣傳福音，並擴及牛眠、守城份、大湳、白葉仔坑等地。1871 年，初蓋茅屋爲禮拜聚會所。到 1873 年，教士會派李麻牧師到愛蘭，首建第一間禮拜堂。信徒日增，竟使禮拜堂無法容納。同年分設大湳、牛眠等支會。（趙令級，2003 年，頁 92～93）

據愛蘭教會史記載，1873 年首次的受洗禮拜日，埔社三所教會共有信徒 450 人共同參與，並由甘爲霖牧理施洗信徒 14 名。當時南部教會禮拜出席總數約爲 3500 人，埔社的聚會人數已佔八分之一強了，足見中部平埔族宣教的成功（同上引，頁 112）。

（二）改宗原因

巴宰族群在清領時期，是最受清廷重視與教化的社番，然而爲何在接受漢文化影響一百五十年之後，會出現如此大規模的族群集體改宗基督宗教的事件？除了醫療協助成爲「福音的見證」這類常見於醫療與宗教相結合推展的原因外，台灣基督長老教會自己的解釋有以下二種：

1. 巴宰族人的集體性格

巴宰族人的集體信教不是指某某時候、某某頭目信了教，一聲令下，全族人的人一起信教，而是因為族人中有人信教，頭目或長老也認為接受基督宗教有實質上的益處，因而形成有利於基督宗教傳教的氣氛與環境。而且事實上，產生直接影響力的不是頭目、土官或長老，而是一家之主。馬雅各醫生在 1870 年 4 月的信中即寫道：「有將近五十個家族放棄了偶像而入教。當時每一家長改信以後，整個家族都欣然順從其榜樣而入信。」

2. 利害關係與仇漢情結

J. Shepherd 在分析為何噶瑪蘭人會接受基督宗教，曾提出一個見解，他認為平埔族人認為基督宗教可以作為一種意識型態來對抗強勢漢人族群的壓迫。甘為霖牧師在傳教過程的觀察也符合這一點，他認為巴宰族人由於長期受到漢人的詐騙、欺壓，當他們看到漢人對這些「紅毛番」的敬畏態度時，於是較傾向向教會洋人尋求協助，因此平埔社人也會暱稱宣教師為「紅毛親戚」（同上引，頁 78～80）。

三、紅毛親戚與日本政權

宗教不僅是心靈的洗滌，它也有世俗化、政治性的一面，這在政權更迭時更可見一斑。由於教會的科層體系與跨區域的聯結特性，教友往往能透過宣教師以及友會的聯繫，獲知更多外界的訊息。因此時當甲午戰後，台灣割日，各地的抗日行動四起，教會公報即不時談論戰況，與教會應如何自保。

當時埔里分東西角兩派勢力，東角由士紳余清源帶頭以漢人為主，組織抗日軍；西角以烏牛欄三社和眉溪四社的巴宰族聚落為主，兩方態度截然不同。前者主張力戰到底，漢賊不兩立；後者在教會支持下認為大勢已定，不應作無益之反抗，故強調與新政權合作。因此日軍一路由北而南，在進入埔里時，就招諭西角和派勢力，表示如果不反抗日軍的話，就把大門打開，做為記號（潘瓦丹，1933 年，頁 26）。

日軍入埔後，的確對於曾經參與反抗的東角村落大加屠殺，而位於西角之烏牛欄果真未動兵燹，並授以功勳。當台南府城教會報曾記載：

> （當時）埔社很亂，土匪很多來搶日本人的東西，並拆除衙門，連
> 通訊線都扯斷破壞，凡官府之物都遭破壞殆盡。到了七月十七日，
> 日本軍隊大隊抵達埔社城，土匪（指東角反叛軍）被日本兵殺死約

120 名，餘黨因敗陣而四散，逃入山區。到了 19 日、20 日，討伐隊
兵員出城焚燒 17 個村莊，數千人逃離跑入山區，沒有米糧可吃，吃
樹籽與樹葉，很多人餓死，也有人在山區遭生番殺死。

數年來之反亂，埔社堪稱平安，但這一次土匪興起擾亂，埔社人所
遭遇之困苦悽慘，說也說不完！然而教會弟兄應當大大感謝上帝，
因為在絕望當中，上帝伸手救祂的百姓。乃因日本官員深信，入耶
穌教者不會和他們為敵，圖謀國度（家）之事。因此教堂所在地之
村落，沒有人遭殺害。依筆者看來，目前這些教會呈現增長之趨
勢，當前埔社之情況便是如此。（《台南府城教會報》第 38 卷，1896
年 9 月）

至於為何烏牛欄社人會前去迎接日軍，有各種不同的說法。就族群關係而
言，可以推判漢人繼平埔人入墾埔里後，即以優勢的農業技術與商業能力對
平埔人巧取豪奪，特別與居於大埔城之漢人有競爭關係。1896 年台中縣知事
報告提到，當時烏牛欄庄平埔族人有四十戶，兩百餘人，與漢人常有扞格，
偶有訴訟，舊官亦常袒護漢人，烏牛欄庄人皆哭訴無門（林琇盛，1999 年，
頁 140～141）。〔註 17〕因此，對於日軍，就如當初對西方宗教的擁抱心態類
似，拉攏新政權力助削弱漢人勢力，並取得政經資源的優勢，這也是形成日
治以後烏牛欄台地社群在各方面均長足領先埔里街之遠因。

第三節　宗教與行政力量的交錯

一、愛蘭教會的地方領導

（一）地方基礎教育的開啟

　　烏牛欄社為首的基督教改宗，除了引進醫療資源外，也開啟了地方的基
礎教育。烏牛欄教會成立之初，即聘請地方士紳黃利用擔任「耶穌教小學校」
的首位教讀，教授漢學，因此後代皆稱黃為「先生公」。日本政府於 1897 年
（明治 30 年）成立埔里第一個教育機構「國語傳習所」，隔年進而改設為「埔

〔註 17〕 族群互動的間隙至今仍流傳於教會氛圍中，耆老們總記得長輩告誡「千萬不
　　　　 要嫁 Tapuru」。Tapuru 即巴宰語中的閩南漢人之意，也是「喜歡欺負人」的意
　　　　 思。

里公學校」（即今埔里國小的前身）。但由於當時漢人家庭對於日本人主導的新式教育並不接受，他們寧願將子女送到舊式書塾就讀，尤其漢人傳統的重男輕女觀念，更使女子就學寥寥無幾（同上引，頁 137）。日本當局為教育平埔族女子，於 1898 年即借用烏牛欄禮拜堂，設立「埔里社公學校烏牛欄分教場」，[註18] 共招收女子三十三人。

　　因為招收教學情況良好，又於 1901 年開始招收男性，這也引起了地方官員的重視，1910 年時任南投廳長的久保通猷報告書就提到：

> 自從埔里社公學校設立烏牛欄分校以來，熟番較多入學，女子尤為踴躍。由於致力於兒童教育，故今已無需教員勸募，達到學齡者，不分貴賤，不貪男女，皆能如期入學。蓋由於渠等向受漢人約束，欲恢復其地位之念甚殷，故也。至於學童成績可謂不錯，甚至凌駕漢人之上。尤其國語〔日語〕發音純正，幾乎無異於本國人，唯數學不無遜色。

> 由於基督宗教對教育的重視，使得烏牛欄早期教友不分男女多有受教育，亦有多人曾進修高等科。其中有幾位出眾之女性甚至遠到彰化、台北取得更高學歷，然後回到烏牛欄來教育子弟。另若對傳教有興趣者，男性則多赴台南神學校（今長榮中學），女性則至台南女學深造，而後有多人擔任傳道師或牧師，在教會宣揚福音。（同上引，頁 138）

這種重視教育的氣息，也反應在埔里其他地區對愛蘭教會的觀感，埔番後代，根據陳俊傑（1995）所做的紀錄，居於阿里史地的黃大鏐曾口述：「那時政府也沒設學校，教育機構都沒有，就是他們基督教最進步，最發達，組織那些學生，讓他讀書、識字。」大湳庄耆老潘順則說到：「會信基督教的小孩都比較聰明，因為以前有英國姑娘來到這裡設立學校，教授羅馬文字等，算是埔里第一間學校，那時唱歌、跳舞都有。」大湳教會牧師鄭世英，也說到醫療與教育帶來的影響：「愛蘭那邊有基督教會的醫師，再加上他們比較早接觸基督教文化，它的重點是重視教育，重視教育的結果是你獲取資源的方式就比人家多。」（陳俊傑，1995 年，頁 18、49、189）位居眉溪的噶哈巫後裔對愛蘭人的印象，也多源自於信仰基督教所帶來的政經優勢，認為他們教育

〔註18〕　此分教場 1899 年改制為烏牛欄公學校，亦即今愛蘭國小的前身。

水準較高，多從事公部門工作，「巴宰」二字（Pazeh）原意為糯米，意思是非常好命的（鄭怡婷，2009 年，頁 76～78）。

基督教的教育與文字建制，不論在地方或是教友本身，都扮演很重要的角色。經歷過日治時期的長老們，教育過程都接收「多語教育」，在國校接受學習日語，在家中與長輩則使用巴宰母語，在長老教會則有主日學課程，接受嚴格的羅馬拼音課程，學習閩南語的聖經傳道。此外，教會對於學童的品德教育也十分重視。筆者在田野訪查時，瓊玉長老就談起小時候如果學童私藏家長所給的禮拜捐獻金，比如原本應捐兩角，學童自己有時候偷拿一角去柑仔店買糖，被執事長老發現，連同家長都會被十分嚴格的誠訓，共同接受教會的督導。由此可知，教會就猶如家庭、學校教育的延伸，對教友的知識及品格教育都有深遠影響。

（二）庄社建設的帶領者

民國 58 年，衛惠林曾對愛蘭台地部落公務組織與領袖制度做過一番調查，〔註 19〕其中針對同盟部落間的會商，常會由一個公認的領導部落（buru rudel）的首長邀請同盟部落之土官，通事甲頭與番耆代表在領袖部落舉行會商，最後由各參與代表回到各自部落後依照會議決定宣佈並實行，每年祭祖與牽田走鏢大會即是很重要的聯合會商。在愛蘭台地即是以烏牛欄社為領袖部落，衛惠林認為這是由於在清代時期烏牛欄社的潘打必里曾為武舉，作了埔里屯兵的千總，當時全埔里的屯丁都在他的統率之下，使得帶領改宗基督教的烏牛欄社也成為當時埔里巴宰／噶哈巫系統的領導部落（衛惠林，1981 年，頁 105）。

直至日治及光復初期，國家行政體系尚未深植地方時，村庄公議與建設往往都需依靠村庄的仕紳頭人帶領，愛蘭教會組織化的效率以及豐富的物資外援，在當時即扮演重要的角色。此外，由南港溪與眉溪共同切割而成的愛蘭台地，由於腹地狹小，往往需藉由河流沖積而成的岸邊溪埔地耕作；且由於部份的族人居於南港溪對岸的南村里，竹管橋就成了村民耕作與生活往

〔註 19〕 其中，衛惠林（1981）曾論道，其在公務組織上有兩套平行制度，一個是部落長老會議（masimasima xakaxa karan），另一個是士官統制，前者是由部落會議中選出年長的社會賢達，人數約十至十五人，多數由家族族長擔任。後者則是由部落會議中選任的頭目，與前者的差別在於此名額要報請地方官，發給執照公認而已。基本上這幾項制度一直到日治初期都還未有重大改變。（衛惠林，1981 年，頁 103～104）

來很重要的管道，從船尾至船頭（今愛蘭橋處），至少需要三座便橋。只要大雨過後，狂瀉的河水總是會轟隆隆沖向台地崖邊，辛苦開闢的溪埔田都會淹沒殆盡，這時往往是村民最忙碌的時候，除了要重新開田外，竹管橋的搭建更是全庄的大活動，這些也多由物力豐富有效率的愛蘭教會擔任領導的角色，號召村民齊心合力募捐或出公工。今已過七旬的昭貴長老，說到以前搭橋時，仍記憶猶新：

> 那時候如果大水來，橋被流走的話，人就要涉水。我阿爸曾經就擔著兩大袋稻穗，稻仔浸到水又超重，還要這樣過，很危險啦！不過阿爸很有力氣哦！

> 所以那時就要馬上召庄裡的人做公工搭橋。有的去砍竹子，有的剖竹，有的撿石頭。竹子要剖大概一米半的寬，長度大概跟人一般高，圍成一個圓墩，大家再撿石頭丟到裡面去，放到滿，就很穩了，這就是早期的石墩。因爲一次要搭三座橋，所以需要很多人力，如果快的話，一天就能完工了。

此外，地方更流傳著「要領麵粉，就要來信基督教」話語，今日只要是四十歲以上，即使非基督徒的庄民，總是有印象在逢年過節時，會到教會參與慶祝活動，一位原居崎下大肚城的賴姓村民，就記得小時候會常跑到愛蘭教會，看耶穌故事的話劇演出，然後領到一些糖果餅乾，這是她兒時很愉快且難得的娛樂。被代稱爲「麵粉教」的基督教信仰，也是早期庄民很重要的節慶、聚會活動的來源。

二、西鎮堂的建立

早期醫藥並不發達，庄民除了自行抓草藥服用外，很多時候會到神壇祈求藥籤。西鎮堂最早僅是崁頂劉姓人家所私奉的神壇，〔註20〕但由於其藥籤很有效，求神問事的信徒日益增多，每晚神壇總是門庭若市。日治時期由於這類私壇皆被視爲迷信，而消沈了許久，日本警察只要聽聞此事就會馬上趕來取締，老一輩人都還記憶猶新，當時神像總是會被藏在枕頭下或衣櫃裡。國民政府來台後，情勢動盪，人心惶惶，加上宗教信仰解禁，因此劉姓私壇

〔註20〕　至於神像是從何請來？現廟方及多數信徒已多半不知，只知是劉姓私壇。據本研究訪查及史料（衛惠林，1981 年；林琮盛，1999 年），總結三種說法：一爲劉姓人家行經河邊，見神像竟被遺棄而撿來的；二此該劉姓人士從桃米請到自己家中供奉；三爲從解化堂（即醒靈寺前身）請來的。

又再次興盛。

時至民國五〇年代，埔里地方時常有人因不明原因生病或發瘋，而興起了黑狗精作亂的傳聞，當時年近三十的徐順榮（現西鎮堂前任主委）還記得，那時年輕人很興看文化戲的「戲尾仔」，卻也因為黑狗精作亂都不敢再上街了。當時乩童劉建明受大聖君指示，要邀請天兵天將抓拿黑狗精，於是先由庄民準備牲禮四果供奉，稱之為「賞兵」，連續供奉一個月後，並請來住在水尾，法力高強的法師潘基水，共同緝拿黑狗精。當時在現場的徐順榮回憶道：

> 運勢較低的人，就會被黑狗精附身，那時候庄裡有一個人叫潘平井就被附，被我們一群人追到走無路，乩童就拿手頭的棒子往他身上一打，才被抓到神壇前。那時候法師拿法索往他脖子纏下去，束了三下，潘平井吐出青人肉出來，就像肉角這樣。法師說，這就是被黑狗精吃掉的人。後來黑狗精的元靈後來就交給乩童去炸油鍋了。

地方對黑狗精傳說有著不同的版本，姑且不論它的真偽，居民普遍都認為那個時期是「庄頭最合團結的時候」，也就是黑狗精被制伏一事，使得全庄人更為團結。不久，民國62年西鎮堂遷至現址，即在阿里史社口上埔番望麒麟家族的宅院前門左側修建了一間兩層樓的廟宇，成為地方公廟，樓上為神殿，一樓屋前廊用作鐵山里社區活動中心（衛惠林，1981年，頁130）。此地原先是公地，原先主要用途是供庄人綁牛及取土做土角，一部份則為黃大繆（即亦望麒麟外孫）捐獻，再由庄民共同募資合力完成。

廟宇規模也大致在此時抵定，目前寺內供奉齊天大聖、三藏大法師、悟能、悟淨、白馬大將軍、神農大帝、天上聖母、玄天上帝等。雖然在遷移至現址後，香火反倒沒像在私壇興盛。[註21] 但是隨著國家行政體系的入植與愛蘭台地大量新移民的進住，當愛蘭教會逐漸退去跨部落領導的角色時，卻正值西鎮堂在公廟成立前後和行政社區革新，加上民國47年至今，這長達五十年間多數都是由鐵山里里長身兼西鎮堂主委，[註22] 鐵山舊庄宗教和政治力量的重疊，使西鎮堂與鄰里系統更為緊密互動。

〔註21〕 地方有一說，沒落的原因是由於被黑狗精附身的潘平井的兒子當了大聖君的乩童，卻不怎麼靈，連帶也影響到西鎮堂的香火。

〔註22〕 除了由劉家子孫擔任類似精神領袖的堂主外，在民國77年（1988）成立管理委員會，由信徒選出委員及主任委員，每屆任期四年，推展廟方各類法會科儀及庶務。

三、仕紳治理到鄰里政治

　　日本政府於大正年代實施改土歸流，以警察統制與保甲制度取代舊規，番社改名民庄，土官制改為保甲制度。並重新劃分部落範圍，這時烏牛欄與大瑪璘合編為埔里廳第十五保，阿里史與崁頂社合編為十六保，各設保正一人。然而保正的權威與之前的土官相去甚遠，他只聽當地駐在所的警官命令行事。保正以下有甲長十人，甲長類似現在的鄰長，只辦理戶籍徵稅與轉達政節（衛惠林，1981 年，頁 106）。

　　1950 年（民國 39 年）國民政府開始實施「地方自治」，陸續設置各級政府機關，並於前一年，將全台調整為五省轄市、十六縣，原隸屬於台中縣能高區的埔里鎮也改轄於南投縣下，〔註 23〕此外辦理縣長、鎮長、里長及各級民意代表選舉，將日本政府主導的警察政治及保甲制度，部份轉移到縣鎮級政府及鄰里治理，從此開啟台灣地方自治史新的一頁。

　　另一方面，二次大戰結束後，聯合國成立「社區組織與發展小組」，世界各國積極推展社區發展，民國 53 年行政院頒佈「民生主義現階段社會政策」，規定社區發展為七大工作要項之一，以「國民義務勞動」和「基層民生建設」做為兩大基石，其中後者即為村里建設，是地方自治最基層的一環，並將全省 6215 個村里，規劃成 4893 個社區，並組織社區理事會。自此，社區發展就以一種官民合辦的運動方式展開，這種新型態的社會組織，被視為藉以達成現代化發展的制度性安排（黃麗玲，1995 年，頁 9；陳瑞樺，1996 年，頁 20）。

　　村里制度以及社區理事會的出現，除了說明國家權力進入最底層的民間地域組織外，〔註 24〕也隱含著俗民社會的村落地域界線的維持，不再只有人

〔註 23〕國民政府接收台灣後，首先於 1945 年（民國 34 年）2 月台灣行政長官公署公佈台灣省縣政府組織規程，將前日據時代原有的五州三廳改為八縣；十一州廳市改為九省轄市二縣轄市；郡改為區；街莊改為鄉鎮；鎮鄉之下設里村。日治時期原屬能高郡埔里街的埔里盆地改隸屬台中縣能高區埔里鎮，轄管 28 里。資源來源：王志忠，《埔里盆地聚落演化的歷史考察——三個民族，五個文化，權力變動下的空間與社會》，台中：東海大學建築研究所碩士論文，1990 年，頁 5～1。

〔註 24〕學界指出「（日本）帝國晚期，國家權力似乎只能到達縣級政單位，而無法完全控制地方社會，必須仰賴地方上的士紳、耆老等菁英分子的協力……「地方」菁英顯然在帝國邊陲臺灣中，不只是國家政權的代理人或行政權力的末端，可以在公共領域掌握某些資源來建構其影響力。（鄭水萍，2009 年，頁 24）

群生活機能互賴的基礎，更多的是基於國家力量所創造出的想像及行政界線（陳瑞樺，1996 年，頁 19）。換句話說，原本以血緣、地緣為主的地方士紳治理，由於國家行政的植入與官僚科層化，而漸漸走向以鄰里單元、社區服務為「活動核心」的新地緣社會，以及黨政雙重主導下的政治社會（王志忠，1990 年，頁 5～21）。

　　十九世紀末隨著閩南、客家人以及 1960 年代高山原住民及埔里偏遠地區住民的遷入，其實早已大大改變烏牛欄台地四社的人口結構。加上此同時，愛蘭教會由於傳道牧師更換頻繁以及內部人事糾紛，正處於危機時期，對地方的影響力逐漸消弱，而愈形內聚與封閉。

四、被剖一半的船

（一）社區革新

　　戰後隨著農工業經濟的發展，國民政府經由綜合開發計畫，開始對台灣全島的空間體系作一全面的規劃，並於 1970 年代陸續完成中部區域計畫，埔里地區兩次重要的都市計畫在 1955 年（民國 44 年）和 1973 年（民國 62 年）分別實施，愛蘭台地也就在 1973～1976 年間進行關鍵性的社區革新建設（王志忠，1990 年，頁 5～13；衛惠林，1981 年，頁 136）。

　　其中，鐵山里的社區建設主要集中在民國 62～63 年，愛蘭里則晚了一年，建設項目十分廣泛而徹底，包括家屋改建或局部翻修，庭院改舖水泥及廚廁改革到街巷道路的拓寬翻修，下水道整修、環境改良以及休憩硬建設等，每一里的社區改革費用都是政府與民間以三對等分分擔，如愛蘭里里民就曾湊齊四十萬，捐款以富戶多，貧戶量力分擔，不足之數以工代款，進行庄社及家戶現代化建設（衛惠林，1981 年，頁 137）。

　　此外也隨著這些都市計畫的實施，計劃區內的土地使用分為兩大開發性質，一為公共設施用地，此類多由政府相關事業機構透過原公有地、市地重劃、區段徵收及協議價購等方式取得，作為機關、學校、市場道路及溝渠用地。第二類為一般建築用地，此類土地所有權者及民間業者依相關法令，透過自地改建、購地建屋、合建分售等方式取得（王志忠，1990 年，頁 5～17）。因此如今梅村社區（原大瑪璘社）一半以上土地皆作為暨大附中及愛蘭國小用地，加上原埔里基督教醫院的設立，以及後期大量新移民的入住，使得大瑪璘舊庄範圍日益縮減、住宅分散，目前主要以濟清宮為信仰中心，信徒多

為 1～5 鄰居民，並有少部份基督教徒。同樣位於梅村社區境內的醒靈寺，其規模早不限於台地居民，更擴及埔里境內，成為中南部知名儒道合流廟宇之一（衛惠林，1981 年，頁 141）。〔註25〕而位居鐵山路東北側，原為荒埔及茶園的地區，也大規模興建住宅區，成為今日的蘭陽社區；愛蘭社區（原烏牛欄社）雖為最密集的聚落，且巷道彎曲，在這時期也隨著開發包商的進入，興建了兩、三處的公寓大樓；相較起來，鐵山舊庄最為隱蔽於茂林與園圃之間，與社外世界隔絕，特別是今位居鐵山一、二、三巷的崁頂社至今仍保留傳統舊庄的模樣。

（二）宗教飛地與界線

在埔里地方的語彙中，愛蘭台地就像一艘船，停泊在埔里盆地的入口，從愛蘭橋方向望過去，大瑪璘庄是船頭，鐵山舊庄則為船尾，傳說船首崖邊有兩棵楓樹，就像船桅；愛蘭橋兩側的南烘溪裡有兩顆很大的「石珠」，則是綁船纜的地方，能把財富留住。這種「大船入港」「有進無出」的象徵隱喻和埔里地方「如果來埔里賺呷，錢沒有留在埔里，你再帶出去，就會留不住。」的俗語相互呼應，都含有某種吉祥的意味。但是，自從有一顆石珠流走，加上民國 62 年（1973），連接今日中山路並橫貫台地的鐵山路改正拓寬後，〔註26〕在地理上就像把船剖了一半，「這條船就被破角去囉！」風水敗壞說就此流傳地方。〔註27〕

從另一方面來看，這次行政區域的重新劃分，事實上是縮減愛蘭舊庄範圍並切斷連外道路，位處舊庄中心的愛蘭教會更猶如飛地（enclave）一般，被林立廟宇所包圍住。請見圖 3-1，位於台地中央最狹窄處，兩側出口皆是

〔註25〕衛惠林並說道：「醒靈寺以關帝為主神每夜祭拜的驚生中已經有少數巴宰族人參加了，這證明大瑪璘的巴宰族人已經有少數背叛了基督教改信漢教了。」（衛惠林，1981 年，頁 127）

〔註26〕因為庄頭的人口增加，要通行這條路，民國 27 年烏牛欄人就發動開闢一條埔里透到崎頂卡闊的新崎，下面八股雙寮的人也同意，就和烏牛欄派出所的巡查叫做「下地」商量，由下地巡查策劃，役場負擔載土倒掉的牛車工，烏牛欄、八股、雙寮各派工就開闢，下地巡查和保正萬先生、眾志成城開了一條八米寬的大崎。光復後再拓寬，埔里高中的大門向埔里街、崎下店舖聚集很繁榮。（陳春麟，2000 年，頁 62）

〔註27〕住於愛蘭社區與鐵山社區交界，年過七旬的香妹阿孃即曾說：「這條船被人用吊橋（原愛蘭橋）像吊著鼻子一樣綁住了，從船鼻這裡勾住了，所以沒辦法發達。」「這條崎開了以後，好錢人變成三七五。有錢人都敗光光了，窮人還是繼續窮。」

烏牛欄舊社地，但行政革新後，橫貫台地東南——西北向的鐵山路，就將鐵山路東北側廣大的新住宅區（即蘭陽社區及部份烏牛欄舊社地）劃歸爲鐵山里，鐵山里範圍包含蘭陽社區及鐵山舊庄。鐵山路南側劃爲愛蘭里，又以愛蘭路爲界，東南側爲梅村社區，西北側爲愛蘭社區，社地愈形封閉與縮減。

埔番後代，住於阿里史社地的大黃鏐曾口述：「以鐵山路爲界，路以南的是基督教，以北的是拿香拜的，非常的分明哩！我們會笑那些賣雜貨的販子擔金紙到左手邊去賣，根本就沒有人會買！因爲都是基督徒」（陳俊傑，1995年，頁 188）。正好住在鐵山里與愛蘭里交界，信奉民間信仰的鐵山社區王理事長，就曾道：「愛蘭那邊的庄民認爲我們是拿香拜，鐵山庄民卻以爲我們是信基督教的！」由此反應出，在愛蘭台地上，地理界線也緊密反應著宗教界線。

圖 3-1：愛蘭台地新舊聚落分佈區〔註 28〕

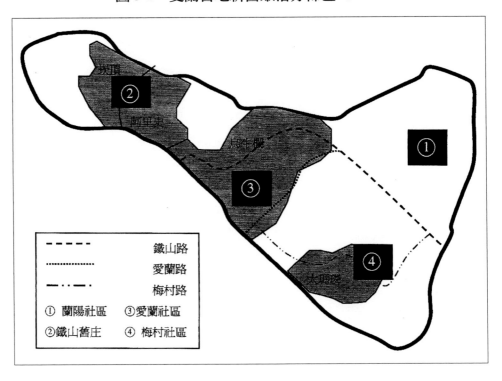

〔註 28〕資料來源：改繪自衛惠林，《埔里巴宰族社區分布總圖》，《埔里巴宰七社志》，台北：中央研究院民族學研究所專刊之二十七，1981 年，頁 149。

第四節　小　結

　　此章欲透過族群的遷移歷史，探討地方社群界線如何生成與再結構。清代時期，由於國家政權的介入，使得原本互不隸屬的部落社會形成了「岸裡社群」的「類族群」。阿里史社為爭奪領導權，與岸裡社群愈形愈遠，入埔後則與道卡族崩山社群混居而成今日的鐵山舊庄。

　　五大平埔遷移埔里後，由於烏牛欄社帶領巴宰／噶哈巫社群的改宗，使得埔里地域社會一度呈現「北耶穌，南漢教」的宗教分佈。爾後由於大量閩南、客家移民的遷入，逐漸改變了愛蘭台地的人口組成。直至國民政府遷台後，由於地方自治與村里建設的等國家力量的植入，愛蘭教會漸漸褪去跨部落領導的角色；在此同時，西鎮堂成立公廟，與政治鄰里系統更為結合。而這也是為何今日愛蘭教會主導著巴宰族群復振，而鐵山社區發展協會依靠西鎮堂，召喚社區共同體的原因所在。原本以血緣、地緣為主的地方士紳治理，就在這國家政體的建制化下，漸漸走向以鄰里單元、社區服務為「活動核心」的新地緣社會，以及黨政雙重主導下的政治社會。

第四章　本質文化，異質地方

第一節　巴宰族過中秋節

　　根據地方耆老口述，「牽田走鏢活動」於戰後舉辦過幾次後就中斷，直到1999 年才由打里摺文化協會與長老教會重新恢復舉辦，受到活動資源的限制，舉辦兩次後，2003 年至今皆由苗栗縣巴宰族群協會承辦，地點在苗栗鯉魚潭國小。因此當聽聞「船山嬉遊記」有一部份的經費用來舉辦「大家來過平埔年」時，教會長老們都頗為期待。

　　然而，這次一系列的規劃案由鐵山社區提案主導，當愛蘭社區發展協會、梅村社區發展協會、鐵山愛蘭兩里辦公室皆參與討論各種空間規劃會議時，巴宰協會僅出席過「巴宰過中秋」的籌備會議。雙方都說著：「筆者好幾天前就親自發通知給他們了！」「他們選的時間我們都不能到啊！」巴宰協會得知的訊息多數都是透過鐵山及愛蘭社區發展協會理事長居中告知。因此這過程並未進行充份的溝通，愛蘭社區發展協會理事長雖同是愛蘭教會教友的巴宰族裔，但鮮少涉足巴宰事務。〔註1〕

　　加上活動由鐵山社區和愛蘭社區發展協會所主導，執行期程的壓力和人

〔註 1〕　初入田野時，我為了雙方極少往來的情況，缺少田野材料而疑惑、苦惱時。
　　　　與指導教授溝通，老師淡淡的一句：「就是因為他們關係這麼緊密，都住在同
　　　　一個村落裡，卻不來往，才正是需要探究的地方」。一語驚醒夢中人。這也讓
　　　　我開始思考，我們往往在田野工作中，會著重我們看見了什麼？問到了什麼？
　　　　（或說報導人選擇讓我們看見了什麼？）然而在許多禁默之處，卻可能是社
　　　　群行動者想像、建構地方內涵或界線，最關鍵的所在。

力動員反而成為比較重要的考量，準備也十分匆促。一直到活動幾天前，教會長老才知道「牽田走鏢」變成「巴宰過中秋」的活動。活動中穿插著健康伸展操、烤肉活動、雖然長老們最後仍出席了活動，吟唱傳統歌謠，講述巴宰族故事，但事後他們對筆者表示「這樣的主題偏掉了」，認為牽田走鏢活動才是屬於巴宰族的。

之後，在規劃案成果展上，鐵山社區為了展演符合「地方民俗」的文化活動，預計表演巴宰族舞蹈，但由於之前兩邊互動並不順利，鐵山社區決定用自己的媽媽舞蹈班，邀請鎮上舞蹈教室的老師來教學，自行綵排演出。由於服裝上必須使用巴宰圖騰，於是鐵山社區向曾參與巴宰協會舞蹈演出的成員，商借衣服，但長老們表示「最好不要使用相同的巴宰圖騰，避免混淆」，所以後來鐵山社區請舞蹈教室老師去找適合的圖騰，舞蹈最後還是順利在成果展上演出，只是名稱變為「山地辣妹舞」。

在過程中，筆者詢問媽媽們，要跳什麼樣的平埔族舞？怎麼後來又跳山地舞？媽媽們回答：「阮這攏系平埔族，攏番啦！」「平埔族舞什麼款？阮嘛不知啊！」「對啦！要跳山地舞啊！民俗啊！」究竟跳的什麼舞？並未引起參與人員的注意。

為什麼「巴宰過中秋」對長老們來說，主題偏掉了？對鐵山社區來說，巴宰舞蹈和山地辣妹舞又可以彈性變換？筆者認為這必須先從台灣社區營造與族群復振的論述基礎談起，才能對雙方的發展脈絡有所了解。

第二節 「拼貼」社區

要追溯今日台灣社區總體營造的源流，遠可至西方自由主義思想、國族主義、現代國家的創建，工業資本化後的失根感，觸及的討論包含公民社會、文化觀光、公共領域、社區建設有所關連。〔註2〕本文無意爬梳其發展脈絡，以下僅從九〇年代後，「生命共同體」所發展的相關社區論述，說明社區議題為何被窄化成文化問題，而文化又如何與經濟產業掛勾。這其實就是第二章中，Cooper 所稱的範疇化／外部認同：國家對這類社區營造政策的制定，往往主導著哪些議題是被放在社區營造場域中，哪些又被排除的？它同

〔註 2〕關於國內對社區總體營造論述較全面性的考察，可參閱黃順星，〈社區的誕生：對社區總體營造的知識社會學分析〉，2000 年。以及黃麗玲，〈新國家建構過程中社區角色的轉變——「生命共同體」之論述分析〉，1995 年。

時影響著地方社區如何界定自己與他者的關係。

　　有了這樣的理解，回到「船山嘻遊記」執行案中，我們一方面可以看到這類「文化創意產業」的這個大封包（packet）落實到社區後，〔註3〕如何被糾纏的地方政治與公平主義再次解碼、重組與挪用；社區文化的展現往往是非常「拼貼」式的，因爲它本身就是各種權力協商的結果。另一方面，在內部多元力量競逐的同時，強大的外部認同卻使得他們有同一組對話的對象、想像的他者——國家／官方／精英。因此對鐵山協會行動者來說，「山地辣妹舞」與「巴宰過中秋」在這樣的思維中被劃歸爲「地方民俗」的範疇，得以合理存在。

一、用文化賺錢的社區？！

　　九○年代前後，全台籠罩在一片「社區學」的熱潮中，有其特殊的歷史政治脈絡，這主要來自於草根的自治社區爲抵抗國家不當規劃或資本入侵的力量，而進行長期的社區歷史、地方意識重建，並以地方認同爲基礎的動員。但弔詭的是，它很大的動力卻也來自於國家的倡議，當時台灣社會正值國家轉型，兩岸統獨問題備受關注且政經勢力重組之際，舊國民黨時代的大一統文化已失去吸納能力，而必須尋找新的文化意識型態召喚不同群體。此時，象徵台灣本土，分散在全台各個角落的「地方社會」（特指非都會區的鄉村）即是建構新國家認同的來源。因此，1993 年前總統李登輝主張「生命共同體」的概念，〔註4〕就是一個重要的起始點，這也促發後來文建會主導的社區文化建設，透過行政資源的分配，從事社區文化藝術活動發展，掀起台灣社區總體營造的風潮。

〔註3〕　在此借用網路語言——分封交換（Packet Switching）的概念，這是一種網路資料傳遞的技術，在傳遞之前，要先將傳送的資料分割爲數個區塊，透過不特定路徑與非同步傳輸模式傳遞，接收端再依據網路序號進行重組。在此借喻龐雜的國家政策思維，往往透過多元的路徑與非同步模式落實到民間，地方社區有其文化邏輯與價值思維，會重新進行詮釋和挪用。

〔註4〕　李登輝在 1993 年 5 月 20 日就職三週年的記者會上，正式提出「生命共同體」的概念：「面對一個人人相當肯定自我的社會，要怎麼辦呢？我認爲就是要建立生命共同體的整體觀念，透過溝通、協調的方式，凝聚這個共同體的共識……。自由民主社會本身，只有對個人的認同，沒有國家社會的認同，我們在這裡要開始建立一個全體認同的社會。我提出來的『生命共同體』是我們大家每個人應該得到了共識以後，要確定的一個重要方向。」（轉引自黃順星，2000 年，頁 48）

黃麗玲（1995）對國家以「生命共同體」及「社區共同體」論述來整合民間政治及文化認同的舉動，提出了批判與質疑，她談到：

> 國家所建構的「社區」論述，在概念組串的刪減及接枝的過程中，使社區激進的面向隱而不彰。同時，在這個過程中，文建會因「文化」之名，可開展出許多新的工作方向；卻也因「文化」所限，**整個執政黨政權核心將社區問題界定於「文化」問題，如此便可以不**挑戰國家最終的價值觀，不涉及整體利益的重新分配以及不調整國家機器的職能，以最小的成本換取最高的政治認同。這便是保守的國家機器遭逢激進的社區概念，所呈現的底線所在。（黃麗玲，1995年，頁 76）（黑色粗體字乃筆者自行加註強調）

文化產業做為現今台灣社區總體營造的核心，最早可以追溯自 1994 年，當時為回應關稅暨貿易總協定（GATT）對鄉村地區產生的衝擊，使原有區域差距更加拉大，李登輝為日後的「產業文化，文化產業」做為地方發展替代性方案，下了一個關鍵性的定義：

> 所謂文化產業，一方面地方上不論原來是何種類型的產業，傳統的農漁業、土產特產業、觀光遊憩業，都可以加上文化的包裝，使得這些產業類型因轉型而成為文化的一部份，而增加其吸引力和價值。另一方面則以開發新的地方文化活動和產業，來配合社區的重建工作，提供較高級的生活、遊憩環境，使鄉村的初級產業直接轉型為具有特色的、精緻的第三產業。（同上引，頁 59）

隨即，各種產業振興計畫、地方文化館計劃、一鄉一特色，就在這樣論述基礎下展開，形成今日台灣社區總體營造文化與經濟齊頭並進的局面。因此也不難想像，目前地方社區公共領域裡，為何普遍充斥著這類的言論：「要表現出我們的地方特色」、「這就是咱的文化」，這類的地方文化發展常挾帶了對地方經濟振興的強大想像。然而社區運動的興起，不全然是為了文化問題。它包含了地方治理、民主進程的期待。但在這十多年來國家政策的操作下，社區營造愈被窄化到文化展演與特色產業的面向。然而，在地方社區向內探尋文化特殊性的同時，文化產業政策又將社區帶向「對外」的社區發展，強調地方「競爭力」的發展模式成為主要論述。在筆者參與鐵山社區事務的期間，有些重要的地方事務幾乎沒有在社區公共領域間引發過討論，形成集體力量，如農藥使用過度造成台地地下水污染，或是國道六號興建後，部份農人

生計受到影響等。相反的，縱觀歷年來的社區新興事務，多半是軟性的文化營造，如景觀綠美化、觀光市集、社區導覽識別系統等……而原本社區自治的民主期待，在地方語彙中常常只是「參與人數」的指標評量。這種現象似乎回應了上述國家整編地方的企圖，社區很難是「激進」、「對抗」的，「社區營造」很多時候象徵了爭取資源，讓「錢」能進到社區。〔註5〕

二、地方本位主義與公平原則

　　因此，「船山嬉遊記——開發利用地方文化資產與文化環境先期規劃計畫」一案也就是在這樣強調地方文化特色的社區營造氛圍下產生。此案乃行政院文化建設委員會主辦，南投縣政府文化局承辦之「南投縣 96 年度縣市層級社區營造計畫」下，子計畫「開發利用地方文化資產與文化環境計畫」中的項目辦理。事實上，這一系列長程計畫乃是文建會為配合行政院推動「挑戰 2008：國家發展重點計畫」，於 2002～2007 年推出「新故鄉社區營造計畫」，其目標為結合特有的文化傳統、空間環境與地方產業，發展地方魅力。〔註6〕

　　另一方面，在九一二地震後，為促進地方資源的有效利用與整合，行政院九二一震災災後重建推動委員會採借企業合作的概念，提出「社區策略聯盟發展計畫」。跨社區的連結漸漸普及到各個官方部門的補助政策中，再度成為社區營造新訴求。〔註7〕因此「船山嬉遊記」是由鐵山社區發展協會執行，愛

〔註5〕　同樣位居台地，屬愛蘭里行政管轄的梅村社區，其公共事務長久以來處於寂靜狀態，社區理事長也少有作為，反而是梅村社區濟清宮廟主委對社區較有想法，因此在 2008 年 5 月請筆者為他們撰寫企畫書申請經費，希望能藉此活絡社區氣氛。主委苦惱著活動中心長期大門深鎖，位於活動中心三樓的廟壇除了爐主定時上香清掃之外，乏人問津，他一再強調沒有錢，廁所就沒有人掃。在討論的過程中，主委總是會用「沒有錢，活動中心的門就打不開」這句話來強調經費對社區的重要性。在場的居民語帶幽默地說：「門用手就打開啦！怎麼會打不開？」這一來一往的借喻反諷更生動地描繪出，今日台灣社區普遍瀰漫的「沒有錢，什麼都動不了」的迷思。
〔註6〕　引用自文建會網站「社區總體營造」業務說明，http://www.cca.gov..tw/business.do?method=list&id=5。
〔註7〕　「921 地震把全球及台灣持續進行的經濟再結構及產業危機一次具體呈現……重建進程到 2002 年，網絡性的策略被社區工作者提出，重建會主辦的重建區總檢討會議中，提出『應協助社區成立產銷合作社、勞動合作社、民宿組織、休閒農場、綜合農場等社區產業組織，以策略聯盟方式發展社區特色產業』。」（黃肇新，2004 年，頁 38）

蘭社區發展協會、巴宰族群文化協會、梅村社區發展協會、鐵山里辦公處、愛蘭里辦公處及愛蘭國小共同協辦，這也是歷年來社區營造提案中，台地第一次欲整合組織及資源以形塑「船山意識」，較具開創性的規劃案。

如同前述，在文化產業政策的主導下，社區漸漸被期待具有企業功能的色彩，能夠將自己的文化技藝、地方產業加以行銷包裝，因此「主題性」往往是地方社區是否有資格接受政府補助案的指標之一。〔註8〕因此，本提案主題即以「水」做為計畫主軸，分別有「水傳奇」、「水記憶」、「水社區」、「水活動」四個子計畫（請見表4-1）。

表4-1：船山嬉遊記計畫內容與實際執行比較表〔註9〕

計畫項目		計　畫　內　容	執行項目	實際執行內容
水傳奇	小小考古學家	帶領小朋友認識社區的大瑪璘文化遺址與文化資產保護觀念	社區文化活動	愛蘭台地自然人文探索營
	大家來過平埔年	開發相關文化產業，讓遊客體驗新驚奇，遊賞原味情，並傳承社區文化。		巴宰過中秋
水活動	夏日淨水活動	利用船山嬉遊導覽夏日淨水活動來保育、永續文化環境生態為主要原則；突顯愛蘭與鐵山社區極展地方藝術的水文化潛力與特質。		船山繞境～大聖文化節
水記憶	我愛新船山活動	期待建立與推動社區形象識別系統之建立工作，規畫社區文化地點，以為社區深度文化之旅做導覽路標。	文化空間規劃暨社區環境整理	1. 台地文化空間改善工作坊。 2. 社區資源調查（列出，但未實行）。 3. 社區願景製圖（列出，但未實行）。 4. 洗衣池環境整理。 5. 六角亭環境整理。 6. 愛蘭慕祖亭環境整理。
	認識船山	整合串連歷史、產業、自然、景觀、人文、生態等地方資源，運用舉辦各式社區活動之機會，發掘各類專業人才及成立社團組織。		
水社區	田園夢想家生態文化產業計畫	愛蘭台地周圍土地大多供農業耕作使用，而且以種植筊白筍、甘蔗特色作物為主。這些作田與眉溪、南港溪水系形成生態豐富的園區，是發展賞鳥活動與綠色生態產業不可多得的地方。		

〔註8〕 在船山嬉遊記一案結束的隔年，鐵山社區再度提出「水漾船山」計畫案，然而最後並未獲得補助。其審查意見之一，即是「計畫內容過於紛雜，未具有一致性的主題」。

〔註9〕 此三組概念乃採借林谷芳〈文化發展中的「民間」概念〉一文中所述，唯第四組對照公共財／私人資源，筆者對其概念仍有待商榷，不適用此文，故刪之。

　　事實上，這份企畫書是由國立暨南大學公共行政系的師生與鐵山社區幹部溝通後協助撰寫的。「水」對於愛蘭台地的發展有著舉足輕重的地位，從歷史記憶、生態環境、產業經濟都與水息息相關。〔註10〕且在當地居民的日常語彙中，愛蘭台地就猶如「大船入港」，停泊在埔里盆地的入口，意思是「有進沒出，住到埔里的人，一定會富有」，含有某種吉祥的意味。這樣的意象也常常出現在訴求團結的公共場域中，如鐵山社區幹部會對著位於船頭的梅村社區居民說道：「我們就像一艘船，我們船尾在動了，在後面推了，你們船頭也得起動，整艘船才動得了啊！」

　　這一整套環繞著「水」所發展的生活觀，是非常豐富有力的文化意象。但是，當它遇到纏繞的地方政治時，卻因為其普同（general）且中性（pure）的特質，在本位主義的分食下而顯得稀軟無力。以下2007年11月愛蘭台地各組織為「水社區」文化空間規劃子計畫，所舉辦的共識會議做為例子。

　　會議一開始，此規劃案建築師，同時也是愛蘭社區居民及暨大公行系在職專班學生的潘榮傑，用以下這段話貫穿整個空間規劃的設計理念：

> 我們用觀光產業、休憩的角度來看，有奇觀、氛圍、地景、主題這四個理論的部份，水是我們最能應用的元素，不論是洗衣池還是筊白筍田，甚至是平埔族文化，都可以做一個整體的呈現。我們不要說發展觀光這麼長遠的事，至少我們的居民可以在這裡散步、可以休憩……。

潘建築師的空間規劃中，一方面訴求生活空間的美化，另方面也為觀光發展打造了一個想像的藍圖。然而，發言者則是借力使力，利用本案強調的整體，來突顯必須顧及個體的公平性。愛蘭里長張文發即第一個發言：「即然咱是要做愛蘭台地，醒靈寺、梅村社區都一定要下去（加入）。你設計的步道也一定要連到梅村社區涼亭，還有醒靈寺邊坡的崁腳。」接著，愛蘭社區發展協會理事長問道：「入口意象是否能在愛村橋那裡就有一個指標？」〔註11〕

〔註10〕早期尚無自來水的時代，愛蘭台地居民每天必須到台地旁的溪流取水，生活困苦，沒有人敢嫁到這裡，地方人士稱台地的坡崁為「無某崎」，這也成為後來津津樂道的地方故事。然而歸功於後來挖掘的地下湧泉及水利開發，筊白筍、紙工藝、地景地貌，又因甘甜的水質應運而生。埔里酒廠著名的愛蘭白酒，其用水即是從台地運送過去。

〔註11〕台地主要入口位於愛蘭橋旁，經埔基旁的斜坡上去，左側是暨大附中及愛蘭國小（屬梅村社區範圍），右側則是蘭陽社區。愛村橋則是位於省道14線上另一個次要的入口，進入後右是愛蘭社區。左是鐵山舊庄。

　　潘建築師連忙再次重申，規劃案是整體的設計，原本就有包含梅村社區與愛蘭社區。整場會議除了對硬體施作維修的討論外，幾乎都是此類帶著濃厚本位主義，希望政府資源能夠讓所有人「雨露均霑」的發言。會議的最後，張里長再次表示，愛蘭鐵山兩里的環保義工隊長期維護這個台地的環境，該案是不是能夠撥給經費以示犒賞。

　　鐵山王理事長並不直接回應這樣的要求，只說道：

> 其實我們一直在想，是不是能夠成立像「船山社區促進會」這樣的組織，大家撿作伙來做歹誌。現在都是各里管各里，各社區管各社區的，很多事情要是你顧你的，我管我的，這樣就做不起來了！要是我們可以合做伙，以後一起去爭取經費，也比較容易。

但是，這個跨組織整合的提議卻在會議尾聲的熙攘中，不了了之的結束。雖然在官方的成果報告中，「船山組織」已然是一個重點工作項目，但是事實上，跨組織的整合從未在這些公共領域中，形成有效的討論。而這除了說明行政劃分具有形塑社區界線與認同的強大力量外，也透露出行政體系長期以來的切割，使得地方無法即時回應跨社區合作的政策走向。這種兩難也表現在主事者的無奈上，船山嬉遊記一案結束後，鐵山王理事長顯露出疲憊的樣貌：「不想再做整合船山的工作了，搞到最後好像都是我在主導一樣，除非是他們自己想做，大家一起提案，但是各做各的，這樣也不會被人家說我們佔他們的權。」

　　此次的會議只是一個例子，很多時候社區事務的決定過程，就如同這一連串的事件——有人參與了，未必因此對「船山」有新的想像，卻愈強化個體與整體的緊張關係；有人選擇不出席，這種禁默反而揭露出更幽微而難以跨越的界線。許多人類學者作明確指出這中間的複雜性，如容邵武（2003年，頁13）就曾指出：「一個團體的文化對於次團體而言意義是不同的，一個一致性（unified）的文化，往往無法代表所有該團體成員的經驗，因為其中牽涉到權力的因素。」

　　我們要如何理解這段話？在此，可以再帶入 Cooper 認同歷程的概念。也就是即使是同一個地緣社區裡（具有某種「同質性」），但對每個行動者最有效的社會連結皆不同。當社區發展協會想要以行政組織的姿態做整合，但參與的居民卻「其心各異」：有的最認同自己是環保義工隊，關心的是環境的清潔與隊員所能得到的回饋；有的最認同自己是醒靈寺的信眾，強調的是醒

靈寺作為愛蘭台地精神象徵的地標；甚至有的是一直很少受到社區主事者關注的新移民，如蘭陽社區，帶頭的陳鄰長便一直在這過程爭取蘭陽社區的公共地位、空間以及資源照顧；而且這種連結會有互斥的效果，也如本文所指的社群界線，在宗教上相對是少數的愛蘭教會，更沒有在這個公共討論中發聲。

　　我們可以把這些社區角力稱之為權力的競逐，但更細緻來看，它不只是利益資源的分配，更多的是由於錯綜複雜的社會連結所形成的社群界線，使得這個地緣群體內部其實充斥著多元而分歧的歸屬感。

三、拼貼式的地方經驗

　　上文已論述，糾纏的地方政治如何巧妙地重構著文化政策下的官方提案。這也說明，社區並不像企業擁有單一決策的經營理性，由於它必須建構地緣性社區，其中就必須容納各種不同組織、不同價值體系的衝撞，也因此所呈現出來的「整體」常常是各種權力協商的結果。這樣的本位公平主義表現在文化上，就是極富「創意」的拼貼性格。下文擬此部份，來理解為何對部份行動者來說，巴宰族能夠過中秋？巴宰舞蹈和山地辣妹舞為何能彈性轉換？

　　相較於巴宰族群協會對「傳統」、「族群」文化的嚴格認定，鐵山社區的社造場域裡，究竟何謂「文化」、「地方特色」，似乎較為混雜、含糊。林谷芳（1998）論及，民間與官方的對比是由於權力屬性的差異，菁英與常民的對比是由於階層屬性，而此兩組對應的交集則是藝術／生活。因此筆者認為可從此官方／民間、菁英／常民、藝術／生活三組錯落而成的座標範圍，〔註12〕來理解社區論述中對自我的詮釋與文化範疇的界定。

　　過去威權時代的文化建設，其政策常隱含「文而化之」等強烈教化的意味，如「國民生活須知」、「中華文化復興運動」。演變至今，在社區總體營造的引導下，則被視為一種「生活改造運動」，不談教化，而是強調自主與美感、生活色彩的聚焦呈現、以及提昇生活品質等整體思維（林谷芳，1998年，頁 76）。這種不再是「由上而下」，而是「由下而上」的政策思維。使

〔註12〕第六章第一節中，就列舉幾個筆者在田野中訪查所遇到的類似情形，考量到篇幅與閱讀順暢度，在此不贅述。此外，行動者認為自己平埔番還是巴宰？筆者認為這兩者的差異和受到族群復振運動的影響深淺有關，請見第五章第一節。

得「民間」取得文化建設上優先概念的地位。地方對比官方的一統教化，反而更注重社區活潑的生活美感，它不是菁英式、寡頭、不識人間疾苦的，而是常民、鄉愁、集體記憶的。它也不是封閉、自戀、高傲的藝術，而是生活的力量，人人可以觸摸、感覺的。就如現在常見的，傳統技藝復興、農稼生活體驗、懷舊空間營造等……它訴諸的往往是一種地方常民的普同經驗。

或許可從這裡理解，社區營造場域中，文化元素相互採借的「彈性」之大。巴宰舞蹈和山地辣妹舞，在這一片「地方特色」的湧現，並沒有太嚴格的差異，它同樣在表現在地活力。執是之故，「巴宰族過中秋節──暨九二一八週年感恩晚會」這樣的「創意」也就不令人意外了。九二一作為台灣人二十世紀末的集體記憶，年復一年經由各種力量的運作與詮釋，漸漸成為一種符碼──代表著民間力量的韌性，也代表了某種地域振興的想像。因此，我們可見每到九月份，地方社區接二連三地辦理著各種九二一紀念活動──即使內容不見得與地震直接相關。而當筆者詢問參與的居民，巴宰族為什麼要過中秋節時，得到的回答則是：「以前我們祖先上山打獵什麼的，也都是要看天象，時節很重要啊！」

這樣的回答是穿鑿附會嗎？或許是，但我們對此事件的理解僅止於此嗎？筆者認為我們應當放下本質論式的「認同是可以被發掘，也可能被錯置」的看法，避免陷入「認同巴宰族與否」的窠臼中，而是如第二章「認同歷程」（identification）概念所顯示的，認同是「想要成為某種狀態」的過程，它是基於行動者的自我認識與社會處境等主客觀條件相互建構的過程。對於鐵山協會的行動者，甚至是愛蘭台地上許多確認自己是「平埔番」的居民（不論這種「確認」是源自血緣、歷史記憶仰或是被告知的），「巴宰」及其當代特有的族群操演方式，仍是尚未被完全填滿，留有許多揣摩空間與可能性的象徵符碼。在他們尚未接收到族群復振所訴求的「文化正統性」──這種正統性就是一種刻版印象的外部認同歷程（如第三節所述），也就是對自己所在的社會處境並未精確掌握時，他們對自我的認識就基於一種地方常民的姿態，比如「我是平埔番，同時也是台灣人，同時也是勞工。」〔註13〕行動者並不

〔註13〕謝文指出，這是由於當時人類學理論幾乎附著西方主流社會哲學而趨於僵化，搶救人類學（salvage anthropology）是當時的主流之一，其目的是盡可能蒐集瀕臨絕滅的文化材料，以民族誌工藝品的形式保存著。此「轉向」即意

會清楚區分這些認同的屬性究竟是族群、國族還是階級？而這些認同的操演與展現又該精確對應、展現在哪些社會場域中？在這樣的經驗脈絡下，巴宰族、中秋節、九二一大地震這三種不同的文化元素同時都在他們的日常生活中存在著，它們都是「地方」的生活經驗，對應著象徵官方／菁英／精緻藝術的「上層文化」。

第三節　「眞實」族群

本節從「原住民眞理性」說明，爲何族群復振如此追求正統性，在這「眞實」的面貌下，巴宰協會也進行著文化元素的挪用與再創造，並鑲嵌著宗教社群的價值意識。並藉此進一步反省當代認同政治「文化膠囊化」現象，所帶來的樣板化。

一、我們都是原住民

同樣是文化問題，但社區營造與族群復振卻有著不同的論述基礎。1960年代中葉美國原住民運動猝然發起，1980 年代台灣原住民運的也踏出了步伐，謝世忠（1987 年，頁 144）指出這意想不到的轉向，〔註 14〕使得西方或台灣學界頓時皆手足無措，面臨解釋理論匱乏的窘境。時隔二十年，國內外對族群復振運動累積了許多經驗材料的研究，但似乎對於相關理論的建構尚嫌薄弱。因此，謝氏〈原住民運動生成與發展理論的建立：以北美與台灣爲例的初步探討〉一文，仍具有開創性理論的特殊地位。

謝文中，除了對本土運動及復振運動等相關古典理論有所解析與修正外，更進一步提出原住民運動的生成與發展理論——即「族群力量」與「原

指人類學家萬沒想到，這「正在減絕中的文化」的主人突然一躍，使得主流社會及人類學家皆驚愕不已。謝文進一步引 William Willis 的看法，認爲人類學家在這方面有所失職，因爲他們先天上就只涉獵了緩慢漸進的社會文化變遷，對於具暴力傾向的「族際衝突」（interracial ethnic conflicts）則往往乏於研究（謝世忠，1987 年，頁 144）。

〔註14〕 西拉雅族群於 2005 年成立事務委員會推動正名運動時，對於名稱是「西拉雅原住民事務委員會」或「西拉雅平埔族事務委員會」即有一番論證。除了回歸「原住民眞理性」的理由外，也是由於當時並無專責平埔族群事務的中央機關，因此在政治考量上，「以原住民爲名可對應行政院原住民委員會，往後較容易尋求中央的行政支援，並可繼續推動成爲中央認定的原住民族。」（陳叔倬、段洪坤，2006 年，頁 149）

住民真理性」交互作用論。而「原住民真理性」的價值意識更是促發認同力量的關鍵，其定義為：「在意識上認定屬於『原住民』這個範疇的人、事、物所擁有之不可置疑的某些權力。」它在三個層面，能使原住民或統治族群產生明顯的感知（同上引，頁167）：

(1) 對自己族人而言，「原住民」強調原住族群在歷史上與現今的族群結構中應居的位置。

(2) 對統治族群而言，若殖民或外來入侵行為是一項罪惡的話，「原住民」就意味著對族群關係發展過程的抗議與省思。

(3) 對同時包括原住族群與統治族群而言，「原住民」等於「主人」。它真理性化「主人」所應享有的一切權利與權力。

因此，不論是高山原住民運動或平埔族族群復振，都很重視受迫害的歷史論述，從下例可得到印證。2001年2月27日在台灣平埔原住民協會與台灣原住民政策協會的策劃下，來自台灣各地的平埔族裔約460人，在立法院舉辦「政府如何承認平埔族群」公聽會，表達回歸原住民族的意願，並發表了一個重要的宣言：

十七世紀以來，殖民政權入侵台灣，我們首當其衝飽受蹂躪與宰割，而失去了大部分的傳統土地。殖民政權強加的「祖國化」手段，造成我們的歷史文化嚴重斷層。在漢化、污名化的過程中，以「生番」、「兇番」、「熟番」、「化番」、「平埔仔」等歧視的稱謂，造成我們由自由轉為否認自我。

今天我們挺身而出，是要嚴正地告訴台灣人民與政府，**我們是台灣的原住民族**，因為我們並沒有消失。我們被強迫地隱藏自己，在忍受民族屈辱下延續民族星火，轉換另一種身份生存在台灣社會。

從過去到現在，我們承受著各種宰割、壓迫、排斥、歧視，甚至被迫成為各殖民政權「以番制番」的打手，造成各個原住民族之間矛盾、衝突、殘殺。今天我們以熱血赤誠的心，為過去表示最沈痛的懺悔，也對壓迫者提出最痛心的控訴。

從今以後**台灣各原住民族應該不分彼此**，我們願意以至誠和被壓迫的台灣各原住民族攜手奮鬥。我們的行動不是為了仇恨，我們的聲音不是為了求憐，我們追求的是民族平等與尊嚴，使殖民霸

權的歧視與壓迫不再重演，讓公平、仁愛、正義的國度早日來臨。

（轉引自潘英海，2008 年，頁 12）（黑色粗體字爲筆者自行加註強調）

這是一個強而有力的抵抗方式。對有識之士而言，「平埔」一詞本身就代表著國家霸權的強植入侵，它與原本的「熟番」、「化番」等名詞同樣都是殖民者強加的歧視字眼。因此，必須用策略性的論述與行動反轉歷史的污名，強調「平埔」族群和其他臺灣南島語族都是臺灣原住民。〔註 15〕另一方面，現今平埔復振運動有其特殊性，平埔族群與漢人文化交融甚深，許多語言、族群記憶與文化幾已消逝，且其政治經濟地位也不似高山原住民族集體性地被邊緣化，但是同樣，甚至更需要依賴這類的歷史論述，以「原住民眞理性」對抗「國家眞理性」。

這種「原住民眞理性」做爲 Cooper 筆下的範疇化認同，它不僅是一種主流論述，更可見於國家建制下的法律框架中。依據 2001 年「原住民身分法」以及「原住民族認定法草案」，〔註 16〕現今新原住民族認定不僅需要日治時代戶政警察機關的血源認定，更要有語言、文化、民俗等多重標準加以審理。〔註 17〕這種法規制定使得中央地方行政單位、傳播媒體直到地方、個人，無不捲入在「原住民本質」的想像中。當它接植到地方時，即產生了文化正統性之爭。有一次，一向溫和厚道的昭亮長老在談當年度巴宰協會的工作項目，徐徐地感嘆：

咱這樣學母語，用自己的母語演講，回復以前的走鏢，把以前生活

〔註15〕 此草案乃根據 2002 年行政院頒布的「原住民民族別認定辦法」第二條規定：「本辦法所稱民族別，指阿美族……及其他經行政院核定之民族。」用以健全新原住民族相關核定必要之要件、程序與規範。

〔註16〕 行政院原民會對「有原住民身分個人才能通過原住民族正名」的堅持，造成血源認定標準凌駕於文化、語言等多重標準之上，導致語言文化的標準形同虛設。另一方面弔詭的是，確立血源範圍的主管機關不是原住民族個人，也不是行政院原民會，而是日治時代的戶政警察機關。使得在日治時期被劃爲熟番的多數平埔族群錯失行政登記的機會，而失去原住民身份。而自民國 90 年起，行政院依據上述規定，陸續核定邵族、噶瑪蘭族、太魯閣族、撒奇萊雅之民族身分，這些族群其實在日治時期被劃歸爲「生蕃」，原就具有原住民身份，使得現今雖新增四個原住民族，但沒有因此增加一位原住民個人。相關討論請參閱段洪坤、陳叔倬，《西拉雅族成爲縣定原住民族的過程及其影響》，《政大民族學報》第 25 期，2006 年，頁 154～159。

〔註17〕 2008 年同樣於苗栗舉辦的「牽田走鏢」中，各項舞蹈表演仍然是重頭戲，但是增列了兒童及成人組的母語演講比賽，成爲另一個焦點。

的情形表現在跳舞裡面，這樣才是**族群**的活動，不是那種社區活

動，不知道哪裡找的圖案就説是巴宰的……。

昭亮長老所謂的圖案，即是巴宰過中秋活動時所製作的大型看板海報，從中秋節的主題設定到會場的佈置，都指向了長老所認爲的「社區活動不正統」。也因此，後來當鐵山社區爲舞蹈演出，要商借衣服時，引起了長老們一陣喧然。有一天晚上，爲了要到苗栗參與巴宰過新年，教友們再度聚集在禮拜堂練舞，議論聲此起彼落：「一開始說要給我們五萬元辦的活動，怎麼會變成這個（中秋節）？主題實在是偏掉了。」「他們拿我們衣服去，但是圖騰不能跟我們一樣，這樣會混淆。」「他們要跳他們自己的，不能跟我們一樣啦！」

在鐵山這方面，王理事長卻仍百思不得其解：「爲何不能使用相同的圖騰，更多人跳，不是能讓更多人認識巴宰族嗎？」也有居民不平地覺得：「巴宰協會都是基督徒在弄的，做的是**宗教**活動，不是**文化**活動。」（黑色粗體字爲筆者自行加註強調）過了幾天，有位長老提起，圖騰是不是能申請專利，並向筆者問起智慧產財權的相關概念和程序。雖然後來專利的事情不了了之，大家也沒再提起了。不過從這些事件可看出，在族群復振的場域中，正統與否的想像與界定彷若一個不可凌駕並隨意翻轉的最高原則，再者對平埔運動來說，「我們也是原住民」的形象塑造是至關重要的。因此在進行各項文化展演常借重其他原住民的歌舞元素，自然也不難理解。而這樣的意識也不經意流露在行動者的言語中。在綵排舞蹈過程中，長老們常常會強調：「我們要這樣跳，才會跳得**像原住民**哦！」（黑色粗體字爲筆者自行加註強調）在此，筆者並非指涉行動者對自身原住民的認同與否，而是該語境中的「原住民」形象事實上就是種外部認同歷程（external identification）下的影響，也就是所謂的刻板印象，諸如「原住民應該是能歌擅舞的」、「原住民的舞蹈應該是熱情有活力的」、「原住民的表演應該讓人能感受到樂天、純樸的民族性格」。族群復振中的行動者往往在這種「原住民眞理性」的範疇認同下，被框架在上述這些「原住民該是如此」的自我想像與認識中。

更進一步地說，這種原住民自我形象的「擬眞」，更充份顯示出其所欲對話的「他者」，即是非原住民的外來族群——漢人，作爲統治階層的漢人形象，更是與前述運動論述中，所欲抵抗、分割的國家霸權深深絞鍊在一起。如果巴宰族眞的過中秋了，那麼這種原漢族群交融的事實豈不反而模糊掉巴

宰族欲建立的族群界線？

　　族群／社區，宗教／文化，牽田走鏢／中秋節，行動者都在這些象徵符碼中，進行著各種「應然」的挪用與想像：族群活動應該是怎樣？文化活動應該是怎樣？在他們的建構裡，這些都有自成一格的道理。但雙方就在正統與拼貼的論述交錯中產生了衝突。對鐵山的社區營造來說，巴宰族、中秋節與九二一大地震都是屬於地方經驗的範疇，但這樣的「拼貼」卻是族群復振運動所忌諱的。

二、文化的那用與鑲嵌

　　儀式與語言是當今原住民復振運動很受重視的文化傳統。上一章已提到，儀式的形式表現及反覆運作，對傳統創發與再現的重要性；行動者也藉由每年「巴宰過新年」的儀式展演，集結基督信仰的巴宰族裔，建構我群意識。下文擬從牽田走鏢的活動中，所進行各種文化元素的挪用（appropriation）與鑲嵌（embedded），說明當代認同政治的展演特性，如何操控著傳統的再造。

　　在歷屆巴宰牽田走鏢活動節目中以及相關族群展演的場合上，行動者花最多心思準備，也最常表演的即是舞蹈這一項，[註18] 但有趣的是，傳統上巴宰族並非以舞蹈為重的族群，至今流傳下來能稱為「舞蹈」的恐僅牽田跨步及銅鑼舞，銅鑼年是過去族人捕獲到大型獵物時，會派人會以敲打銅鑼告知全社人時的慶祝儀式。擔任母語班老師，一向心直口快的愛蘭教會秀玉長老，對教友們總是會一窩蜂參加跳舞，但是學母語的人數卻寥寥可數這件事，感到十分不解與感嘆：

> 奇怪咧！語言才是咱的本，卻沒幾個人要來學，說到跳舞就一堆人。
> 我們以前哪有什麼舞，頂多就是在牽田的時候，兩腳跨併跨併，牽
> 手這樣繞火煻一整晚，而且步伐是很慢的，哪有像現在這樣「抖」
> （浮躁快速之意），不知在趕什麼？

我們可以很容易地在口述歷史及史料記載（陳俊傑，1997 年；衛惠林，1981

〔註18〕謝文主張，國族建構過程中，若同化政治始終無法成功，不必然會出現族群
　　　暴力，反而可能被「象徵性暴力」（symbolic violence）取代，意指讓被統治
　　　族群及其文化得以繼續存在，但她們的「顯赫」或「衰微」，一切仍由統治者
　　　來操控管理。具統治力的國家，如機構管理人，它在象徵的意涵上，依舊擁
　　　有決定少數族群生活方向的完全權力（謝世忠，2004 年，頁 115）。

年），比對出傳統與現代儀式的差異，這自然是一種傳統的發明，巴宰舞蹈就是此例。此外，我們也可以從當代文化運動的展演特性，來理解這樣的再現。謝世忠以 1992 年第一屆山胞藝術季與 1995 年全國文藝季的「泰雅文化祭」與「原山奇美」為例，探討國家在非同化政策的原則下，如何繼續操控原住民文化時指出：「各項活動顯然只在反映著一種將定點的展演內容來作為文化代表的『文化膠囊化』（encapsulated culture）」（謝世忠，2004 年，頁 117）。易言之，現代認同政治在展示其文化內容時，很容易以具有展演性質的文化元素，出現在自我與他者的眼前，這是在一種觀看／被觀看的表演邏輯下操作著，不論是語言、服飾、空間表徵、舞蹈儀式，不僅要被看見、聽見，還必須在一個定點，一段安排好的時間，傾全力將所有的文化菜色端上檯面，最好能將它組串如一齣戲，內容要多元，情節要能高潮迭起，才能夠吸引觀眾目光，這就是所謂的「膠囊文化」——可以在濃縮的文化顆粒中，吸收到所有族群的精髓。

特別是，平埔族群在經歷了巨大的歷史斷層，要再重新復甦原本就是件艱鉅的工作。當「本質」文化難以具現時，卻又必須快速、有效地因應這種「膠囊文化」充斥的現象，也不難想像，為何舞蹈會在今日的文化場合上位居要角。因此這些年來，為了應付各項文化表演的場合，教會長老們請來老師教授各種舞蹈。有些是將以前的漁獵耕織生活，以類似行動劇的方式表現舞蹈裡，有些則挪借了各種不同元素，融合成能夠展現熱情活力的舞蹈。近幾年主要跳的「大會舞」則是請布農族老師來教，舞蹈中含有秀玉長老所說的「牽田踏併」步，但為配合音樂節奏，步伐稍快，以及各種布農族、鄒族的著名舞步，往年歌曲也都是由老師挑選較具「原住民風味」的音樂搭配，直至 2007 年有了創新，長老們將傳統巴宰 aiyen 歌謠和巴宰母語發音的基督教聖歌，結合成一首舞曲。這個舞蹈也由教會長老，在活動前幾個月教給台中、苗栗等地的族裔，到了活動當天，再由三教會的成員一同演出，帶起了活動的高潮。

值得一提的是，雖然如同鐵山社區重組「船山嘻遊記」一案，巴宰協會也進行著文化元素的挪用與再創造。但不同於社區的拼貼，它必須更巧妙地鑲嵌在「真實」的框架下——此真實即是對儀式形式的堅持。

因此，雖然從純然的「傳統」觀點來看，漢人節日、基督教和其他原住民對巴宰族來說都是異文化，但現今基督教和原住民歌舞元素為何又如此自

然地鑲嵌在牽田走鏢的儀式中，一方面是由於基督教與原住民族的發展淵源，它早已成為泛原住民族認同的共同標誌，另一方面也是因為這些行動宣稱中，傳統的「牽田」和「走鏢」兩項仍是被強調而保存的，雖然它不見得完整地承襲了過去的意義。也就是說，原住民歌舞和基督教元素在於他們仍是在巴宰傳統的儀式中被呈現，它們是鑲嵌在文化展演中的元素，而非主體，牽田走鏢的儀式並沒有受到威脅，它仍是巴宰族所獨有，而能與其他族群有所區隔。再者，從上述可知，與「漢人」的對比是巴宰行動者建構族群界線的最大參考體，中秋節是很明顯的漢人節日，自然很難被從事巴宰復振者接受。

　　總言之，族群政治的場域中，節慶儀式的「形式」有其特殊象徵意義——當然，這並不是說內容就能憑空建構。儀式的形式是一個載體，在形式畫定的界線內，傳統或新興文化元素都獲得流動、鑲嵌及挪用的空間，但重點是，儀式形式必須要是「傳統」的，不容許隨意翻轉或並置。

三、走活傳統

　　　神話是一個民族的夢　隱藏著民族對宇宙萬物的情懷
　　　是民族生命的搖籃　更是民族靈魂和精神的緣起
　　　我們希望能夠承襲古老的風俗　做傳統的守護人
　　　更能夠將自己的文化注入現代生活　做傳統的應用人
　　　讓我們踏著祖先的步履　唱出對古老優秀的民族
　　　喝采與尊重〔註19〕

回到本章開頭，「巴宰怎麼會過中秋？」不僅是事件行動者，包括筆者自己，以及筆者將這段田野事件和友人分享時，他們的反應也類似如此，這似乎呈現了相當普遍的文化本質論看法。但是如果我們回到行動主體——巴宰族群協會成員的生活整體網絡來看，許多漢文化已與巴宰傳統文化交融甚深，所謂漢民族的春節、清明掃墓或中秋節，都深深嵌入他們的文化意義網絡中，甚至教會也有正式的春節禮拜和省墓禮拜。在這裡隱約透露了，他們是巴宰族，但巴宰族不見得是他們。如果巴宰族指向了一個遙遠過去的他者。是那個漢人還未進入，族群傳統文化仍是純淨豐厚時……，那麼現在的「巴宰族」則是活生生，被當代許多複雜的社會政治文化網絡所架構的。

〔註19〕資料來源：歌手陳建年專輯歌曲，收錄於《海洋》專輯。

　　因為這種歷史的共命感，讓現今認同政治下的「族群」，找到了他們的位置，重新在當代站起來，也開展了許多對族群倫理的省思。但是當族群要宣稱它們的存在時，卻又必須與「現在」切斷關係，也忌諱與現代、通俗文化或節日有所關聯。從這一層意義來看，族群又猶如被囚禁在「過去」、「傳統」深牢裡的幽魂，只能在歷史長廊中吁嗟嘆息。即使基督教文化已深深嵌入許多巴宰後裔的生活，教會成熟的文字書寫建制更提供巴宰母語及傳統儀式豐厚的培養皿，但是試想，對現今認同自己是巴宰族的多數族人來說，「巴宰過聖誕」是否會比「巴宰過中秋」更具召喚力？〔註20〕

　　基督長老教會賴貫一牧師，長年致力於巴宰文化運動與台灣族群論述的重構，總是孜孜不倦地學習母語，鑽研台灣歷史。有一次在母語學習班的場合上，他殷殷切切對著長老們說：

> 我們做這些事情，不是要跟人家裝可憐討東西，也不是為了要回到那個穿開襠褲，用手和著泥巴吃飯的年代啊！我們是要認識自己，讓以後的子孫知道我們是 pazehe，〔註21〕是像海綿一樣很有吸收力的族群：我們讀四書五經寫書法，絕不輸漢人；我們射箭走鏢，像勇士一樣的勇氣和『汗草』，是這地方上一聽到就 TOP（厲害豎姆指之意）的；我們信基督教，連帶為這內山地區引進了各種醫療資源、學校教育，這對地方的發展多重要！我們把各種不同的文化吸納到自己身上，豐富我們自己，這些才是我們要去知道的，這才是要讓後代子孫不忘本的地方啊！

賴牧師這番話讓筆者反思了許多當代族群運動的現象，或許當代的認同政治場域正由於充斥過多「膠囊文化」的展演急就章，在一片目炫神迷之際，使得我們無暇思考「我們是誰」。認同的宣稱裡如果缺乏這種對歷史文化的深層認識與自身價值的肯定，這麼這樣的族群圖象也僅只是國族論述下的傀儡，正好反諷了其所訴求的「多元」，「地方」反而呈現的是一種保守且自我矮化的形象。

〔註20〕 在此「巴宰族過中秋節」與「巴宰族過聖誕節」等文化儀式的挪用，主要作為論述的反喻，並無輕蔑之意，主要是為了呈顯當代族羣現象的僵化與單一化。

〔註21〕 意指「巴宰族」，賴牧師鑽研母語甚深，當時他正思考各種不同對「巴宰族」名稱的原始發音，pazehe 之尾音即是早期土田滋所稱「巴則海」之「海」字，為了力求還原現場，故作此稱。

第四章 本質文化，異質地方

第四節 小 結

總結本章有兩個要旨，第一，藉由文化本質化的過程中，所產生的各種文化詮釋權爭奪中，其實正好顯示出地方的異質性。比如，前述中，里或社區的幹部代表所呈現的本位主義和公平原則，既是競爭社造資源，也是對「地方」定義的爭逐。船山社區營造的場域是如此，巴宰族群復振運動的場域亦是如此，這兩者相交在愛蘭台地的認同運動更是如此——他們都在爭逐著對於文化、族群、社區或地方的定義。易言之，社區／族群等範疇化認同的力量接植到地方上時，行動者會挪用、鑲嵌各種文化元素，如宗教信仰、泛民俗／泛原住民歌舞，以維繫社群內部的價值認同，而呈現巧妙的馬賽克（mosaic）文化。這種現象更如 Massey 所說，地方必須重新概念化為開放而混種（hybrid）且相互連結的流動的產物，是路徑（routes）而非根源（roots）。這種外向的地方觀點，質疑了地方做為關聯於根深柢固且真實（authentic）之認同感的意義核心，不斷遭受移動性（mobility）挑戰的整個地方歷史（轉引自 Cresswell 2006：121）。

本章第二個重點，即是對主流認同政治提出反省。這些論述及現象的生成可能來自於當代國族主義與多元主義的操弄、正名運動所挾帶的利益想像、文化政策的操作、地域經濟振興的期待。張茂桂曾此提出批評：

> 多元文化主義在策略上時常強調移民或少數族裔經驗的特殊性……其公共政策多得依賴先確定「特殊國民身份」，採行特殊的「肯認行為」（affirmative action）……。以台灣原住民政策為例，這些福利制度與特殊身份規定，固然將保障族群文化與各種特殊性，賦予他們在大社會中較平等與有競爭力的位置。但是為了策略性目的，而和福利相互包裹，將導致這些制度不斷強調「特殊性」問題，使得社會關係僵固與持續的特殊化，或者將促成社會類別「標籤化」、「本質化」、「對象化」、「自然化」的問題。（張茂桂，2002 年，頁 262～263）

張茂桂所指的「特殊國民身份」、「肯認行為」「福利政策」正是國家為建構範疇／外部化認同（如：台灣國族意識）所行使的手段，使得族群文化的主體建構被整編在國家利益的策略之下，成為失去能動性的標本文化。猶有甚者，社會關係還可能僵化與特殊化，以 Cooper 的概念來說，社會關係做為範疇認同的必要條件，但行動者為了競逐地方、族群的想像與定義，卻使得這種外

－69－

部化認同的企圖反過來侵蝕、消弱甚至是分化了原有的社會關係。比如像社區營造中資源的大量下放，往往會攪動地方社群中，如親屬、宗教、行政、經濟、族群交錯而成的社會網絡，成為「競爭的地方」，這也印證了人文地理學者 Harvey 所說的：

> 地方記憶的生產，只不過是延續特殊社會秩序的一種元素，試圖犧牲其他記憶來銘刻某些記憶。地方不會一出現就自然具有某些記憶依附其上，相反的，地方是「競逐定義的爭論場域」。（Cressswell 2006：102）

總而言之，當這種台灣國族主義雖宣稱著多元文化／多元族群的並存共融時，卻又對其懷著對「文化純粹性」的烏托邦式期待，於是各種講求效率、速成的空間展示與膠囊文化就應運而生了，傾向一種本質化的競逐——一種消毒過的、內省式的對「遺產」（heritage）的執念，而促使族群文化更加標籤化。這樣的兩相矛盾，正是今日國族主義整編下的「多元」文化運動愈形偏狹、反動的證據。

第五章　網狀的我群建構

第一節　尋找空間的族群 〔註1〕

　　對比於社區營造追求在實體空間中建構意義的強烈企圖，這一章節所指的「空間」並不專指普遍意義下的地理實體；而是為了突顯出，現代性下的族群往往更像是失去各種「空間」的群體，失去原有的生存方式、失去歷史、失去發言權、失去傳承……等，於是他們需要各種載體，承載離散的族群記憶、文化與認同。下文擬從政治、宗教、地緣等三個社群層次，說明巴宰平埔運動透過論述與儀式的身體實踐，建構想像的共同體，找尋安置自我的「空間」，它涉及的是實體與非實體的空間。

一、政治社群

　　詹素娟（1996）以學界平埔研究的轉變、媒體文化界的影響、〔註2〕平埔後裔的自我宣稱及相關活動等三個面向，來解讀當代平埔現象中歷史與人群錯綜複雜關係的指標。她談到，隨著學界對平埔歷史的重視，以及多元的媒體傳播，愈來愈多人在某種程度上肯定自己是「平埔後裔」：

> 然而，「發現」自己族群身份後的「平埔後裔」，既不能講母語、不知道自己族群的歷史文化，也無法回到過去的生活方式；他們卻又必須找到定義自己的方法。所以族群意識強烈的「平埔後裔」，及關

〔註 1〕　因此，這裡的「空間」對應英文概念中具意義性的 PLACE，而非 SPACE。
〔註 2〕　詹文中的「媒體文化界影響」主要以劉還月的平埔族調查研究，指出她結合文字、影像、出版、田野營隊、講課活動於一體，產生鉅大的影響，不容忽視（詹素娟，1996 年，頁 54）。

心、同情平埔命運的調查研究者，以強調平埔族群的「歷史悲哀」、
控訴歷的「施害者」，來做為對自己的定義。他們藉由某個程度的真
實，發現了自己的族群身份；從而去反省、批評向來的歷史研究與
書寫；繼而以自己的方式，重新詮釋、建構自己的歷史。（詹素娟，
1996 年，頁 51）

這段文字中指出了平埔族群復振的特殊性與困難，平埔族群經歷這種歷史記
憶、傳統文化，乃至於自我認同的大斷層，如何找到自身重新的定位？因此
「建構」的動作就變得極端重要（相關探討請見第四章第三節）。巴宰復振運
動肇始於 1993 年，巴宰後裔李君章、潘大和分別從論述與政治結盟兩方向進
行：潘大和傾向重新整理、撰寫巴宰族史，積極於收集史料、編撰〈巴宰漢
化前之語彙之軼事及沿革〉，並促請政府將巴宰歷史列入台灣史中（同上引，
頁 61）。走結盟路線的李君章，則認為平埔族群必須要與台灣其他原住民族聯
盟，從事泛族群運動才能產生力量。因此，他以其與凱達格蘭族運動者的地
緣關係，參與組成「台灣原住民族聯盟」，爭取加入聯合國的原住民組織（鍾
幼蘭，1995 年，頁 45～62）。

　　文化論述與政治結盟是當今族群復振顯見的兩種運動取向，類似的取向
也出現在以愛蘭教會為中心的巴宰族群網絡中的「政治社群」層次，它的連
結方式不見得完全以社會關係為基礎，有部份是來自於「想像我群」的層次，
比如潘大和等人即藉由歷史的重新建構，企圖將過去被當權者壓迫的平埔我
群，連結到擁有這種共同歷史命運的當代平埔後裔。而繼潘大和、李君章之
後，同是巴宰後裔的長老教會牧師賴貫一、以及長期為噶哈巫發聲的人類學
者黃美英也對巴宰／噶哈巫的族群歷史傾力著述，苗栗縣巴宰族群除了於每
年牽田走鏢儀式後出版紀念刊物外，於 2006 年出版了以巴宰族群影像為主的
專書。由巴宰／噶哈巫族裔或在地工作者出版物整理如下：

表 5-1：巴宰／噶哈巫自撰出版物一覽表 〔註3〕

出版年次	書　　名	作　者	內　　　　　　容
1998	台灣開拓史上的功臣——平埔巴宰族滄桑史	潘大和	集結作者於海內外表表之論文集，以各方史料為巴宰族先人在台灣二百年開拓史，進行重新定位。

〔註 3〕 資料來源：筆者自行匯整。

1999	巴宰族 AYAN 之歌：南投縣埔里平埔族音樂紀實 6	吳榮順策劃採集	專輯中收錄 13 首埔里四庄巴宰族／噶哈巫歌謠，主唱者爲四庄噶哈巫耆老。
1999	巴宰王國：岸裡社潘家興衰史	潘稀棋(打必里‧打宇)	
1999	巴宰族群文史手冊	賴貫一	簡介巴宰族群發展及宗教變遷、移居埔里過程、老地名及照片、重要儀式及歌謠等。
2003～2008	台灣巴宰族過新年走鏢牽田成果專刊	苗栗縣巴宰族群協會	牽田走鏢活動紀實
2006	阿霧安人的話語和腳蹤（巴宰實用手冊）	賴貫一程士毅	提出 abuan（阿霧安）作爲巴宰／噶哈巫的共同族名，並收錄重要歌謠及詞彙。
2006	平埔的珍珠：巴宰族印象	苗栗縣巴宰族群協會	巴宰族攝影集。
2008	春回四庄：噶哈巫的文化重建	黃美英	記錄四庄噶哈巫十年來文化重建的過程。

　　除了著述出版外，泛平埔族群間，甚至與高山原住民的政治結盟更關乎族群復振的政治力量（請見表 5-2）。這些年來平埔族群一直無法獲得行政院原民會認定爲原住民族，主要在於平埔族裔原住民身份的法源依據爭議上。1956 年台灣省政府針對居住平地行政區域之「山地同胞」頒佈「台灣省平地山胞認定標準」，規定：「凡日據時代居住平地行政區域內，其原戶口調查簿記載爲『高山族』者，爲平地山胞。」而日治時期戶籍種族欄記載爲「熟」之平埔族人，准予登記爲「平地山胞」，並曾三次辦理登記爲平地山胞之聲請，但僅有少數辦埋登記。今原民會駁斥其認定訴求的理由有二，一爲已錯失當年補登記的時機，無法回溯，二爲漢化論。〔註4〕而平埔族群聯盟則以「官方行政排除論」及「文化權爲基本人權」做爲回應。〔註5〕

　　除了集結泛平埔力量外，個別族群也積極在地方發聲。如西拉雅族獲得地方政府支持，成立西拉雅國家風景區並成爲縣定原住民族，提出各項平埔族群認定的新可能。〔註6〕也因此，這類政治集結主要以西拉雅族爲號召

〔註 4〕　一般漢化論所指爲，平埔族群基於外在因素抑或主觀意願，委屈隱藏自己的身份在漢人社會中，爲其喪失原住民身份。

〔註 5〕　資料來源：2009 年 2 月 24 日田野材料，「平埔熟番原住民認定公聽會」會議紀錄。

〔註 6〕　請參閱段洪坤、陳叔倬，《西拉雅族成爲縣定原住民族的過程及其影響》，《政大民族學報》第 25 期，2006 年，頁 145～166。

者，巴宰族群較沒有獨立具體的政治行動，比較偏向文化儀式與族群史的建構。至今內部較多的論述，仍在巴宰與噶哈巫究竟是族群或地域認同的爭議上（下文再敘）。

表 5-2：平埔族群聯合訴求與政府政策〔註7〕

日　　　　期	事　　　　　　　件
2000 年	台灣平埔原住民協會成立，其後於 2000 年 8 月 25 日、2001 年 1 月 3 日三度陳情行政院原民會，控訴政府過去註銷熟蕃註記的不公義，要求政府給予熟蕃後代以原住民身份。
2001 年 2 月 27 日	全省各地平埔族裔約 460 人在立法院召開「政府如何承認平埔族群公聽會，表達回歸原住民族的意願。」
2001 年 10 月	在台灣各地辦理五場「回歸與落實——平埔族群的未來分區座談會」
2002 年 2 月 4 日	由臺灣平埔原住民協會匯集六個平埔族群的成員名單，要求行政院原民會依此恢復原住民個人身份，未獲正式回應。
2003 年 4 月 3 日 2005 年 5 月 18 日	分別陳情總統與行政院。
2005 年 12 月 17 日	臺灣平埔原住民協會致函行政院院長，要求院長責成原民會依照日治時期戶籍之種族登記，認定「熟」後裔可取得原住民身份。行政院原民會接獲行政院長指示，於 2006 年 2 月 10 日召集多位平埔族群代表商討此事。
2006 年 6 月 22 日	行政院原民會呈送「原住民族認定辦法草案」至行政院研考會。
2006 年 11 月 27 日	政務委員林萬億認為該「原住民族認定辦法草案」漠視平埔族群存在的現況，施行後無助於平埔族群的認定，認為唯有將「原住民族認定辦法」與「原住民身份法」結合為一，才能解開過去「先有原住民個人身份，後有原住民族」的不合理現象。
2007 年 1 月 6 日	為確實瞭解平埔後裔的想法，林萬億親自於埔里召開平埔族群座談會，由巴宰、噶哈巫兩族作主人，北中南各平埔族群都派代表參加。
2007 年 3 月 21 日	前政委林萬億於行政院原民會召開平埔族群代表協商會，會議中達成行政院原民會下設立「平埔原住民族事務推動小組」的決議，經費不壓縮現有的原民會預算，由行政院支持專款專用。

〔註7〕　資料來源：陳叔倬、段洪坤，《人類學民族學知識在平埔族群認定運動中的角色》，發表於「人類學與民族學的應用與推廣研討會」，台灣人類學與民族學學會與中央研究院民族學研究所合辦，2007 年。轉引自鄭怡婷，《論當代平埔族群主體性的構成：以埔里噶哈巫為例》，國立暨南國際大學人類學研究所碩士論文，2009 年。唯 2009 年資料為本研究田野材料所得而增補。

2007 年 4 月 30 日	原民會召開「平埔原住民族事務推動小組」第一次籌備會，會議中確立事務推動小組以保障平埔族群的文化、語言集體發展權為主，不涉及個人身份恢復以及個人福利事項。
2007 年 9 月 14 日	原民會審查通過「平埔原住民族文化與語言振興五年計畫」
2008 年 1 月 3 月	台灣平埔原住民協會召開多次平埔運動座談會，討論「平埔原住民族事務推動小組」與「平埔原住民族文化與語言振興五年計畫」建議案
2008 年 5 月 9 日	行政院原住民族委員會通過「平埔原住民族事務推動小組設置要點」
2008 年 5 月	南投縣政府原民局召開「南投縣政府平埔族群事務諮詢委員會」籌備會。
2009 年 2 月 24 日	由黃偉哲立法委員辦公室、台南縣西拉雅文化協會及其他平埔族群部落團體赴立法院舉行「平埔熟番原住民認定公聽會」，再次要求行政院院長責成原民會依照日治時期戶籍之種族登記，認定「熟」後裔可取得原住民身份。
2009 年 5 月 2 日	台南縣西拉雅各部落帶領全國平埔原住民族群，發動 2009 全國「還我身分權」平埔原住民族運動，集體集結於台北凱達格蘭大道請願遊行。

二、宗教社群

（一）基督長老教會與原住民運動

在全球各地，宗教與原住民運動的關係非常緊密，但是中西方的發展背景卻截然不同。謝世忠（1987）考察台灣與北美原住民運動時指出，在北美地區，耶穌信仰對被殖民者來說，相當程度上象徵著殖民勢力。但是在台灣原住民方面，卻是對抗殖民者的力量來源：

> 西方宗教對他們而言不僅不具侵略的意義，還即時發揮了原住族群
> 於原信仰體系喪失的劇烈變遷過程中之新心理依歸的功能。因此，
> 當台灣原住民運動開始產生時，耶穌信仰除了很快地成了各族成員
> 們聯合的象徵之外，它的意義也隨之伸展到成為對抗漢人強大涵化
> 力的有效精神武器。（謝世忠，1987 年，頁 154）

而且，台灣有其特殊的歷史發展背景，使得原住民運動興起時，面臨學界知識菁英缺乏的窘境，此時長期深耕部落的教會力量扮演了舉足輕重的角色，填補了這樣的空缺：

> 原本台灣原住民不若北美原住民有自己的本土歷史學家、民族學
> 家、或人類學家，得以用自己的角度來研究與白人的歷史或族群關
> 係，並提供族人們在這方面的訊息與知識；然而，教會人士的活躍

　　　剛好彌補了這項缺憾。換句話說，在功能上，把台灣原住民與漢人
　　　關係詮釋成一種不平等的對立事實，教會無疑係最主要的推動力之
　　　一。在這個前題下，原住民運動的初創者不僅從中生成發起的意識，
　　　也同時擁有第一個強而有力的支持者。（同上引，頁 155）

最早接觸到基督信仰即是荷西時期的平埔族，後因政權轉移而停擺。清末再
由長老教會所開創第二波宣教，則以福佬系漢人為主體，並一度大量吸收
會說福佬話的平埔族信徒。雖然一般論者言平埔族教會很快隨著「漢化」
的潮流而衰微（鄭仰恩，1997 年，頁 147），但埔里愛蘭教會因其埔里移墾區
的特殊文化歷史，雖然也經歷過衰落期，確是少數仍具濃厚平埔族色彩的
教會。

　　　加上基督長老教會的本土化傾向，[註8] 經常在教會公報中闡述原住民族
與社會公義之議題外，同時在花蓮設立玉山神學院負責原住民宣教工作，並
專門培育原住民成為原住民牧師。為恢復原住民族自尊與推動原住民族自
決，更設立「台灣原住民領袖發展小組」，積極在各地推動原住民母語、文化
及社會運動。其中最為特殊的便是積極介入與參與原住民社會運動，如正名
運動、抗議東埔挖墳、反雛妓、還筆者土地、反對吳鳳神話、國家公園與生
存權等社會運動（陳心怡，2001 年，頁 99～100）。也因此近幾年，苗栗、台
中與埔里三地的教會並以基督信仰做為號召，提供了當代巴宰族復振的基
礎，這與長老教會的發展屬性息息相關。

（二）儀式實踐

霍布斯邦（Hobsbawn）談到傳統創發時，曾說到：

　　　當事物或操作不適用於實際狀況時，便解釋成為全然的象徵和儀
　　　式，比如當騎兵隊不再配備馬匹時，留在靴子上的馬刺更具有傳統
　　　的意義……「創發傳統」在本質上是種形式化和儀式化的程序，這
　　　個程序只藉由反覆運作，賦予其相關歷史過往的特徵。（Hobsbawn
　　　2002：14）

筆者認為這段話為現代許多對「傳統」文化或儀式的追尋，提供十分有力的

〔註 8〕　然而細論，台灣教會內部也有各種分化與國家認同，鄭仰恩延續史文森之分
　　　類，將之分為(1)以講台語為主的台灣基督長老教會。(2)「國語」教會。(3)
　　　講台語的非台灣基督長老教會。本研究對象多是以講台語為主的長老教會，
　　　具有積極參與族群運動的本土化傾向。

解釋。許多被視爲「傳統」的事物，[註9] 往往是因爲經過社會變遷，漸漸失去原有的意義與功能時，但是人們因爲某些因素，必須將之恢復或振興時，這種傳統就變得十分象徵性與形式化了。當巴宰族原有的社會制度組織與文化漸漸消弱，加上日治時代皇民化的壓制，如今要再重新恢復傳統時，就成爲霍布斯邦口中的「創發傳統」，它本質上已是一種形式化和儀式化的程序，是對新時局的反應，卻要與舊情境相關的形式出現，以「人工」接合「過去」（ibid.：12）。

「儀式」的主要特徵即在於其形式的重複性，也就是說，儘管儀式所要傳達的內容可能有所變遷，但其形式卻在時間的遞嬗之下，還保有類似性。正因爲如此，「儀式」常是保存或創發傳統時，非常重要的元素，甚至它本身即彰顯了傳統。由此可見，傳統儀式的形式表現及反覆運作，在族群復振運動中是至關重要的。巴宰族群復振意義下的「牽田走鏢活動」開始於 1999 年，由打里摺文化協會與長老教會共同主辦。後來受到活動資源的限制，舉辦兩次後，2003 年至今皆由苗栗縣巴宰族群協會承辦，地點在苗栗鯉魚潭國小。

其實牽田走鏢的記憶廣泛地留存在愛蘭台地及眉溪四庄的居民中心，只要是 1950 年代前出生，於此長住的居民——說起「走鏢」，多少都有印象。今年 68 歲，還曾經參與過 1969 年牽田走鏢活動的愛蘭教會瓊玉長老，對那次活動印象深刻，因爲她當時奪得了女子組鏢旗：

> 那時候我才 27、28 歲哩！正少年的時候，我還記得早在一個星期前，大人就會忙著去砍龍眼樹，要在牽田晚會裡燒材用的啊！當時就沿著咱這台地走鏢一圈啦！我就拼命跑啊！就讓我得了一個冠軍了。厚！就一群人熱鬧地敲鑼去到當時候集會所（今愛蘭教會旁空地），準備晚上牽田，那時集會所都還有一個望高寮，有什麼大活動，大家就在那裡聚會，那次剛好也是教會建成 100 周年，非常熱鬧。

年紀相仿，已從郵局退休多年的昭貴長老也附和著：

> 我記得以前更老一輩的人，他們跑更遠，會走到大湳、蜈蚣崙那邊，那時候又是赤腳跑，是很不簡單的咧！聽說有一個少年就是跑得太熱，一休息就浸到涼水裡，結果整隻腳都黑掉了，實在是艱苦啦！

[註9] 霍布斯邦在文中，特別區分「傳統」和「習俗」的不同，請見該書 12 頁。

由此可知，早期走鏢的範圍不只限於愛蘭台地，更擴及到眉溪沿岸的各聚落，這點可以從前人留下的口述歷史可知，已故的潘順亮長老曾說：

> 當時，走鏢的路線是從愛蘭→恒吉城→大肚城→梅仔腳→虎仔耳→大湳→（過眉溪）→守城→牛眠山→（過眉溪）林仔城→紅瓦厝→回到愛蘭，競跑的範圍是全埔里的平埔族中最大的！而沿途都有村民打氣，並有一押鏢較年長之人跟隨大家跑，並為了防止作弊，在每一村都還有人在發籤條，證明走鏢的人有經過該地。率先跑回愛蘭的前三名，頭人會頒發錦旗，而錦旗也有分頭等、二等、三等，贏得鏢頭的人，之後要結婚就不是一件難事，因為被族人視為英雄，是少女愛慕的對象。

> 而贏得走鏢前幾名的人必須準備酒菜來招待全村的人，族人就在們家喝酒慶祝！而這項在農曆十一月十五日舉辦的傳統活動還會邀請牛眠、守城、大湳、蜈蚣崙等村落的人，一起來比賽。當天晚上就會舉行牽田活動，在頭人家的廣場上舉行，中間生起一圈火堆，族人就手牽手跳舞，還唱傳統的 aiyen 歌謠，到了半夜還會變調。牽田走鏢活動在大戰時被禁止，可能因愛蘭人與日本政府關係不錯，大戰期間還有辦過一次，但必須向警察派出所報備，時間上也有限制（陳俊傑，1995 年，頁 1）。

但不同社群的牽田走鏢也些許差異。出生於民國 19 年崁頂社的潘姓耆老回憶：

> 我小時候有看過這裡有牽田，跟烏牛欄那邊不一樣，以前好像七月二十九日做紀念日時才牽田。走鏢不會太遠，也只有在庄裡跑一圈而已，牽田是到有去走鏢的人家裡牽，只要有參加走鏢的人，都會去他們家裡牽，由頭鏢他家最先開始，二鏢、三鏢一直到最後一名！只要有跑完的人都會到他家牽田，牽田的中間並沒有起火堆，當時是穿跟漢人的衣服一樣。（同上引，頁 236）

1999 年間，由於台灣巴宰族群文化協會甫成立，有識之士眾志成城，集結埔里愛蘭台地、四庄、台中大社、苗栗鯉魚潭等地族裔；當時台灣打里摺文化協會結合烏牛欄文化協會（即南投縣巴宰族群協會前身）在愛蘭、牛眠、大湳、鐵山、內社等地開辦族語教室。之後，核心成員想法各異，巴宰族群運動逐漸分殊化，埔里部份則分為以愛蘭教會為首的巴宰系統，與以四庄地區

爲本的噶哈巫文教協會，因此埔里巴宰系統愈形以教會力量而內聚，而與埔里地區其他族裔（包括阿里史、大瑪璘及眉溪各社）愈形愈遠。

筆者曾詢問起長老們爲什麼每年總是要到苗栗去，當時筆者心中暗想著，這是地區性的歸屬象徵，也就是所謂的尋根嗎？但長老們卻很直接地回答：「因爲我們沒有經費啊。」苗栗巴宰族裔由於獲得地方政府的支持，這幾年的牽田走鏢活動經費總是不虞匱乏。經費恐怕是最直接而現實的答案，尋根意涵其實微乎其微。〔註10〕

（三）消失的番婆鬼

番婆鬼（或稱散毛仔法）是埔里、日月潭邵族至今仍廣爲流傳的民間傳說。一般普遍對番婆鬼的印象就是「晚上會換上貓的眼睛，腋下夾著香蕉葉飛行，四處捉弄人」。番婆鬼是巴宰／噶哈巫特有的巫術，但台中、苗栗等地區已失傳，目前只流傳於埔里地區（原因未明）。因此地方也經常會將番婆鬼與四庄番劃上等號，〔註11〕一般所指的四庄番多是眉溪南北兩岸，愛蘭、牛眠、大湳、守城份、蜈蚣崙等地。至於「四庄」是哪四庄？至今未有定論，〔註12〕但根據筆者在愛蘭台地訪查的結果，如今四、五十歲以上的居民對番婆鬼的傳說都還記憶猶新，甚至六、七十歲以上的耆老都信誓旦旦地說親眼見過。秀玉長老每說起番婆鬼，總是不斷強調：

> 現在講，恁肖年仔一定不信，不過我是眞的親眼見過。我少年時就曾看過筆者一個阿嬤唸個符咒，就把筷子黏在自己手上，她是攤開手垂直地面，筷子就直直貼在她手上，完全不會掉。這是我從頭到尾親眼所見，沒變什麼把戲的，現在講恁肖年仔一定不信啦……

至於番婆鬼是否有善惡之分，地方說法莫衷一是，有些人認爲番婆鬼就是專門吃小孩心肝的，很壞！也有人認爲，不是分哪個番婆鬼是好，哪個是壞；而是「道行」問題。也就是說，如果這個番婆只會給人放符，卻不懂得「收符」，就代表他道行和品德還不夠。但是抱持番婆鬼是地方傳說，總

〔註10〕事實上，在愛蘭教會內部的討論，也有過埔里、台中、苗栗三地社群在歷史上階層歸屬的爭議。母語班老師美玉長老就認爲，事實上應是苗栗 Taba 來這裡「尋根」才是。

〔註11〕地方也有一說，認爲姓潘的就是番婆鬼的代身，因此外地人聽到姓潘的都會害怕。

〔註12〕四庄番定義的爭議，請參閱鄭怡婷，《論當代平埔族群主體性的構成：以埔里噶哈巫爲例》，國立暨南國際大學人類學研究所碩士論文，2009 年。

是半信半疑的人就只表示「這是以前人的歹誌，阮嘛不能說它是好還是壞啊！」根據衛惠林在 1970 年代所做的調查，認爲巴宰族人所稱的巫術（katuxu）有黑白兩類，凡使用於良善的助人驅邪醫病、催生、促使夫妻合好或趕走山林兇猛動物者，都是好巫術（liaka katuxu）；凡是給人放咒、致病、使人迷惑尋找失物、以至害死人的巫術稱之曰 satsiax katuxu。（衛惠林，1981年，頁 122）

鐵山王理事長就十分確定他阿嬤就是番婆鬼，但是是「好」的番婆鬼，會幫地方人解決問題的。他最常聽長輩說的，就是有次庄裡有人遺失了很名貴的手錶，找他阿嬤幫忙。他阿嬤就唸一唸符咒，讓那個小偷自動歸還手錶，果然過沒幾天，手錶就回到原主人手上了。對於這些傳聞，王理事長抱持正面的態度，覺得「番婆鬼還蠻像現在的警察，幫助一般市井小民，且會懲罰壞人。」

地方對番婆鬼的印象，總是因其非現代科學的「巫術」而掛上濃厚的神秘色彩。時至今日，更因爲地方文史工作者提倡番婆鬼傳說的文化衍生，認爲番婆鬼各種傳述故事，適合用於文學、戲劇、歌謠、工藝、美術等各領域的創發，〔註13〕是地方獨特的民間文學素材（王灝，2005 年，頁 8）。2007 年11～12 月間，由埔里鎮公所與地方文史工作者首度合作，舉辦「番婆鬼文化節：守護埔里囝仔的麻法阿嬤」，主要內容有「埔里番婆鬼‧傳奇特展」、「埔里番婆鬼文化創意產業發展研討會」、「筆者的阿嬤是番婆鬼」鄉土繪本學習營、「兒童番婆鬼繪畫創作比賽」、「番婆鬼故事傳說」、「中西魔法書特展」等。爲了翻轉地方對番婆鬼毀譽參半的觀點，此次文化創作特別強調將番婆鬼與卡通「魔法阿嬤」或哈利波特的意象做連結，結合時尚流行，推出番婆鬼陶器公仔，「讓番婆鬼以高強法術成爲埔里囝仔的守護神，讓小孩平安長大。」（佟振國，2007 年）

這是第一次如此大規模，由官方主辦的番婆鬼文化節，然而，其實番婆鬼意象建構早在噶哈巫文教協會成立之初，就積極推展。除了透過各種文化活動進行傳述與再詮釋外，協會並自行繪製番婆鬼圖騰，廣泛印製在各類活

〔註13〕番婆鬼文化節的倡導者王灝即與在地樂團合作，完成番婆鬼民謠，歌詞如下：
「番婆鬼，生做無眞媠（生得沒有很美），會飛天，會藏水，愛食囝仔的心肝，愛食人的雞腳腿，薩摩仔術眞厲害，目睭提落來，換貓仔目出去把人害。薩摩仔術眞厲害，湊香蕉葉飛過來擱飛過去，喝一聲，稻草人排歸排，會跳舞擱會倒頭栽。」（王灝，2005 年，頁 8）

動文宣上，甚至在番過年當天，[註14] 在贈送給會員的鑰匙圈上，皆印有番婆鬼標誌，幾乎成爲噶哈巫的象徵符號（鄭怡婷，2009 年，頁 133）。

　　然而，官方舉辦的文化節或是噶哈巫對番婆鬼的重視，反觀以愛蘭教會爲首的巴宰族群復振運動中，卻幾乎對「番婆鬼」隻字未提。不過有一次，幾位七旬有餘的教會長老們正私下講述大家對番婆鬼的所見所聞時，語尾不禁感嘆：「這是因爲咱信基督教，現在就不能說這個（番婆鬼）了。」

　　在各種認同政治場合上，行動者習慣在雄辯之處，指認具「政治正確」的文化來源。但也別忘了，我們必須在這舞台之外，從行動者日常的言說與自我認識中，才能夠辨識出今日巴宰圖象的來源──在本研究中，巴宰運動者很明顯的以「巴宰作爲上帝之子」的價值意識支配著族群文化的操演。然而從另一個面向來說，也正是這種聚合與離散，集體意識與排他意識的社群界線，促成了這個社會的生成與演變。

三、地緣社群

　　第三章已探討過，由於行政系統的介入，愛蘭教會漸漸失去地方領導的角色，而愈形內聚與封閉。另一方面，因爲基督教會跨區域聯結的特性，而開啓另一種社群網絡與價值，使得當代巴宰族群復振對宗教社群的重視更勝於現居地的地方關係。

　　在這裡，筆者並非指稱埔里、台中、苗栗三地的巴宰族運動不具地緣特色。事實上，在 1999 年巴宰族群復振興起之前，百年來，這三地巴宰族裔透過基督宗教與通婚關係，一直保持往來。而是旨在說明：當已碎片化的族群文化要再重新「復振」時，不單是它的內容（如語言、儀式）的復興而已，它更是循著某些網絡而形成的──在本研究中，很明顯的就是宗教信仰。但是這些網絡卻未必和其所生存的地域空間完全重疊。以下就埔里地方對平埔番／巴宰族／噶哈巫三者的差異認知，探討族群、社群與地域交織而成的網絡互動。

（一）平埔番還是巴宰族？

　　雖然在今日巴宰族運動中的「官方說法」中，巴宰泛指歷史中岸裡社群

〔註14〕所謂「番過年」與愛蘭教會巴宰系統的牽田走鏢是相同的活動，但在巴宰／噶哈巫族群復振活動分殊化後，噶哈巫致力於「番」的反污名化，故皆自稱「番過年」，企圖翻轉「番」的負面意涵；長老教會的巴宰系統則稱「牽田走鏢──巴宰過新年」，相形下就較爲含蓄，由此也可一窺兩方運動調性的差異。

（苗栗、台中）、樸仔籬社群（今噶哈巫）〔註15〕及烏牛欄社和阿里史社。但是在許多手稿、文獻或日常語彙中，巴宰與烏牛欄又經常是並稱的等號，例如以愛蘭教會爲核心的「南投縣巴宰族群文化協會」成立於 2003 年，前身實爲「烏牛欄文化協會」；而且在教會長老的日常言語中，「咱烏牛欄……」〔註16〕「咱巴宰……」這類社群與族群意識的交互使用經常可見，打里摺文化協會賴貫一牧師以耆老《潘再賜手稿》作爲文字證據，〔註17〕他談到：

> 據潘再賜耆老表示，這些（手稿）資料是他長年收集，退休後於 1966～1971 年間整理完成。在該份資料中，他所用的自稱是「auran pazehe」〔註18〕（烏牛欄巴宰）。須強調的是：他收集資料的對象：潘啓明、潘伊底、潘其宗（潘金玉之二哥）、潘萬恩和他的父親潘茅格，都還是生存在族語能力很強的年代；都有強烈的「auran pazehe」（烏牛欄巴宰）意識。（賴貫一，2008 年，頁 3）

至於爲何會有「Auran pazehe」（烏牛欄巴宰）的意識？目前並沒有全面性的文獻證據可以支持，但是從歷史發展的爬梳中，不難推測這源於早期烏牛欄社與基督宗教結合，引進醫療、行政、教育等資源制度，進而在地方上具政經、文化影響力而形塑的社群意識（相關探討請見第三章）；這種影響力也使得烏牛欄社在學術研究者進駐調查時，成爲「文化代言人」，因此 1890 年代伊能嘉矩以降、至 1930 年代移川子之藏、〔註19〕1970 年代衛惠林的調

〔註15〕 《潘永安手記》提到，「社寮角社、大湳社、水底寮社、山凸凸社、大瑪璘社，爲樸仔籬五社（分布於今東勢鎮、石岡鄉、新社鄉、豐原市），自稱 Kaxabu」。遷移至埔里各社所形成的聚落，分別爲大瑪璘社、大湳、守城、蜈蚣等地。

〔註16〕 由於「烏牛欄」後取音近爲「愛蘭」，雖然愛蘭可指涉不同意義，如「愛蘭台地」「愛蘭里」「愛蘭社區」，亦或「烏牛欄社」。但這裡所指，在當下的語境中，很清楚是烏牛欄社，對比於阿里史社、大瑪璘社。

〔註17〕 此手稿乃愛蘭教會已故長老，已是早期巴宰族群復振的重要人物——潘榮章長老所保存，再轉贈予賴牧師，我亦在潘榮章長老所留之文字手稿中，得到具強烈「Auran pazehe」（烏牛欄巴宰）的意識。

〔註18〕 今日巴宰的拼音法有多種，如 pazeh、pazzehe、pazehe 等，舊稱爲「巴則海」，今翻成「巴宰」。這之間的差異是有意義的，可以追溯出不同名稱意涵，故本研究保留不同脈絡下的拼音。

〔註19〕 1931 年，移川子之藏到埔里調查後，加入了地區性的區別：「烏牛欄、大瑪璘、阿里史，……自稱 Pazzeh；大湳、蜈蚣崙（臺中州東勢角移住）、牛眠山、守城份，……自稱 Kahabu，……」。兩者最大的差別在於，伊能嘉矩認爲 Kahabu 爲 Pazzehe 稱呼同族中的小部族；而移川子之藏則紀錄：「大湳、蜈蚣崙、牛

查，在埔里地區，「巴宰」一詞彷若成為愛蘭三社與眉溪四社的共同認同與代稱。

　　「Auran pazehe」（烏牛欄巴宰）意識也可以解釋，為何筆者在教會場中，常聽到長老們會習稱「烏牛欄較多『番』，鐵山較少『番』。」這句很隱晦而微妙的詮釋，表現出強烈的「烏牛欄認同」。筆者在一位潘歷英教友口中，得到更清楚的解釋，他的父親是教會已故的重要長老，且多年致力於巴宰語復振，他很清楚確自己是「巴宰」族。但是，他表示阿里史社和大瑪璘社的巴宰族都「沒有」了。他無法清楚而明確地指出原因，只含糊提到，「聽說有一次被派出去打扙，死了很多人，就沒有了。」〔註20〕自康熙年間岸裡五社歸化清廷後，阿里史社歷經百年爭戰與遷徙，人力嚴重剉傷，然挾著在中部長期的勢力與名望，將「阿里史」之名帶至埔里，並與道卡斯崩山社群混居。因此筆者思忖著「烏牛欄較多『番』，鐵山較少『番』。」這饒富意義的話，是否可解釋為「『番』＝巴宰，因此烏牛欄較多巴宰族，鐵山較少巴宰族，而是道卡斯族？」

　　當筆者疑惑這是否為新的地域／族群界線的產生？而陷入當代族群分類的迷思中時，接下來一連串在愛蘭台地的訪查，卻發現「巴宰」一詞僅存在於教會活動的氛圍中，不論在梅村、鐵山等地，巴宰一詞都是陌生的（甚至道卡斯等這類族群名稱也同樣陌生）。於是避免再用巴宰／道卡斯這類名詞指稱，筆者曾經和一位住在鐵山的潘明順報導人聊起地方互動關係，筆者問：「那你們跟烏牛欄那邊的關係是什麼？」「咱這攏是不埔番啊！只是他們信基督教而已。」

　　這次的訪談經驗，讓筆者意識到，報導人所使用的詞彙往往混雜不清，學術的、日常生活的，「族」「村」「庄」「社」常常重疊使用，研究者必須謹慎判斷，並非報導人說「族」即是今日族群分類下的「族」。而且，以當代族稱來區辨是有很大的問題的，或許少部份地方菁英，較快接收到學界訊息，而得知自己被歸為巴宰族／道卡斯族，但這種分類對一般常民並沒有太大意義。

　　況且，在這塊面積約 2.5 平方公里的狹小台地，百年來的世居，社群間彼

　　　　眠山、守城份，……自稱 Kahabu。」（賴貫一，2008 年，頁 1）
〔註20〕根據簡史朗所著《埔社古文書選輯》，同治 2 年台灣中部戴潮春反清起事，阿里史社死傷慘重，應是源於參與埔社屯丁勘平戴亂戰事之故。

此通婚頻繁，在訪查過程中，筆者總在不同社／里的報導人口中——甚至是今日族群分類下分屬巴宰及道卡斯族，都能牽連出糾結的血緣或姻親關係，因此筆者認為本質論無法成為有效的解釋工具，而且單以地域界線或宗教界線，也不足以直接論證成族群界線。

所以筆者認為在本例中，報導人使用「番」、「平埔（番）」、「巴宰族」這三者的區別，僅可視為受當代族群運動影響的深淺的差別。但是，值得注意的是，「巴宰」作為現代性的族群分類，當代透過族群政治的運作，要使這些社群定著並納入「巴宰」名下時，對於參與其中的地方菁英來說，「巴宰」就像一個尚未完全填滿，仍留有許多縫隙的象徵符號，召喚著它的族名。但就如第四章所述，愛蘭教會與鐵山社區發展協會成員都認為自己能夠為巴宰代言發聲，於是行動者在族群／社區，宗教／文化這些象徵符碼中，進行著各種「應然」的挪用與想像，族群／社群／地域界線也在這詮釋權的爭奪中，微妙地交錯、作用著。

（二）巴宰還是噶哈巫？

「噶哈巫究竟是族群認同，還是作為巴宰支系下的地域性認同？」這個問題一直在學術與地方文史界上討論的重要議題。就語言、[註21] 傳統宗教或文化儀式，學者或地方人士都同意這兩者並無太大差異。主要爭議點在於當地人「社群觀」——而這種社群觀究竟是族群界線或是地域界線？[註22]

長期投入原住民運動的人類學家黃美英，在 1997 年初到埔里參與一場原住民社會文化研討會時，來到當時被稱為「巴宰族」村莊的大湳聚落，與當地耆老有過這樣的關鍵對話：

> 在一間土角厝三合院前，幾位年長婦女坐著小椅凳、閒散的聊天。
> 上前問候之後，我請問道：「妳們是巴宰嗎？」她們說：「我們是『嘎嘎巫』，巴宰在愛蘭啦！」我驚訝得顧不得禮貌，音調提高、直覺反應：「妳說什麼？」，「我們是『嘎嘎巫』，『噶哈巫』啦！」（黃美英，2008 年，頁 14）

這個發現，使得黃老師重新反省百年來學界一再沿用日本學者的分類與族

〔註21〕 兩個亞族群語言文化的差異只是在語言音素上 Kaxabu 失去了 r，l 舌尖音而變成無音音素與 a、i、u，等元音相連綴（衛惠林，1981 年，頁 83）。

〔註22〕 相關資料可參閱鄭怡婷，《論當代平埔族群主體性的構成：以埔里噶哈巫為例》，國立暨南國際大學人類學研究所碩士論文，2009 年。

稱，是否忽略了針對族裔做深入的調查訪問？為了深入瞭解，黃老師於 1998
年底搬至埔里守城份駐點。1999 年初黃老師再度應長老教會賴貫一牧師之
邀，協助舉辦「1999 巴宰牽田、走鏢活動」時，發現埔里巴宰族群不僅存在
噶哈巫認同的差異，也發現社群間的宗教界線。她在回憶錄中寫道：

> 這次讓我有機會接觸節埔里愛蘭與大湳、牛眠教會的教友，但也發
> 現**不同教會的教友其實存在不同的說法**。另外，**在教會之外，社區
> 中許多非教友並沒有參與該項活動**，我為了廣泛瞭解幾個社區的狀
> 況，除了租屋居住在大湳社區，也決定選擇另一個沒有教會的社區
> ──守城社區成立工作室，以便認識和瞭解社區的族裔。（同上引，
> 頁 15）（黑色粗體字為筆者自行加註強調）

黃老師意識到，以基督之名號召族群集結，總會有意無意排除了非基督教
徒；另外，在此同時，當地牛眠教會族裔潘應玉長老雖受愛蘭、苗栗巴宰邀
請，共同成立「台灣巴宰族群文化協會」，但應玉長老與該教會牧師及幾位族
裔，對巴宰／噶哈巫之稱亦有所疑慮，而較認同自己是噶哈巫，這些現象在
在讓黃老師認為學術界所界定的「巴宰族」事實上仍存在許多歧見。爾後於
2000 年 5 月應玉長老就與黃老師，召集數位噶哈巫族裔共同成立噶哈巫文教
協會，結合守城、大湳、牛眠、蜈蚣崙等社區組織，積極投入族群復振與九
二一災後重建的工作。

這些年來，對於巴宰／噶哈巫認同與族稱之爭，有識之士大多在史料考
源及社群觀上提出見解。如黃老師即主張必須尊重當地人認同「噶哈巫」
的意願，主張噶哈巫是一種族群／地域認同（黃美英，2005、2008 年）。筆者
認為噶哈巫議題對於反省日治時期的族群分類有其重大意義，報導人的主觀
意識也是研究者必須重視的。但是也不可忽視自身學術研究對當代族群政
治的影響力，因此「噶哈巫究竟是另一個『族群』，或對應於愛蘭巴宰的另一
個『（地域）社群』？」這個問題就必須被謹慎地澄清，而非含糊地主張兩者
皆是。

另外在史料考源上如賴貫一牧師，即埋首於歷史文獻的爬梳，希望提出
能夠涵括巴宰和噶哈巫的族稱。他認為重新理解過去的族群關係和部落關
係，能提出新的觀點，因此提出「阿霧安」（Aboan）作為巴宰與噶哈巫的共
同族稱。並與地方文史工作者程士毅出版《阿霧安的話語和腳蹤》一書，
該書從荷蘭和清初文獻的大肚王（Quataongh）所轄部落中，發現 Aboan

tarranogan（東 Aboan，岸裡大社）、Aboan auran（西 Aboan，烏牛欄社）、Aboan balis（岸裡舊社）、Aboan poaly（樸仔籬社）這四社是以 Aboan 為首的部落群，「Aboan」一詞有寮、公廨、部落之意，具有明確的社群意識。且日後在 1715 年「歸化」滿清後，演變為五大社：岸裡（舊）社、掃棟社、烏牛欄社、阿里史社、朴仔籬社，亦即今日泛巴宰族群（賴貫一、程士毅，2006 年，頁 16～24）。但是 aboan 至今在文史學術界仍有所爭議，且該詞並非當地人日常用語，無法被認知與理解。

筆者認為以上的問題值得深究，但在愛蘭台地訪查的結果，宗教信仰其實是最難跨越的鴻溝，這也反應在巴宰／噶哈巫之爭上，由於眉溪聚落除了牛眠、大湳長老教會（但人數非常少）外，主要皆以民間信仰為主，如蜈蚣崙立有番太祖（aputatawan）、三太子、財神爺，大湳則有洪府王爺，牛眠有鸞堂系統的「恒山宮」，守城則是爐主制的三太子信仰。因此黃美英老師在 2000 年就注意到愛蘭與眉溪兩個地區宗教信仰的差異，而避免以宗教信仰做為號召，改用跨村落組織的方式做連結。

2009 年 2 月，埔里鎮公所舉辦「大埔城建城 130 週年暨逗陣鬧埔城嘉年華會」的多元文化節，邀請埔里在地客家、平埔等族群參與演出，愛蘭巴宰和噶哈巫皆應邀出席。第一天開幕典禮後，有一花車踩街活動，由各參與團體組成遊行隊伍繞行傳統大埔城一周。當時噶哈巫族裔已著傳統服飾坐在牛車上，當時愛蘭教會族裔正在躊躇是否要跟著遊行隊伍，幾位長老正在觀望著。其中某位長它說了句：「還是不要去好了，那 balibali（車子）裡面有 samian（拜拜的人，意指民間信仰者）。」於是大家就沒有跟著踩街。

這只是比較極端的一例，事實上教會長老們一般是持中立的態度，私下雙方經常有往來，也會參與噶哈巫番過年活動。但是一神信仰與偶像崇拜的禁忌已深入愛蘭教會族裔的心中，因此在本研究的田野事件中，可見對於民間信仰濃厚的宗教活動或是番婆鬼傳說，巴宰主事者通常是迴避而不談。

第二節　尋找意義的社區

陳其南：「把沒有意義的空間，變成有意義的文化社區。」〔註23〕

〔註23〕　資料來源：郭崇倫，「公民、社區意識與生命共同體，專訪陳其南，談文建會如何推動社區概念」，《中國時報》，民國 82 年 11 月 2 日。轉引自黃麗玲，1995 年，頁 57。

雖然「社區」一詞最早引進台灣，帶有濃厚的台灣國族及現代化期待的想像
（曾繡雅，1995 年；黃麗玲，1995 年；黃順星，2000 年），但是現行社區總
體營造政策中，所謂的「社區」毋寧是狹義定義下的「社區」，也是仍保有一
定地緣關係的共同生活區域，以及在這樣生活區域中所展現的社會關係。社
區總體營造的確是一種關於「我群」的建構、認同與凝聚的過程，具體展現
為空間面向的「在地感」與時間面向的「歷史記憶」（楊弘任，2004 年，頁
11）。再如第四章所述，包裹著文化產業發展企圖的社區，被賦予振興自立的
期待，也因此，各項的社區營造的成果能「被看見」、「被展現」是今日社造
場域中一再被強調的重點。再者，社區操作至今仍留有濃厚傳統地方治理下，
對硬體設備仍十分重視，所以對比於族群復振，社區營造的思維更著重「把
沒有意義的空間，變成有意義的文化社區」。

　　然而，社區總體營造之「總體」，就在於必須包含不同階層、來源、族群、
職業、性別的共同體營造，也因此當地人對於社區、空間、文化的詮釋與期
待也十分複雜而分殊。以下即以空間的競逐、社區營造與庄頭廟，以及大聖
文化節一事例此三部份說明，行動者在社區營造活動中，欲從空間表徵彰顯
我群時，卻有著極為閃爍的縫隙在流動著，這種「縫隙」的概念也說明了地
方社群的本質。

一、空間的競逐與界線

（一）水水世界的例子

　　2008 年初，鐵山社區為了自製一份社區簡介，以供來訪遊客或地方長官
了解社區概況。在一次會議的場合上，王理事長請居民提供意見，社區境內
有哪些空間景觀可以放入簡介中。有一位賴姓報導人提出「水水世界」。王理
事長馬上解釋，「水水世界」不在鐵山里的行政範圍內，所以不能納入，並強
調社區簡介中不要出現愛蘭或房里里的照片。「水水世界」是一水生植物園，
位於鐵山里與房里里交界，但屬房里里境內。從鐵山舊庄與商店街之「三鬮
路」沿著一陡崎而下，左側有約十戶為鐵山里，這十戶因為位於台地坡坎下，
生活祭祀圈往往以日南天后宮為中心。路的右側則屬房里里，除了日南天后
宮，還坐落了一間筊白筍集貨場，水水世界則介於中間，雖然規模不大，但
連接著商店街主幹與廣興紙寮的往來遊客，成為新興的地方景點。

　　水水世界的黃姓老闆住家位於商店街左側，戶籍屬愛蘭里，但是由於對

地方發展及生態旅頗具想法，與王理事長往來密切，因此也加入鐵山社區發展協會。在過去舉辦的社區參訪或是兒童社區探索營，遊客及小朋友對此景點反應頗佳。因此對賴姓報導人，以生活圈的觀點來看，水水世界是屬於「咱庄裡面」的。但行政區域的界線具有代表性、資源、權力展現的敏感性，而將水水世界排除在外——在社區導覽介紹這類最細微的地方，卻也是社區政治競逐之處。

（二）鐵山白酒還是愛蘭白酒？

愛蘭台地舊稱「烏牛欄台地」，很明顯即是以烏牛欄社作為代表而命名。伊能嘉矩在 1896 年踏查日記中，已用「烏牛欄」代稱這個台地。雖然沒有明顯的文獻證據指出，但是我們可以從歷史發展中爬梳，這與烏牛欄為首的基督教力量息息相關（請見第三章）。也因此，國民政府來台後，因覺「烏牛欄」一名不雅，而改稱「愛蘭」，其與烏牛欄社的社群力量消長是不可分割的。而另一方面由阿里史社與崁頂社，加上 1960 年代後新移民所組成的鐵山里，與烏牛欄社為主的愛蘭里在台地上形成微妙的競逐關係。

愛蘭國小在日治時期舊稱烏牛欄公學校，於民國 36 年，正值國民政府接管台灣前後，曾短暫地改名為「鐵山國民小學」，民國 37 年 4 月又改稱愛蘭國民小學；位於鐵山里與愛蘭里交界的愛蘭派出所，也歷經多次的更名。今日埔里馳名的紹興酒、愛蘭白酒，其釀酒的泉水亦是引自台地湧泉。1950 年間，公賣局為找尋適合釀製紹興酒之泉水，派遣專人勘查化驗位於鐵山舊庄旁的泉水水質，化驗結果其所含的硬度、氯化物、硫化物等成分適合紹興酒菌種的發育繁殖，與中國浙江省紹興縣專門製造紹興酒的鑑湖湖水之水質極為相似（黃瓊瑩，2003 年，頁 26），因此促使埔里酒廠成為研製紹興酒之發源地，並將這座湧泉被稱為「愛蘭泉水」，又名「紹興泉」。

2007 年底，鐵山理事長召開會議，討論社區入口意象的規劃時，西鎮堂陳主委語帶不平地說：「奇怪耶！咱這有鐵山里和愛蘭里，結果被叫做愛蘭台地，別人就比較不知道鐵山了！」這一發言，引起了在場居民的議論紛紛：

> 「是啊！我們的入口一定要標明是『鐵山』啦！要把我們鐵山的名打出去。」

> 「還有那個派出所，它明明是在咱鐵山里，怎麼還叫『愛蘭派出所』？」

> 「應該叫『鐵山派出所』啊！」

「這樣的話，那個愛蘭泉水不就應該叫『鐵山泉水』了？」
雖然入口意象等空間規劃因為隔年執行提案未獲政府補助而夭折，但在這類居民日常對話，你一言筆者一語地略帶詼諧的自我解嘲，卻見嚴肅的社區政治中，「命名」作為一種權力的展示與延續，一再組構著地方界線與社群互動。

二、社區與庄頭廟

　　地方廟宇與社區的關係一向非常緊密。本研究中的鐵山社區分為舊庄與新庄（即蘭陽社區），新庄境內至今無公共空間或任何宗教組織，而舊庄則以西鎮堂為最大的信仰中心。「把西鎮堂推出去」是筆者參與鐵山社區事務的期間，很常聽到的說法。西鎮堂陳主委在民國 94 年間，就將舊庄境內的土地公廟聚集於西鎮堂前，共同舉辦吃福會，〔註 24〕有一次與陳主委的閒聊中，談起他擔任主委的心得：

> 我就說這種事不能一直都是同一個人做啦！咱小廟最需要人寄附〔註 25〕啊，我做主委的，就要到處去籌錢，現在朋友看到我都會怕咧！想說又要來討錢了！我也想要把西鎮堂推出去啊！不過這種事不能一直一個人做啦！雖然說主委是做四年，但是就算卸任，這些人情債還要繼續還耶！所以實際上至少是要做七、八年有哦！呵呵！

相似的論述不只存在於廟方，社區發展協會王理事長也說到：

> 雖然要把所有組織召集起來做事，實在非常吃力不討好。但是至少今年辦的大聖文化節很成功，有把西鎮堂推出去了。明年只想回到鐵山社區內部，繼續做遶境，開發和西鎮堂、西遊記有關的社區活動和創意產品，〔註 26〕再把西鎮堂推大一點。

由此可知，「把西鎮堂推出去」帶著濃厚的文化觀光與地方振興的想像。事實上，這背後也牽涉到傳統庄社組織與新興公共行動間的磨合與協商過程。在

〔註 24〕　而連結舊庄與蘭陽社區的商店街自笁白筍產業興盛後，成為台地主要的集散地，商店街中心則有一較新的土地公廟，因為香火鼎盛則自成一格，自行舉辦吃福會。從地方廟宇活動及祭祀行為，就可見地域界線總是不斷在組構中。

〔註 25〕　意指贊助廟宇做建設或捐獻香油錢。

〔註 26〕　於是 2008 年鐵山社區發展協會再度以「水漾船山」為題，計畫中除了延續大聖文化節外，新增齊天大聖社區劇場、西遊記藝術人文探索營、與以西鎮堂為主力的齊天戰鼓隊民俗技藝培訓班。

鐵山舊庄，即表現在里辦公室、西鎮堂廟方與社區發展協會三者微妙的關係。王理事長早期在外經營事業，並沒有涉入社區事務，直至九二一地震前後，因與外來協力者有所接觸，很快接收到社區營造相關的新觀念。鐵山柯又金里長因其在地的長期耕耘，擁有穩定的地方支持，並與西鎮堂勢力有緊密的連結。西鎮堂現任主委陳進寬因家族世襲的傳承，並在前任主委的支持下，積極地凝聚一批村落年輕人的認同。因此平日的社區事務許多時候便是依靠廟方人力的協助，也形成鐵山舊庄傳統勢力的代表。

以下擬從社區民俗技藝培養的例子，看到這三個組織微妙的互動。自2007年鐵山社區發展協會開始獲得地母廟的補助，〔註27〕始得成立「鐵山社區戰鼓隊」。一開始是針對鐵山里與愛蘭里居民進行招生，吸引了包括成人與兒童，近四十名的學員，並請來一個知名的民俗技藝團成員擔任講師。在進行了三個月的基礎培訓後，講師即提出要做第一階段的篩選，表現良好者可以參與年底成果展，並有機會到其他社區表演，正式成為戰鼓隊成員。由於當時鼓隊甫成立，並沒有真正的鼓可打，平時就以竹棒敲打厚軟墊，另外社區協會特別購置了十個橘色塑膠桶，黏上厚厚的膠帶充當鼓，因此被選上的學員，平時就可以用塑膠桶做練習。

當時第一批被選上的學員，八成皆是原西鎮堂的鼓隊。沒有被選上的學員只能在外圍繼續敲打厚軟墊。當時理事長見狀，便出來打圓場並緩和學員落選的情緒，表示這個鼓隊是開放給全社區有興趣的居民，重點在擴大參與，這只是暫時的分組，並將入選成員命名為「成人隊」，落選成員命名為「親子隊」。雖然王理事長在私下也質疑篩選成員的適當性，但同時擔任鼓隊隊長的陳主委卻認為「沒被選上是他們自己不努力」，鐵山里長也表贊同。最後雖然兩隊都能參與演出成果展，但是已有大半學員流失。至今鼓隊成員約有十人，除了一位任教國小的老師外，其他皆是西鎮堂成員。會有這樣的結果，一部份是西鎮堂成員原就有較好的鼓藝，對鼓隊的表演素質有加分效果；另一部份則是落選成員的反彈，陸續退出而導致的。

在私下，筆者即聽聞一位吳姓學員，過去由於住在商店街，〔註28〕很少

〔註27〕 地母廟全名為「地母至尊總廟埔里鎮寶湖宮天地堂」，為埔里境內香火頗盛的廟宇。

〔註28〕 商店街位於鐵山舊庄、愛蘭社區與蘭陽社區的交界，沿著愛蘭國小形成各種販售日常用品的商店，位居商店街的居民以一間名為福安宮的土地宮廟為中心，信徒主要居於鐵山里，但居民多以房里里境內的日南天后宮做為庄頭廟

與舊庄來往，因為這次對社區成立民俗技藝班有興趣而加入，也進而對社區事務和西鎮堂較熟悉。但是後來因為篩選制度，不滿都是廟在主導，入選的多是廟的成員而退出。此外，也有另一位高姓報導人，雖然被選為表演隊的鑼手，認為參加社區就是要好玩、有趣，跟厝邊頭尾更熱絡，因此對於鼓隊總是為了表演要密集練習而備感壓力，久而久之也愈形疏遠。

其實對於廟方來說，這個戰鼓技藝班很明確的目標就是要打響西鎮堂的名號，所以像主要表演曲目「齊天戰鼓」就是與齊天大聖孫悟空的形象結合（每位成員皆裝扮成孫悟空），成為具地方特色的民俗展演活動。淘汰不適任無法出隊表演的成員，對廟方來說是很合理的。另一方面，雖然在很多場合上，西鎮堂與鐵山社區戰鼓隊幾乎是劃上等號的，王理事長也在許多鼓隊人事編派上也以西鎮堂人力為核心，但是他也清楚這個以社區為名的戰鼓隊並非完全是以前傳統的廟會鼓隊，而且地母廟此次補助案是「提昇社區居民謀生能力及推展社區產業專案實施計畫」，〔註29〕它是在「社區營造」的思維下運作，而「擴大參與」是最清楚被認知的目標。

完全以表演性質為取向的技藝培養，對參與成員來說，有很濃厚的相互競爭的意味；但在社區擴大參與的思維下，「表演」只是一種鼓勵、共享的取向，是團體運作的目標之一而已，主要是藉由社區成員的參與，凝聚社區的向心力，進而促發其他公共活動與議題的可能性。從這個事件中，我們可以看到，新的公共想像與傳統地方勢力編派在「參與」與「競爭」間，產生隱隱的扞挌。就像上述這位吳姓學員，他在這之前幾乎未參與過鐵山社區的活動，也鮮少到舊庄走動，因為想要學習打鼓，而加入社區。然而卻又因為鼓隊的競爭模式，使他又再次退出社區。

楊弘任對屏東林邊社區進行地方派系與新興社區總體營造的研究中，有更進一步的見解：

> 地方派系的頭人們，在沒有新的社會想像之下，新瓶裝上舊酒挪用了政策資源……（必須）透過文化轉譯，〔註30〕公共行動社團所持

　　的象徵，平日鮮少至西鎮堂參拜，並且不加入以西鎮堂為中心，集結舊庄三間土地公廟舉辦的吃福會，而自成一格辦理屬於商店街的吃福會，儼然形成了另一個新的社群界線。

〔註29〕補助的對象是以社區發展協會及其他具公益服務性質的社團法人。也因此，該案是由鐵山社區發展協會申請統籌，西鎮堂並不符合提案資格。

〔註30〕楊弘任對「文化轉譯」（cultural translation）做以下解釋：文化轉譯假定兩造

的改革論述，才與村落傳統組織的實作習性，相互轉譯而逐步建構
出新的社會想像，此時整體行動的社會想像才得以提升。（楊弘任，
2004年，頁155）

此「文化轉譯」是一個緩慢而綿密的過程。據筆者長期的觀察，相較於里辦
公室與廟方，王理事長僅獲得少數認同其新理念的居民及外來協力者支持，
現階段仍無法形成持續而有效的新公共行動，〔註31〕也並未與里辦公室、廟
方有明顯的新公共性想像的溝通與互動。更因為在過程中，社區發展協會與
里辦公室及廟方有所扞挌，在孤掌難鳴之下，漸漸傾向消弱自我主張，對社
區的想像也愈形依附於傳統部落組織的發展思維下。

三、大聖文化節

另一個案例，即是本案主導者鐵山社區發展協會所策劃的大聖文化節。
此田野事件顯示出社區營造主流論述中，主題性與整體性共構的曖昧與兩
難。簡言之，如第四章第二節所述，文化創意產業政策中，社區被期待能像
企業一般，提出經營策略的主軸，開發地方文化特色，充斥於台灣各地的主
題嘉年華就是這類思維。不過另一方面，陳其南所提的社區總體營造，「總體」
之意即是整合各種價值、社群、階級、職業等，其實這也揭示了總體實際上
就是異質人群的結合，要社區提出「主題性」計畫，往往容易壓制了各種差
異的發聲。

但這並非直指兩者的絕對矛盾，就實踐層面，「主題」的設定必須求取社
群價值的最大公約數。協助船山嘻遊記一案的暨大公行系師生所提的「水」
主軸，是其認為的最大公約數，能夠提供最多數人能參與的場域。然而，地
方政治的權力競逐很可能將這樣的整體訴求，推入本位主義爭鬥的危險中。

各自有其知識形式與公共性想像，雖然彼此文化習性的構成特質不同，但可
以進行相互的轉譯，相互的「以自己的語言說出對方的語言」等機制，而讓
雙方在各受影響之後仍舊維持其各自文化習性的主軸，在長期時間下緩緩的
進行轉型，也就是在延續之中有所突破。換言之，我們認為並不存在有「完
全轉譯之中各自被影響，只要不是違逆原來意涵的、過度變形的轉譯，都是
可接受的轉譯。」（楊弘任，2004年，頁34）

〔註31〕 新公共行動如：鐵山社區發展協會曾在2005年執行「田園夢想家」一案，將
社區長期荒廢的邊坡整理，開放居民認養種植菜園。一反以往「硬體建設」
思維的環境綠美化，而是透過居民的身體力行，將邊緣化的公共空間轉譯為
生活實踐場域，開啟新社會想像的可能性。然而現任里長於2008年底接任理
事長時，對此抱持「保留態度」，表示不一定會繼續下去。

當鐵山社區發展協會構思要以何種方式，召喚出船山意象時，原本的夏日淨水活動就被轉譯成「大聖文化節」，十分符合明確主題性的社區活動。

如同前述，在廟方長期苦惱西鎮堂的發展與能見度時，社區發展協會引進了外來協力資源，具體地落實文化觀光的新想像，兩方新舊勢力在「把社區推出去」的驅力中，找到共同的施力點。這時，船山意象的召喚，自然與宗教繞境的身體實踐勾連上。林開世在研究宜蘭五結鄉利澤村永安宮的繞境活動儀式時，指出：

> 這種繞境活動普遍存在於台灣民間社會，其背後對神明靈力性質的假設是領域性的（territorial），而不是普遍性（universal），具有透過分類、區分社會空間，表現一個地方性的集體力量的含義。也就是說，這種繞境活動具有界限性，強調在特定領域中的人和物會被一體的對待，要透過集體的身體實踐，將內在差異性暫時消彌。（林開世，2008 年，頁 1～2）

這種繞境活動展現出傳統鄉村社會文化習性的構成基底，也是一種強而有力區辨我群與他群的方式。於是，鐵山行動者採借了埔里農曆九月媽祖繞境的活動思維，[註32] 舉辦第一次的大聖文化節。就地方嘉年華來說，這是一個成功的策略，其宗教性不僅接合村落居民的慣習理解，吸引許多信徒駐足觀禮，西遊記人物的扮相更具討喜的新聞性。就地方廟宇的發展來說，繞境活動帶來可觀的香油錢，是最實際的「文化觀光」回饋，大聖君顯象於活動現場的照片，更是信徒所浸浸樂道的地方。

其實社區發展協會意識到宗教號召亦有侷限性，於是在文宣上還特別強調：「齊天大聖除了有制服邪魔妖道的功力以外，也是調教小孩子最好的家庭教師。」，希望加強其影響力，但最後僅僅只是活動文宣上的註解：

> 藉由本次「船山嘻遊記」愛蘭台地文化空間規劃，我們希望在未來，能將齊天大聖特有的文化信仰注入社區的公共空間，同時也讓更多居民認識此珍貴的社區文化資源。共同參與「遶境祈福」及「大聖文化節晚會」活動，幫助學童認識自己生活的愛蘭台地。連繫學校、家長與居民情誼，增加社區認同，更深具親子的教育意義。

〔註32〕農曆九月為埔里人俗稱的「九月媽祖紀念日」，是為了紀念當時由彰化請來媖祖開發水路的事蹟所辦的「紀念日」。以往繞境的活動為期三十天，現今已改為一天，且由兩至三里為一個單位，各自迎回聖駕繞境。愛蘭里、鐵山里與鄰近的房里里為同一條路線。

此外，儘管遊行路線是沿著台地的舊路，企圖召喚出沈積於歷史記憶底層的在地感，但不同信仰間的相互禁制卻無法掩蓋：即使巷道再狹窄，遊行隊伍還是會進入鐵山社區、蘭陽社區和梅村社區，以供擺設香案的居民祭拜，並在重點廟宇停留，但卻刻意繞過愛蘭社區（請見圖 5-1）。愛蘭社區就猶如飛地（enclave）一般，船山也如同缺了右舵，而傾斜偏移了。

圖 5-1：大聖文化節繞境路線〔註33〕

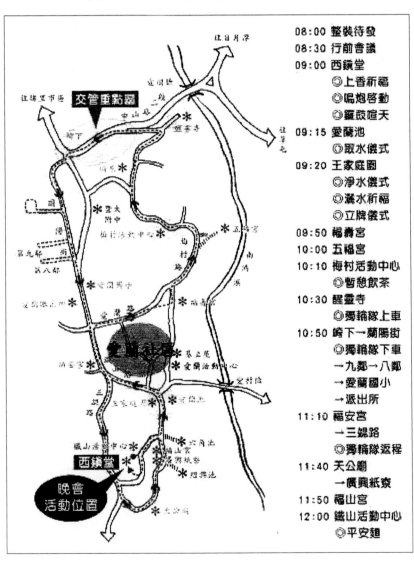

　　究竟這是一個新社區意識的展開——不論是船山意象或孫悟空故鄉這類
的宣稱？還是新瓶裝舊酒，再次銘刻舊有的地方界線？我們都可以看到社區
巧妙地回應政策，並挪用各種文化的能動性，就像最初所提的「夏日淨水」元
素，最後轉化成在大聖君遊行隊伍中，請西遊記人物灑水以示祈福之意——
這種挪用錯置，在某種意義上，竟也成爲另類的夏日「淨水」。

第三節　小　結

　　究竟我們要用什麼樣的架構理解地方社群？筆者在郭佩宜的「社群群」
（the Community of Communities）的研究模式得到啓發，她談到其核心概念
有三：

> 第一，需要注意當地的社群概念，並允許多種、多層次社群同時並
> 　　　存。一方面留意社群定義的差異可能性，包括研究者的預設
> 　　　以及當地的概念間的差異。在當地，不同人可能對社群有不
> 　　　同看法，他們可能共享相同的象徵符號，但其意義卻有差異
> 　　　（Cohen 1985：15），需要被釐清。
> 第二，在多重社群並存的情形，與其只研究單一社群，更應該檢視
> 　　　它們之間的關係。可以考慮將交纏的社群們視爲一個超社群
> 　　　（hypercommunity），亦即社群群的成員們。
> 第三，對單一社群詳盡的研究仍會幫助我們理解社群群，就像研究
> 　　　某個個案的生命史仍對該社會文化的研究有所助益一樣。
> 　　　（郭佩宜，2004 年，頁 178）

筆者歸納出「社群群」概念的兩大重點，一是研究者必須注意自己的預設及
當地概念間的差異，這點很類似 Cooper 一再提醒我們要謹慎區辨「實踐範
疇」與「分析範疇」（請見第二章）。第二，地域社群原就是一個多重社群並
存的情況，報導人可能共享共同的象徵符號，但意義卻有所差異。比如本研
究中，愛蘭教會與鐵山協會都提出大家作爲一個共同體的概念，但是他們所
指向的意義和內涵，以及操演的方式都大爲迴異。「社群群」的概念提醒，筆
者即是以社區區的概念做爲基礎，在本章提出了「網狀」的社群模式。Castree
（2003：184）也指出類似的觀點：

> 我們對於地方的設想，須從邊界轉移到「連結」，以跨越邊界的各種
> 對外連接網絡來界定地方的性質。無論是地方做爲區位、場所或地

方感，都必從網絡化連結的角度來設想；做爲區位的地方邊界充滿縫隙、地方也是廣大多尺度的社會關係的節點，而地方感或地方意義與認同，也因爲相互連結而更爲複雜。遙遠的地方意象、意義和價值透過各種流動（媒體訊息、商品、人員遷移）而成爲我們日常生活世界的一環，他方納入了此地，此地也成爲地方，我們的地方認同因而難以侷限於固定邊界之內。（轉引自王志弘，2009 年，頁16）

「社群」一直是人類學關注的焦點，「地方」也是人文地理學從未放棄的概念，這兩者常常都在用不同的詞彙指涉同一個研究主題，本文盡力提出各種事例及觀點，雖不成熟也不盡完整，但是希望能結合這兩個學科的認識論與關懷主題，提出另一種可能的理解架構。

第六章　結　論

「阿婆，恁這攏住什麼人？是河洛人？還是平埔？」「哪有什麼人？攏普通人啊！要作息〔註1〕才有通呷啊！」2007年埔里九月媽祖遶境活動，在祀奉三太子的梅村社區濟清宮前，筆者和一位年邁的七十歲阿嬤有著這樣一個答非所問的對話——很明顯，筆者立錯了靶，阿婆射錯了箭。

在另一個平凡的午后，筆者在鐵山崁頂舊庄的土地公廟前和一位阿伯交談，詢問他是不是平埔族？阿伯回說：「我知道的普普啦！不過可以跟你講一點啦！這裡有烏牛蘭，蘭花的蘭，還有大瑪璘。」筆者問：「那你們這裡咧？」「我們這裡叫崁頂。」筆者又問：「那你有聽過阿里史嗎？」「哦！有啊！這裡就是阿里史啊！阮爸爸是雙寮人，跟蔣公同年生的，我們最早是從福建搬來的，後來到大甲，〔註2〕以前的人難賺呢啊，就找到埔里來了。」筆者再進一步確認：「那這樣，恁是平埔族的巴宰族還是道卡斯？」阿伯愣了幾秒，似乎不太懂筆者在說什麼，隨即點頭是「是、是、是」，結束了這段尷尬的對話。

又一次，筆者在西鎮堂向擔任乩生的潘姓報導人請教香旗的由來，他便如數家珍地向筆者講述廟與地方的歷史，筆者同樣想確認他的認同：「那你是pazel的哦？」他大聲地「嘎」一聲。筆者轉口咬字說清楚：「巴、宰、族。」他似乎有點恍然大悟，表示自己也有看過一些資料，馬上滔滔不絕地講述這些「族群知識」。只是不久，又話鋒一轉，說起現在兩黨政治的惡鬥，台灣人與中國人的差異認同。

在這些經驗後，筆者開始懷疑起，這樣的問答對話方式是對的嗎？這就是他們的「認同」嗎？其實當地人普遍都知道自己具有「平埔族血統」，但當

〔註1〕閩南語的「工作」「下田」的意思。
〔註2〕事實上，根據史料，從大甲搬遷來埔里的平埔族應是道卡斯族。

代新族群分類（如巴宰族、道卡斯族）對當地人又有何意義呢？「在一個區域內，人們如何區辨我群與他群？」這是筆者在研究題目未具體化前，最早的發想與疑惑。然而這樣的問題意識就必須直接導入當代認同研究模式中，以研究者自行設定的選擇題，捕獲報導人的「認同」嗎？學術概念往往存在於研究者自己本身，行動者在進行各種話語詮釋或實踐操演時，並不見得就意識到這是「認同」。如果是在傳統族群研究中，以上的這些對話應該算是「無效問卷」吧！但是它卻是報導人最鮮活而自然的「自我認識」啊！於是，筆者決定先收下傳統認同研究的概念，進而以 Cooper 的「認同歷程」（identification）為主要的理論架構，希望藉此開展對當代認同政治及地方社群的另一種新的研究取徑。

第一節　流變的地方性

　　本論文定位為認同論述與地方實踐的交叉分析，所謂的認同論述包含國族主義與多元主義交錯影響下的文化政策與主流論述，地方實踐則包含地方歷史所生成的社群界線，以及其所促發的行動；巴宰或船山認同運動即是在這兩者主客觀交互影響下的產物。就理論概念（圖 2-1）來說，認同論述指的是範疇化認同，而地方實踐則是認同歷程。認同歷程所牽涉的是行動者如何進行自我認識，在本研究中，巴宰協會及鐵山社區發展協會是依宗教、組織屬性以及他者的想像，所界定的自我。而這樣的自我認識同時也受到如國族、族群、社區這類主流論述的範疇化認同所影響。於是，在客觀條件下，雖然本研究中的行動者擁有共同的地緣關係及社群歷史記憶（同是愛蘭台地居民，也同是平埔族群），[註3] 但必須視當代認同場域中的連結方式，這種社會連結主要依據運動主事者作為基督徒／民間信仰的成員，所圍繞的網絡價值而成，並運用空間、儀式及論述等其他建構方式（請見第五章），所形成的網狀的我群範疇。

　　本論文第一章以兩則田野事件「巴宰牽田走鏢過新年」及「大聖文化節」，說明族群復振和社區總體營造這兩個文化認同運動都同樣訴諸「愛蘭」這個

〔註 3〕　本研究並不主張日據時期所進行的熟蕃分類，必然對應到今日的族群認同。也就是崁頂社人不見得認同自己就是道卡斯族，大瑪璘、阿里史、烏牛欄也不見得就必定認同自己是巴宰／噶哈巫族。反而是著重他們共同的遷移開墾記憶所形成的社群關係。筆者在第三章詳述愛蘭台地族群圖像的變遷。

地方，做為號召與動員的基礎，然而它卻猶如兩齣完全不同的戲，由不同的
人導演著：鐵山社區主導著愛蘭台地社區總體營造的議題，愛蘭教會成員則
主導著埔里地區巴宰族群論述，其背後的支配邏輯即是宗教認同。因此在第
三章中論證愛蘭台地社群的界線的生成與演變，主要源自於 1870 年代，烏牛
欄社（今愛蘭里範圍）改宗基督信仰，因西方傳教引進教育、醫療資源，使
得該社在愛蘭台地甚至大埔里地區，具有一定的影響力。但時至 1970 年代由
於行政革新並更加成熟建制化後，當愛蘭教會逐漸褪去傳統地方領導的角
色，而位於鐵山舊庄，原為私壇的西鎮堂也因黑狗精傳說以及主事者的作為
而凝聚舊庄向心力，建成公廟而成為地方信仰中心。使得原本已和岸裡社群
漸行漸遠的阿里史社（今鐵山里範圍），漸漸與烏牛欄社在愛蘭台地上形成壁
壘分明的兩大勢力。而這也是為何今日愛蘭教會主導著巴宰族群復振，而鐵
山社區發展協會依靠西鎮堂，召喚社區共同體的原因所在。

　　第四章則從另一則田野事件「巴宰過中秋」說起，強調由於「他者的想
像」，形成族群復振運動對「真實性」的追求，以及社區營造運動擅於「拼貼」
（collage）文化元素──這是兩方行動者認知差異的主要原因，也呈現出正是
這種對文化詮釋權的競逐，才更彰顯出地方並無單一、固著的文化表徵──
地方是關係性的，文化也從來不是任何事物（thing），而是持續鬥爭的社會關
係（Mitchell 2000：163）。

　　在社區營造方面，由於它必須建構地緣性社區，其中就必須容納各種不
同組織、不同價值體系的衝撞，也因此所呈現出來的「整體」常常是各種權
力協商的結果。這樣的本位公平主義表現在文化上，就是極富「創意」的拼
貼性格。此外社區營造論述中往往有著一組對話的對象、想像的他者──國
家／官方／精英。因此，「山地辣妹舞」與「巴宰過中秋」在這樣的思維中被
劃歸為地方民俗的範疇，而得以合理存在。

　　那麼，族群復振為何如此追求真實、正統性？筆者採用謝世忠的「原住
民真理性」概念作為解釋，說明平埔運動者必須用策略性的論述與行動反轉歷
史的污名，強調「平埔」族群和其他臺灣南島語族都是臺灣原住民，而文化權
是做為「主人」所應享有的一切權利與權力。所以，對鐵山的社區營造來說，
巴宰族、中秋節與九二一大地震都是屬於地方經驗的範疇，但這樣的「拼貼」
卻是族群復振運動所忌諱的。總言之，本研究中的行動者對族群／社區，宗
教／文化，牽田走鏢／中秋節這些象徵符碼，進行著各種「應然」的挪用與

想像：族群活動應該是怎樣？文化活動應該是怎樣？在他們的建構裡，這些都有自成一格的道理。但雙方就在正統與拼貼的論述交錯中產生了衝突。

由此，筆者再進一步地批判當代認同政治「文化膠囊化」現象所帶來的樣板化，使得無論是社區或族群運動不斷競逐著本質化的自我展現，都透露著一種消毒過的、內省式的對「遺產」（heritage）的執念，其實也反諷了今日國家操作的「多元文化」，事實上卻是促使地方文化更加標本化與僵化。

第五章試圖指出，社區營造與族群復振的主事者運用空間、儀式及論述，劃定我群的範疇，開展特定文化內涵的想像，並企圖將之客體化（objectification），以強化認同運動的動員基礎，彰顯自身存在的正當性。例如，愛蘭教會除了尋求泛原住民的政治結盟外，透過教會組織串連每年的牽田走鏢儀式，卻已招示出異教（徒）的排除，鐵山與噶哈巫之爭皆源於此，對於偶像崇拜色彩濃厚的「番婆鬼」也迴避不談。其次，筆者以空間的競逐、社區營造與庄頭廟，以及大聖文化節，說明鐵山行動者欲從空間表徵彰顯我群時，卻有著極為閃爍的縫隙在流動著，這種「縫隙」的概念也說明了地方社群的本質。

總言之，這些「我群的建構」並不是根著性（root）的同心圓，而是尋著內部網絡的特定路徑（route），也就是並非如對外宣稱的「愛蘭台地做為一個整體」，而是主要以宗教信仰做為社群動員的基礎。在這些紛亂複雜的政治宣稱與文化實踐中，本論文提出「認同歷程」（identification）的概念，將認同現象視為一種動態過程，表達行動者「想要成為某種狀態」的意圖——在本研究中即是「船山」或「巴宰」的內涵，由此進一步摸索出當代認同政治與常民社群界線之間的辯證關係。

最後，必須說明的是，由於本研究的主題設定在認同運動的政治層面上，由於其政治嚴肅性，宗教界線儼然是很難跨越的鴻溝。但這並不是說，日常生活中彼此就是為宗教問題而劍拔弩張。在筆者的田野訪查中，基督徒受邀參加土地公廟的吃福會時有所聞。人做為一個「整體」生活的行動者，多重界線不斷在社會互動中交錯、浮現及隱褪，在不同的社會處境中，某種界線會選擇隱藏，某種界線會選擇顯現。但這樣的說法並不是主張認同就是「情境式」。而是，只是人會在不同社會結構的碰撞間，〔註4〕對自我會有不

〔註 4〕 所謂的「結構」，包含國家機器、父權體制、社會制度、社會階層、族群界線等。

同的認識與界定，會選擇不同屬性的界線以捍衛自己的價值，比如族群、宗教、黨派、地緣、親屬等等。也就在這些力量顯與隱的交錯浮光間，地方界線一再被結構再解構，解構再結構，地方從未「完成」，而總是處於「流變」（in the making）之中。

第二節　學術研究的省思

　　本研究並無意指涉社區營造僅是一種利益分配或想像虛構；也非爭論巴宰族是否爲一個族群，其成員是否有足夠的「代表性」；以及巴宰與噶哈巫之爭究竟是族群認同抑或地域性認同。因爲筆者認爲，在論證這些事情之前，必須釐清參與社群所處的社會位置，反身思考認同運動主事者甚至是研究者的限制。埔里地方文史學者簡史朗老師，曾經有一次感慨地對著巴宰及噶哈巫族裔說：

> 我們雖然是局外人，但是許多族群現象，部份就是受我們這些研究者的影響，這就是一種銘刻（embody），是會打印在你們身上的，我們有我們詮釋的偏頗，這還是要回到你們內部去討論，由你們自己來決定。

同時作爲局外人（outsider）與局內人（insider），這是學術研究者／人類學家的兩難。作爲一個 insider，我們捲入其中，很難避免自身的價值判斷。但筆者認爲學術價值就在於，我們必須呈現多重主觀／insider 交織形成的相對「客觀」／outsider。因此，在判斷此類麻煩的認同問題前，研究者所做的功夫必定比一個純粹的 insider 要來得多。

　　本論文研究是由我的眼觀察，由我的筆寫下，盡可能將我如何思考如何論證以及參與位置的限制，呈現在這薄薄的扉頁間。本論文並無意指責被研究者的選擇性詮釋或對他群的拒斥，因這原本就是人類社群的本質、社會生成演變的趨力。然而，如果學術研究能對現實世界有所提攜，或許就是將各種紛亂的論述與行動，予以理解釐清，指出其中隱蔽的矛盾，並提供更寬廣的架構與可能。

　　地方永遠在建構與流變中，學術也在前仆後繼的辯證中，繼續豐厚的積累。

附錄：1823 年平埔入埔後聚落分佈〔註1〕

現在族別	聚落名稱	現在里別	組成原因	組成番社	最早遷入年代	戶數	人口		
							男	女	計
洪安雅族（Hoanya）	鹽土庄社	枇杷里	地緣	北斗社、柴裏社（斗六門社）。（初由北斗社建立，後斗六門自白葉坑移來加入）	道光5年	5	11	9	20
	枇杷城庄〔註2〕	枇杷、杷城等里	地緣	北投社、阿束社（原各自皆立，後來合併，以北投社為主）	道光3年	22	50	32	82
	五港泉〔註3〕			北投社、南投社		—	—	—	—
	文頭股庄	枇杷里		萬斗六社（由中心仔庄之同社人移來）	道光3年	11	54	28	82
	中心仔庄（分頂、下兩社）	枇杷里		北投社（北投社人數極少）萬斗六社	道光3年	16	30	40	70
	十一份庄	水頭里	單一	北投社	道光3年	10	25	27	52
洪安雅族（Hoanya）	珠仔山	珠格里	血緣	北投社、南投社	道光3年	—	—	—	—
	水頭庄	水頭里	血緣	北投社、南投社	道光3年	20	40	50	90
	牛洞庄	—	單一	南投社	道光3年	12	32	21	53
	白葉坑庄			北投社（南台中盆地）	道光3年	20	30	40	70

〔註1〕 資料來源：整理自簡史朗，《西部平埔族群入墾埔里時之聚落形成》，刊於「2008 年水沙連區域研究學術研討會劉枝萬先生與水沙連區域研究論文集」，南投：暨南大學人類學研究所，2008 年。以及洪麗完，《從部落認同到「平埔」我群——台灣中部平埔族群之歷史變遷（1700～1900）》，台灣大學歷史學研究所博士論文，2003 年。
〔註2〕 芝原以為枇杷城庄可能含南投社人。參閱劉枝萬，〈開發篇〉，收入劉枝萬、石璋如等纂《臺灣省南投縣志稿（一）》，頁 89。
〔註3〕 伊能認為南北投社先住五港泉，後分散各地，五港泉因此成為其祭祖聖地。參閱劉枝萬，〈開發篇〉，收入劉枝萬、石璋如等纂《臺灣省南投縣志稿（一）》，頁 89。

族別	庄	里		社	年代				
				柴坑社〔註4〕（八卦台地）					
				東眉社（濁水溪沖積扇平原）					
				柴里社(斗六門社)（濁水溪沖積扇平原）	道光5年				
	九楉楓庄〔註5〕	福興里	單一	北投社	道光3年	12	23	25	48
	福興庄			—		—	—	—	—
道卡斯族（Taokas）	房裡庄	房里里	單一	房裡社	道光21年之前	36	93	86	179
	雙寮庄	房里里	單一	雙寮社（分上下兩部落居住）〔註6〕	道光21年之前	23	48	43	91
	雙寮崁腳		單一						
	日北庄	房里里	單一	日北社	道光3年	28	55	55	110
	日南庄	房里里	單一	日南社	道光21年之前	44	101	98	199
道卡斯族（Takas）	八股庄	房里里	單一	吞霄社	道光21年之前	33	84	76	160
	下赤崁庄			—		—	—	—	—
	水尾城庄	房里里	單一	日北社（由鐵砧山的日北社分移）	道光3年	18	36	35	71
	坎頂〔註7〕	房里里	單一	日北社（？）	道光3年	3	—	—	—

〔註4〕 依據劉枝萬1954年的資料，白葉坑庄的成員包括柴坑社、東眉社。移川認為柴坑社在白葉坑庄與柴里社共處，東眉社在白葉坑庄活動。參閱劉枝萬，〈開發篇〉，收入劉枝萬、石璋如等纂《臺灣省南投縣志稿（一）》，頁88。

〔註5〕 劉枝萬指光緒13年北投社巫阿成等十八戶，由枇杷城庄遷居。參閱劉枝萬，〈開發篇〉，收入劉枝萬、石璋如等纂《臺灣省南投縣志稿（一）》，頁89。

〔註6〕 芝原以為入埔後原住坎頂，因生齒日繁，分出另建雙寮；伊能以為有上兩兩社之別。參閱劉枝萬，〈開發篇〉，收入劉枝萬、石璋如等纂。而依契字所示，雙寮社包括西勢社，舊址在台中縣大甲鎮建興、龍泉、西崎、同安、福德等里；東勢社舊址在台中縣大甲鎮龍泉里。但對外以雙寮社通稱東勢社、西勢社。參閱洪麗完，《台灣中部平埔族群古文書研究與導讀：道卡斯族崩山八社與拍瀑拉族四社》，上冊頁20。

〔註7〕 傳說初住三貂嶺西南，因人口增加，遷往淡水南部；芝原以為入埔後住坎頂。

	頂梅仔腳庄	北門里	不明	日北社〔註8〕（由鐵砧山的日北社分移）	道光3年	10	40	35	75
				貓兒干社〔註9〕					
	頂史港庄			日北社		12	31	30	61
	下史港庄〔註10〕	房里里	單一	— 日北社	道光3年	— 12	—	—	— 61
	刣牛坑			—		—	—	—	—
巴宰族（Pazeh）	烏牛欄庄	愛蘭里	單一	烏牛欄社	道光3年	65	165	163	328
巴宰族（噶哈巫）	大瑪璘庄	愛蘭里	單一	大瑪璘社	最遲道光8年	37	101	74	175
巴宰族	阿里史庄	鐵山里	單一	阿里史社	道光3年	31	77	51	128
巴宰族	牛睏山庄（牛臥山庄）	牛眠里	血緣	岸西社〔註11〕	道光3年	46	128	125	253
				葫蘆墩社、麻薯舊社、社寮角社	道光21年以前				
巴宰族（噶哈巫）	守城份庄	牛眠里	單一	山頂社〔註12〕	最遲道光8年	58	168	146	314

參閱伊能嘉矩，〈埔里社平原に於ける熟番〉，《番情研究會誌》第2號，1899年，頁48。

〔註8〕 伊能以爲由日北社分出。參閱伊能嘉矩，〈埔里社平原に於ける熟番〉，《番情研究會誌》第2號，1899年，頁47。

〔註9〕 這種說法見於鄧相揚〈平埔古文書溯源〉。貓兒干社爲西部平原「熟番」最早入埔社群之一，道光8年的《總簿》仍見其參與土地鬮分，可能因人數少未自立部落，但除了上（頂）梅仔腳外，關於貓兒干聚居處，不見於其他相關記載（鄧相揚，1990年，頁390）。因此洪麗完暫時接受鄧氏的說法。

〔註10〕 伊能認爲下史港庄社人由日北社分出；移川以爲出自北投社；劉枝萬則主張其應自成一社。參閱伊能嘉矩，〈埔里社平原に於ける熟番〉，《番情研究會誌》第2號，1899年，頁48。

〔註11〕 岸西社參與移墾的資料見於道光4年的〈思保全招派開墾永耕字〉；與其他三社皆原居北台中盆地。其聚落資料見於鄧相揚，〈平埔族古文書溯源〉，1990年，頁391。

〔註12〕 依據劉枝萬1954年的資料，守城份的成員包括北投社、萬斗六社、日北社。理由是萬斗六社自入埔以來始終固守守城份，且在《總簿》中有北投、日北社名。事實上此守城份在眉溪北方，不是入埔之初在覆鼎金附近的守城份。埔里有多處守城份，相關討論可參閱邱正略，〈清代台灣中部平埔族遷移埔里

	內城庄			—		—	—	—	—
巴宰族 （噶哈巫）	大湳庄	大湳里	單一	大湳社	最遲 道光8年	46	114	106	220
巴宰族 巴布薩 洪安雅	虎仔耳庄		不明	阿里史社、眉里社 〔註13〕、萬斗六 社		2	5	3	8
巴宰族	楓仔城庄	大湳里	單一	阿里史社	道光3年	7	23	23	46
巴宰族 （噶哈巫）	蜈蚣崙庄	蜈蚣里	單一	水底寮社	最遲 道光8年	57	141	106	247
拍瀑拉 （Papora）	大肚城庄	大城里	地緣	大肚社（清水平原）	道光3年	9	21	19	40
				貓霧社（南台中盆 地）					
	水裡城庄	大城里	單一	水裡社	道光3年	11	23	23	46
	生番空庄 〔註14〕	溪南里	單一	大肚社	道光3年	18	36	35	71
巴布薩 （Babuza）	恒吉城庄	大城里	血緣	二林社、馬芝遴社 （原各獨立，後合 併）（皆彰化平原）	道光30年 以後	25	70	70	140
	林仔城庄	籃城里	單一	東螺社	道光5年	59	154	144	296
	下梅仔 腳庄	北門里	不明	阿束社（彰化平原）		22	70	80	150
				眉裏社（濁水溪沖 積扇平原）（原各獨 立，後合併）					
	公林庄		不明	—		—	—	—	—
	四角城庄		不明	—		—	—	—	—
總計						825	2079	1898	3977

註：簡史朗（2008年，頁27）認為春米宮庄、福興庄、下赤崁庄、下史港庄、刣牛坑庄、內城庄、
　　公林庄、四角城庄等8庄在伊能嘉矩調查時已經存在，但是伊能並沒有寫入調查資料。

拓墾之研究〉，1992年，頁214。
〔註13〕依據劉枝萬1954年的資料，虎仔耳庄的成員包括眉里社，但伊能以為應由阿
　　　　里史分出。劉枝萬，〈開發篇〉，收入劉枝萬、石璋如等纂《臺灣省南投縣志
　　　　稿（一）》，頁89。伊能嘉矩，〈埔里社平原に於ける熟番〉，《番情研究會誌》
　　　　第2號，1899年，頁48。
〔註14〕移川以為由大肚城分出。參閱劉枝萬，〈開發篇〉，收入劉枝萬、石璋如等纂
　　　　《臺灣省南投縣志稿（一）》，頁87。

參考書目

一、中文書目

1. Anderson, Benedict，吳叡人譯，《想像的共同體：民族主義的起源與散布》，台北：時報，1999 年。

2. Cresswell, Tim，王志弘、徐苔玲譯，《地方：記憶、想像與認同》，台北：群學，2006 年。

3. Dirlik, Arif，羅綱、劉象愚主編，《中國歷史與東方主義問題》，刊於《後殖民主義文化理論》，北京：中國社會科學出版社，1999 年，頁 80～102。

4. Hobsawm, Eric，陳思文等譯，《被發明的傳統》，台北：城邦，2002 年。

5. Said, W. Edward.，王志弘等譯，《東方主義》，台北：立緒，1999 年。

6. 中村孝志，《荷蘭統治下位於台灣中西部的 Quataong 村落》，《台灣風物》第 43 卷第 4 期，1992 年，頁 206～238。

7. 王志弘，《地方：認同與實踐的多樣化》，發表於「第四屆全國地方文史工作研討會」，行政院文化建設委員會、財團法人台灣研究基金會主辦，南投，2009 年 3 月 6～8 日。

8. 王志忠，《埔里盆地聚落演化的歷史考察——三個民族，五個文化，權力變動下的空間與社會》，東海大學建築研究所碩士論文，1990 年。

9. 王明珂，《人類學族群理論》，刊於王明珂編著《華夏邊緣：歷史記憶與族群認同》，台北：允晨，2001 年（1997），頁 23～40。

10. 王明珂，《羌在漢藏之間：一個華夏歷史邊緣的歷史人類學研究》，臺北：聯經，2003 年。

11. 王灝，《埔里地區平埔族「番婆鬼」傳奇的文化衍生策略》，發表於「百年的遺落與重現——2005 南投縣平埔族群文化研討會」，南投縣文化

局、國立暨南國際大學歷史學系主辦，南投，2005 年 12 月 17 日。

12. 石璋如、劉益昌，《大瑪璘》，《中央研究院歷史語言研究所專刊》第 89 期，1987 年，頁 1～24。

13. 伊能嘉矩，《埔里社平原に於ける熟番》，《番情研究會雜誌》第 2 號，1899 年，頁 31～55。

14. 吳信宏，《再現、認同、族群關係──以《土地與靈魂》、《倒風內海》、《餘生》為研究對象》，成功大學台灣文學研究所碩士論文，2006 年。

15. 李雪菱，《多元文化論述在台灣──張茂桂老師專訪》，《教育研究月刊》第 117 期，2004 年，頁 101～106。

16. 林文淇，《後現代的風‧後殖民的香港：關錦鵬電影中的（反）國家寓言》，刊於簡瑛瑛編《認同‧差異‧主體性：從女性主義到後殖民文化想像》，台北：立緒文化，1997 年，頁 175～216。

17. 林谷芳，《文化發展中的「民間」概念》，刊於徐天福主編《文化發展與民間力量座談會論文集》，台北：國立歷史博物館，1998 年，頁 75～84。

18. 林修澈，《巴宰族民族誌調查》，行政院原住民委員會委託研究計畫，2007 年。(未出版)

19. 林開世，《移動的身體，一個繞境儀式的分析》，發表於「空間移動之文化詮釋國際學術研討會」，漢學研究中心主辦，台北，2008 年，分冊頁 1～32。

20. 林琮盛，《一個重疊的空間與生命記憶──世紀末船山記事》，《大家來寫史──種籽村參與式社區史建立計劃成果報告》，1999 年。(未出版)

21. 林群桓，《地方史使用與社區共同體建構：以新港的文化再現為例》，南華大學亞太研究所碩士論文，2003 年。

22. 邱正略，《清代台灣中部平埔族遷移埔里拓墾之研究》，東海大學歷史研究所碩士論文，1992 年。

23. 邱貴芬，《「亞洲性」、「台灣性」與台灣外文學門研究：從紀錄片談全球化時代文化異質的展演與抗拒空間》，發表於「外文學門 86～90 研究成果發表會」，國家科學發展委員會主辦，台中，2003 年 10 月 24～25 日。

24. 周鐘瑄，《諸羅縣志》，《臺灣文獻叢刊》第 81 種，台北：台灣銀行經濟研究室，1962 年。

25. 施添福，《清代台灣岸裡地域的族群轉換》，刊於潘英海、詹素娟編《平埔研究論文集》，台北：中央研究院台灣史研究所籌備處，1995 年，頁 301～332。

26. 洪麗完，《大社聚落的形成與變遷（1715～1945）：兼論外來文化對岸里大社的影響》，《台灣史研究》第 3 卷第 1 期，1995 年，頁 31～95。

27. 洪麗完，《台灣中部平埔族群古文書研究與導讀：道卡斯族崩山八社與拍瀑拉族四社》，豐原：台中縣立文化中心，2002 年。

28. 洪麗完，《從部落認同到「平埔」我群──台灣中部平埔族群之歷史變遷（1700～1900）》，台灣大學歷史學研究所博士論文，2003 年。

29. 苗栗縣巴宰族群文化協會，《2003 年苗栗縣巴宰族（Pazeh）過新年走鏢牽田古文物竹編展示暨鯉魚潭社區民俗文化表演活動成果專刊》，苗栗縣巴宰族群協會、鯉魚潭基督長老教會編印，2003 年。

30. 苗栗縣巴宰族群文化協會，《2004 年苗栗縣巴宰族（Pazeh）過新年民族藝術民俗文化暨古文物展示活動成果專刊》，苗栗縣巴宰族群協會、鯉魚潭基督長老教會編印，2003 年。

31. 容邵武，《文化營造與社區轉型：台中東勢客家村的個案研究》，發表於「客家、族群、多元文化學術研討會」，苗栗雪霸國家公園管理處主辦，台中，2003 年 12 月 13～14 日。

32. 翁佳音，《被遺忘的台灣原住民史──Quata（大肚番王）初考》，《台灣風物》第 42 卷第 4 期，1992 年，頁 144～188。

33. 曾繡雅，《日常生活美學與社區發展──以新竹兩個社區劇場為例》，清華大學社會人類學研究所碩士論文，1995 年。

34. 張茂桂，《多元主義、多元文化論述在台灣的形成與難題》，刊於薛天棟編《台灣的未來》，台北：華泰文化事業公司，2002 年，頁 223～273。

35. 張隆志，《族群關係與鄉村台灣》，台北：台大出版委員會，1991 年。

36. 張隆志，《歷史民族誌，族群史書寫與台灣平埔論述：以巴宰族群史為例》，發表於「族群意識與文化認同──平埔族群與台灣社會大型研討會」，中央研究院民族學研究所主辦，台北，2003 年 9 月 30 日～10 月 2 日。

37. 張瑋琦，《河東部落社區總體營造──一個想要變成社區的部落》，東華大學族群關係與文化研究所碩士論文，1998 年。

38. 張興成，《跨文化實踐中的東方話語》，《二十一世紀》第 71 期，2002 年，頁 64～72。

39. 郭佩宜，《「社群群」（The Community of Communities）：所羅門群島 Langalanga 人「社群」（community）的再思考》，刊於陳文德、黃應貴編《社群研究的省思》，台北：中央研究院民族學研究所，2004 年，頁 153～198。

40. 陳心怡，《戰後台灣原住民族政策之研究（1945～2000）──權力關係與政策選擇觀點》，台灣大學國家發展研究所博士論文，2001 年。

41. 陳文德、黃應貴，《社群研究的省思》，台北：中央研究院民族學研究所，2004 年。

42. 陳叔倬、段洪坤，《西拉雅族成為縣定原住民族的過程及其影響》，《政大民族學報》第 25 期，2006 年，頁 145～166。

43. 陳俊傑，《埔里平埔族現況調查報告書——田野訪談紀錄》，南投：南投縣立文化資產叢書（五十五），1995 年。

44. 陳春麟，《大埔城的故事——埔里鎮史》，2000 年。（作者自印）

45. 陳惠民，《記憶、生活與場所營造：埔里鎮烏牛欄台地湧泉洗衣地文化地景設計案》，刊於中華大學景觀建築學系暨研究所編《景觀論壇——永續景觀研討會論文集》，2006 年，頁 11～22。

46. 陳瑞樺，《民間宗教與社區組織——「再地域化」的思考》，清華大學社會人類學研究所碩士論文，1996 年。

47. 程士毅，《巴宰族群簡史》，刊於賴貫一主編《台灣土龍傳奇——巴宰族群語教材教師手冊文史篇》，南投：台灣打里摺文化協會，2003 年，頁 96～125。

48. 黃美英，《埔里「四庄番」與「噶哈巫」：地域與族群的認同意識》，發表於「百年的遺落與重現——2005 南投縣平埔族群文化研討會」，南投縣文化局、國立暨南國際大學歷史學系主辦，南投，2003 年 12 月 17 日。

49. 黃美英，《春回四庄：噶哈巫的文化重建》，南投：財團法人九二一震災重建基金會，2008 年。

50. 黃美英，《壓不扁的生命：埔里四庄的災後重建》，南投：財團法人九二一震災重建基金會，2008 年。

51. 黃美英，《以噶哈巫為名：家族的詮釋與社群的認同》，發表於「劉枝萬先生與水沙連區域研究學術研討會」，暨南大學人類學研究所主辦，南投，2008 年 10 月 18～19 日。

52. 黃順星，《社區的誕生：對社區總體營造的知識社會學分析》，清華大學社會學研究所碩士論文，2000 年。

53. 黃肇新，《從 ACT 的網絡商場看社區產業機會》，《環境與藝術學刊》第 3 期，2004 年，頁 37～52。

54. 黃瓊瑩，《埔里酒香・酒鄉埔里——埔里酒產業之發展（1917～2000）》，中央大學歷史研究所碩士論文，2003 年。

55. 黃麗玲，《新國家建構過程中社區角色的轉變——「生命共同體」之論述分析》，台灣大學建築與城鄉研究所碩士論文，1994 年。

56. 楊弘任，《社區如何動起來？——黑珍珠之鄉的派系、在地師傅與社區總體營造》，台灣大學社會學研究所博士論文，2003 年。

57. 詹素娟，《詮釋與建構——當代「平埔現象的解讀」》，《思與言》第 34 卷第 3 期，1996 年，頁 45～78。

58. 趙中麒，《關於台灣原住民「民族」生成的幾個論證》，《台灣社會研究季

刊》第 51 期，2003 年，頁 185～224。

59. 趙令級編，《台灣基督長老教會台灣中部宣教 130 年史暨台中中會設教 70 年特刊》，臺中市：基督長老臺中中會，2003 年。

60. 劉枝萬，《南投縣志稿開發篇》，南投：南投文獻委員會，1958 年。

61. 潘大和，《平埔巴宰族滄桑史》，台北：南天，1998 年。

62. 潘瓦丹，《幽谷芳蘭──埔里愛蘭長老教會史》，愛蘭教會印製，1933 年。

63. 潘英海，《聚落、歷史與意義：頭社村的聚落發展與族群關係》，《中央研究院民族學研究所集刊》第 77 期，1994 年，頁 89～123。

64. 潘英海，《近二十年來台灣平埔原住民族的研究與發展現況》，發表於「第一屆台日原住民族研究論壇」，國立政治大學原住民族研究中心主辦，台北，2008 年 8 月 29～30 日。

65. 衛惠林，《埔里巴宰七社志》，台北：中央研究院民族學研究所博刊之二十七，1981 年。

66. 鄭水萍，《臺灣「地方」系譜起源、建構與變遷──以「地方史」視角的反省》，發表於「第四屆全國地益文史工作者研討會」，財團法人台灣研究基金會主辦，埔里，2009 年 3 月 6～8 日。

67. 鄭仰恩，《由宗教和意識型態的糾葛談台灣的族群關係──兼論 1970 年代以後的台灣基督教會》，刊於施政鋒主編《族群政治與政策論文集》，台北：前衛出版社，1997 年，頁 139～159。

68. 鄭怡婷，《論當代平埔族群主體性的構成：以埔里噶哈巫為例》，暨南國際大學人類學研究所碩士論文，2008 年。

69. 鄭芳玉，《埔里筊白筍產業產銷研究》，發表於「中國地理學會第一屆研究生聯合發表會」，彰化師範大學地理學系主辦，彰化，2006 年 4 月 22 日。

70. 鄧相揚，《埔里平埔族古文書溯源》，刊於國立成功大學歷史學系編著《台灣史研究暨史蹟維護研討會論文集》，台南：市政府，1990 年，頁 375～425。

71. 賴貫一，《巴宰族群文史手冊》，南投：台灣巴宰族群文化協會，1999 年。

72. 賴貫一，《臺灣巴宰族群文化協會工作報告》，發表於「巴宰族群古文物展暨展望巴宰族群研討會」，行政院文化建設委員會、台灣打里摺文化協會主辦，南投，2006 年 11 月 25 日。

73. 賴貫一，《輕扣巴宰之門──悲壯的岸裡山大水歌謠與大社開國神話》，發表於「劉枝萬先生與水沙連區域研究學術研討會」，暨南大學人類學研究所主辦，南投，2008 年 10 月 18～19 日。

74. 賴貫一、程士毅，《阿霧安人的話語和腳蹤：巴宰語實用手冊＝kakawas iu minuzakay ki abuan a saw》，南投：臺灣打里摺文化協會，2006 年。

75. 謝世忠，《原住民運動生成與發展理的建立：以北美與台灣為例的初步探討》，台北：中央研究院民族學研究所集刊之六十四，1987 年，頁 139～177。

76. 謝世忠，《「傳統文化」的操控與管理——國家文化體系下的台灣原住民文化》，刊於謝世忠編《族群人類學的宏觀探索：臺灣原住民論文集》，台北：國立臺灣大學出版中心，2004 年，頁 115～132。

77. 謝繼昌，《文化、族群與認同——族群意識與文化認同》，刊於詹素娟、潘英海合編《平埔族群與台灣社會大型研討會論文集》，台北：中央研究院民族學研究所，2003 年，頁 139～152。

78. 鍾幼蘭，《族群、歷史與意義——以大社巴宰族裔的個案研究為例》，清華大學社會人類學研究所碩士論文，1995 年。

79. 鍾幼蘭，《平埔族群與埔里盆地的開發——關於開發問題的探討》，刊於劉益昌、潘英海編《平埔族群的區域研究論文集》，南投市：省文獻會，1996 年，頁 97～140。

80. 簡史朗，《西部平埔族群入墾埔里時之聚落形成》，發表於「劉枝萬先生與水沙連區域研究學術研討會」，暨南大學人類學研究所主辦，南投，2008 年 10 月 18～19 日。

81. 簡史朗、曾品滄，《水沙連埔社古文書選輯》，臺北：國史館，2002 年。

82. 鐵山社區發展協會，《船山嬉遊記——開發利用地方文化資產與文化環境先期規劃計畫》，南投縣 96 年度縣市層級社區營造計畫，南投縣政府文化局主辦，2007 年。

二、英文書目

1. 《Ethnic Groups and Boundaries.》 Barth, Fredrik 1996 [1969] In Ethnicity, John Hutchinson and Anthony D. Smith ed. Pp. 75~82. Oxford: Oxford University Press.

2. 《The Logic of Practice, trans.》 Bourdieu, Pierre 1990 Richard Nice. Cambridge: Polity Press.

3. 《Identity. In Colonialism in Question: Theory, Knowledge, History.》 Cooper, Frederick 2005 Frederick Coopered. Pp.59~90. Berkeley: University of California Press.

4. 《The Problem of Identity in Collective Action.》 Calhoun, Craig 1994 In Social Theory and the Politics of Identity. Craig Calhoun, ed. Pp. 51~75. Oxford: Black well.

5. 《Identity and Cultural Studies: Is That All There is.》 Grossberg, Lawrence In

Questions of Cultural Identity. Hall, Stuart, and Paul du Gay, eds. Pp.87~88. London: Sage.

6. 《Introduction: Who Need 'Identity'?》Hall, Stuart 1996 In Questions of Cultural Identity. Hall, Stuart, and Paul du Gay, eds. Pp.1~17. London: Sage.

7. 《Rethinking Ethnicity: Identity, Categorization and Power.》Jenkins, Richard 1996 Ethnic and Racial Studies 17:197~233.

8. 《The Process of Collective Identity.》Melluci, Alberto 1995 In Social Movements and Culture. Hank, Johnstone, and Bert Klandermans, eds. Pp. 41~63. London: UCL Press.

9. 《Cultural Heography: a Critical Introduction.》Mitchell, Don Oxford: Blackwell.

10. 《Citizenship, Identity, and Social History.》Tilly, Charlies 1996 London: Cambridge University Press.

三、其他

1. 江宜樺,《薩伊德與後殖民理論：知識份子的批判立場》,《聯合報》,1999年11月8日。

2. 《社區總體營造》,行政院文化建設委員會網站,2009年,網路資源。 http://www.cca.gov.tw/business.do?method=list&id=5。

3. 佟振國,《番婆鬼文化節——守護埔里囝仔的魔法阿嬤》,《自由時報》（地方新聞版）,2007年11月1日。

4. 郭崇倫,《公民、社區意識與生命共同體》,專訪陳其南,談文建會如何推動社區概念,《中國時報》,1993年11月2日。

5. 陳麗鳳,《烏牛欄戰役60年超渡亡魂》,《自由時報》（地方新聞版）,2007年3月17日。